www.ingramcontent.com/pod-product-compliance
Lightning Source LLC
Chambersburg PA
CBHW032042150426
43194CB00006B/386
9781970049022

FIQH KEE TAREEKH WA IRTIQA

WRITTEN BY **QAZI FAZL ULLAH**

HUND INTERNATIONAL PUBLISHING

LOS ANGELES, CALIFORNIA

2018

COPYRIGHT © 2018 BY QAZI FAZL ULLAH

All rights reserved. This book or any portion thereof may not be reproduced or used in any manner whatsoever without the express written permission of the publisher except for the use of brief quotations in a book review or scholarly journal.

FIRST PRINTING: 2018

ISBN: 978-1-970049-02-2

HUND INTERNATIONAL PUBLISHING
LOS ANGELES, CALIFORNIA
PRINTED IN THE UNITED STATES OF AMERICA

من یرد اللہ بہ خیرا یفقہ فی الدین

فقہ کی تاریخ وارتقاء

تصنیف

شیخ القرآن والحدیث حضرت مولانا

قاضی فضل اللہ

(شمالی امریکہ)

فہرست مضامین

سبب تالیف ۱۷

باب اول

فصل اول

دین شریعت اور فقہ ۲۱

فصل دوم

تغیر احکام بلحاظ مکان و زمان ۲۷

باب دوم

فصل اول

نبوت ﷺ کا دور اور فقہ ۳۱

یکم سال نبوت ﷺ تا سنہ ہجری ۳۱

رسول اللہ ﷺ اور اجتہاد ۳۶

فصل دوم

مکی اور مدنی زندگی ۳۷

مکی تعلیمات ۳۸

توحید ۳۹

رسالت ۴۰

بعث بعد الموت ۴۰

انسانی تمدن ۴۱

نماز ۴۲

فقہ کی تاریخ و ارتقاء ۴

اہل مکہ کو مقابلہ کا چیلنج ۴۲
مدنی زندگی ۴۲
مدینہ اس زمانے میں ۴۳
احکام وقوانین ۴۴
جہاد کی فرضیت ۴۵
منافقین ۴۶
قرآن کریم کا مطالعہ ۴۷
اعمال ۴۸
قرآن کریم کے قانونی مشتملات ۴۸
خالص مذہبی عبادت ۴۸
سماجی واقتصادی عبادت ۴۹
سماجی و بدنی عبادت ۴۹
خاندانی قوانین ۴۹
تجارتی قوانین ۵۰
قانون جرائم ۵۰
انتظامی قوانین ۵۰
قانون قضائی ۵۱
قانون بین المللی ۵۱

باب سوم

فصل اول

کائنات اور فطری قانون ۵۲
فطری قانون کا اضطراب ۵۳
انسان کا امتیاز ۵۵

۵	فقہ کی تاریخ و ارتقاء
۵۵	الانبعاث الی رأی کلی
۵۵	حب الجمال والنفاسة
۵۶	الایجاد والتقلید
	فصل دوم
۵۷	انسان اور قانون
۵۷	قانون کی ضرورت
	فصل سوم
۵۹	الہامی اور انسانی قوانین
۵۹	انسانی قوانین اور اسکے مآخذ
۶۰	قانون سازی
۶۰	نظائر
۶۱	رسم یا عرف و عادت
۶۱	معاہدات
۶۱	اجماع
۶۲	عرف و عادت اور رسم و رواج
۶۳	بت پرستی
۶۳	سود
۶۳	زنا
۶۴	شراب نوشی
۶۴	تجارت
۶۵	شادی
۶۶	ایک اہم نکتہ کی وضاحت
۶۸	استحسان

۶	فقہ کی تاریخ و ارتقاء
۶۸	استصلاح مصالح مرسلہ
۶۸	استصحاب الحال
۶۸	سابقہ انبیاء کی شریعت
۶۸	آثار الصحابہ

فصل چہارم

۷۰	اسلام میں قانون کی حکمتیں
۷۰	اصلاح کرنا
۷۰	حرج اور مشقت ختم کرنا
۷۰	شرعی فرائض کم کرنا
۷۱	عوامی مفاد کا حقیقی احساس
۷۲	عالمی عدل و انصاف کا تصور

باب چہارم

فصل اول

۷۴	رسول اکرم ﷺ اور صحابہ کرامؓ کا اجتہاد

فصل دوم

۷۶	فقہ خلفائے راشدین کے دور میں
۷۶	صحابہ کرامؓ کا اجتہاد

باب پنجم

۸۰	تدوین فقہ

فصل اول

۸۰	فقہ کی تدوین کی ابتداء

فصل دوم

۸۲	فقہ اپنی تدوین میں کن اسباب سے متاثر ہوئی

عجمی بادشاہوں کی تقلید ۸۲
ایک اہم نکتہ ۸۳
خلافت میں وراثت کا اجراء ۸۳
علماء کا منتشر ہونا ۸۵
وضع احادیث ۸۵
فصل سوم
اختلافات کے وجوہ ۸۷

باب ششم

ظہور مذاہب ۸۸
فصل اول
مشہور مجتہدین اور انکے مذاہب ۸۸
امام ابوحنیفہؒ ۸۸
امام اوزاعیؒ ۸۹
امام مالکؒ ۹۰
مذاہب زیدیہ ۹۱
لیث بن سعدؒ ۹۲
حضرت امام شافعیؒ ۹۳
امام احمد بن حنبلؒ ۹۵
ظاہری مذہب ۹۶
امام محمد بن جزیر بن یزید الطبر ی ۹۶

باب ہفتم

فقہ کے نکھار کا دور اور مذاہب کا استحکام ۹۷

فصل اول

فقہ کا نکھار ۹۷

فروغ فقہ ۹۷

تعلیمی اداروں کی بہتات ۹۸

بادشاہوں کے دربار کے مباحثات ۱۰۰

تدوین حدیث ۱۰۱

فقہ کی تقسیم ۱۰۱

فصل دوم

مذہب میں انجماد اور اس کا استحکام ۱۰۳

فصل سوم

زوال اور جمود کا دور ۱۰۵

زوال اور جمود کے وجوہ ۱۰۵

تقلید اور اتباع کا فرق ۱۰۶

اسلامی قوانین پر یورپ کا اثر ۱۰۷

باب ہشتم

اسباب اختلاف ائمہ کرام ۱۱۲

فصل اول

دین اسلام کی عالمگیریت ۱۱۲

تہذیب النفس ۱۱۴

انسانیت کے درمیان عدل و انصاف کا قیام ۱۱۵

پانچ اشیاء دقیقہ کا تحفظ ۱۱۵

فقہ کی تاریخ و ارتقاء

فصل دوم

اسباب اختلاف	116
اختلاف صحابہ کرامؓ	116
اختلاف معانی فی القرآن	116
اختلاف فی السنۃ	117
اختلاف رائ	117
اختلاف ائمہ کرام	118
نصوص کے معانی میں اختلاف	118
علمائے اصول اور لفظ مشترک	120
اختلاف بوجہ معنی حقیقی اور معنی مجازی	121
صیغہ امر کی دلالت	122
مبادیات اور اصول کا اختلاف	122
عام اور اس کا استعمال	124
ترجیح میں اختلاف	125
ترجیح اور اس کے طرق	127
ترجیح فی الخبر	127
وقت خبر	128
ترجیح بوجہ لفظ	128
ترجیح بوجہ حکمت	129
سنت میں اختلاف	129
حدیث کے متعلق صحت اور ضعف کا اختلاف	130
حدیث مرسل کی وجہ سے اختلاف	130
بعض ادلہ پر عمل کا اختلاف	131

اختلاف زمان و مکان کی وجہ سے حکم کا اختلاف ۱۳۱
رسول اللہ صلی اللہ علیہ وسلم کے بعض افعال میں اختلاف ۱۳۲
نسخ اور اس کے وقوع میں اختلاف ۱۳۲
تقلید ۱۳۳

باب نہم

اجتہاد اور ترویج فقہ

فصل اول

اجتہاد اور مجتہد کے شرائط ۱۳۶
شرعی اعتبار سے اجتہاد کا معنی ۱۳۶
ارکان اجتہاد ۱۳۶
مجتہد کی اہلیت اور شرائط ۱۳۶
تحقیق کی علت ۱۳۸
تنقیح علت ۱۳۸
تخریج علت ۱۳۹
سلف صالحین کے وضع کردہ قواعد اجتہاد و قیاس کا حکم ۱۴۱
علم منطق کا ادراک ۱۴۱
مراءۃ اصلیہ کا علم ۱۴۱
کتاب وسنت کا علم ۱۴۱
مقاصد شریعت اور مقاصد احکام کا علم ۱۴۲
مقاصد شریعت کا فہم ۱۴۲
استنباط کی قوت وقدرت ۱۴۳
نیت کی صحت اور اعتقاد سلیم ۱۴۳
کسی کی تقلید نہ کر رہا ہو ۱۴۳

فقہ کی تاریخ و ارتقاء	11
اجتہاد کے مراتب	۱۴۳
مجتہد مطلق	۱۴۳
مجتہد منتسب	۱۴۳
مجتہد فی المذہب	۱۴۵
مجتہد مرجح	۱۴۶
طبقۃ الحافظین	۱۴۶
طبقۃ المقلدین	۱۴۶
مجتہد فی الشرع	۱۴۶
مجتہد فی المذہب	۱۴۶
مجتہد فی المسائل	۱۴۷
اصحاب التخریج	۱۴۷
اصحاب الترجیح	۱۴۷
المقلد القادر	۱۴۷
مقلد	۱۴۷
فصل دوم	
تجزیہ اجتہاد اور حکم اجتہاد	۱۴۸
حکم اجتہاد	۱۴۹
کیا ہر مجتہد مصیب ہوتا ہے	۱۴۹
اجتہاد کے بعد اسکی حیثیت	۱۵۲
کیا اجتہاد کو اجتہاد کے علاوہ کسی دوسرے وسیلہ سے نقص کیا جا سکتا ہے؟	۱۵۳
مجتہد اور تقلید غیر	۱۵۳

باب دہم

اسلامی قانون کے مأخذ ۱۵۵

مأخذ أساسی ۱۵۵

مأخذ ثانوی ۱۵۵

فصل اول

کتاب اللہ ۱۵۶

علم محیط ۱۵۶

قدرت تامہ ۱۵۷

رحمت کاملہ ۱۵۷

غیر جانبداری ۱۵۷

فصل دوم

سنت رسول اللہ ﷺ ۱۵۹

فصل سوم

اجماع ۱۶۲

تفصیل بحث اجماع ۱۶۵

اجماع اور عوام ۱۶۸

کافر، فاسق، مبتدع اور اجماع ۱۶۸

اجماع ایک خاص عصر کا دخل ۱۶۸

کثرت رائے اور اور اجماع ۱۶۹

خلفائے راشدین اور اجماع ۱۷۰

اجماع اور انقراض عصر ۱۷۰

اختلاف صحابہؓ ۱۷۰

اجماع سکوتی ۱۷۱

۱۷۲	شرائط اجماع سکوتی
۱۷۲	اجماع کا استناد/سند
۱۷۳	اقسام اجماع
	فصل چہارم
۱۷۶	قیاس
۱۷۶	قیاس کا لغوی معنی تقدیر اور اندازہ کرنا
۱۷۷	ارکان قیاس اور اسکی تفصیل
۱۷۹	حکم الاصل
۱۸۲	فرع
۱۸۲	شرائط
۱۸۳	حکم
۱۸۳	تعریف حکم
۱۸۴	احکام تعبدی
۱۸۴	احکام معقولۃ المعنی
۱۸۵	علت
۱۸۶	مقاصد ضروریہ
۱۸۹	شرائط علت
۱۸۹	علت قاصرہ نہ ہو
۱۸۹	علت مفرد ہو
۱۹۰	موانع کے اقسام
۱۹۱	علت مکسورہ نہ ہو
۱۹۱	علت منعکس ہو
۱۹۱	علت اصل کے حکم سے متأخر نہ ہو

۱۹۱	تعلیل سے حکم الاصل باطل نہ بنے
۱۹۲	اثبات علت کے طریقے
۱۹۲	نص یا اجماع
۱۹۳	نص ظاہر
۱۹۳	الایماء
۱۹۵	المناسب
۱۹۶	چوتھا طریقہ الشبہ
۱۹۶	طرد و عکس
۱۹۷	الطرد
۱۹۷	تحقیق المناط
۱۹۸	تنقیح المناط
۱۹۹	تخریج المناط
۲۰۰	علت اور اسکے قوادح النقص
۲۰۱	عدم التاثیر و عدم العکس
۲۰۱	عدم التاثیر فی الوصف
۲۰۱	عدم التاثیر فی الاصل
۲۰۳	القلب
۲۰۴	القول بالموجب
۲۰۴	الفرق
۲۰۵	علت کے اقسام
۲۰۵	عدم تامہ
۲۰۵	یہ کہ علت اسم ہو فقط
۲۰۵	یہ کہ علت اسم اور معنی دونوں ہوں

۲۰۶	یہ کہ علت معنی اور حکم دونوں ہوں
۲۰۶	یہ کہ علت اسم اور حکم دونوں ہوں
۲۰۶	یہ کہ علت معنی ہو فقط
۲۰۶	یہ کہ علت مسقط حکم ہو
۲۰۷	دوسروں کے نزدیک اقسام علت
۲۰۷	محل حکم یعنی حکم کی جگہ
۲۰۷	جزء المحل
۲۰۷	خارج عن المحل
۲۰۷	علت عقلی
۲۰۷	علت حقیقی
۲۰۷	علت اضافی
۲۰۷	علت عدمی
۲۰۸	علت شرعی
۲۰۸	علت لغوی
۲۰۹	قیاس کے احکام
۲۰۹	قیاس کی اقسام
۲۱۰	قیاس اولیٰ
۲۱۰	قیاس مساوی
۲۱۰	قیاس ادنیٰ
۲۱۰	تیسری تقسیم
۲۱۰	قیاس جلی
۲۱۱	قیاس خفی
۲۱۱	چوتھی قسم

قیاس علت	٢١١
قیاس دلالت	٢١١
پانچویں تقسیم	٢١١
چھٹی تقسیم	٢١٢
قیاس الاحالۃ	٢١١
قیاس الشبہ	٢١١
قیاس السبر والتقسیم	٢١١
قیاس الطردد والعکس	٢١١
اجزاء قیاس کے مواضع	٢١٣
حدود کفارات اور رخص شرعیۃ میں قیاس کا اجراء	٢١٣
عقلیات میں قیاس	٢١٤
علت	٢١٤
حد	٢١٥
دلیل	٢١٥
شرط	٢١٥
لغت میں قیاس	٢١٥
اسباب وشروط میں قیاس	٢١٥

تمت بالخیر

باسمہ تعالیٰ

سبب تالیف

حضرت شاہ ولی اللہ رحمہ اللہ جو برصغیر کے مسلمانوں کے مختلف مکاتب فکر کے نزدیک امام کا مقام رکھتے ہیں اور ہر مکتبِ فکر مدعی ہے کہ وہی آپ کے فکر کی صحیح وارث ہے۔یعنی یہ کہ آپکی علمی شخصیت نہ صرف یہ کہ مسلّم ہے بلکہ ہر ایک کے نزدیک سند اور اپنے فکر کی صحت کی دلیل ہے۔آپ نے اسلاف کے دیگر محققین کی طرح یہ بات مسلمانوں کو ذہن نشین کرائی ہے کہ شرعی حکم کے لازم ہونے کا اُساسی سبب تو شریعت ہی ہے۔یعنی یہ کہ یہ چیز شریعت میں لازم کیوں اور یہ حرام کیوں؟ اس کا سبب کیا ہے؟ جواب یہ ہے کہ اس لئے کہ شریعت میں آیا ہے اور شریعت دینے والی ذات وہ ہے جس نے کائنات کو تخلیق کیا مختلف اجناس و انواع کو مختلف خواص دے دیئے۔ مثلاً حیوان کو گھاس کھانے کی خصوصیت اور درندے کو گوشت کھانے کی۔حتیٰ کہ حیوان گوشت نہیں کھاتا اور درندہ گھاس نہیں کھاتا۔سو جس منبع (Fountain) اور وسیلہ (Source) سے یہی خاصیتیں آئی ہیں وہاں سے ہی انسان کیلئے کسی چیز کی حرمت اور وجوب کا حکم (خاصیت) بھی آیا۔یعنی یہ کہ ایک انسان ہونے کے ناطے اس کی طبیعت مقتضی ہے کہ اس پر فلاں چیز حرام ہو اور فلاں واجب۔اور اگر وہ اس طرح نہ کرے تو طبیعت ہی کا تقاضا ہے کہ اسے واجب کے نہ کرنے یا حرام کے کرنے پر عذاب ہو اور بصورت دیگر ثواب ملے۔سو گویا آپ نے اصل سبب تو شرع کو قرار دیا لیکن ساتھ ساتھ آپ نے اس بات پر زبردست محنت کی ہے کہ شرائع چونکہ ایک حکمت والی ذات کی نازل کردہ ہیں لہٰذا

وہ حکمت سے خالی نہیں ہوا کرتی۔ لہٰذا حضرت شاہ صاحب رحمہ اللہ نے شریعت کے اکثر و بیشتر احکام کو عام انسانوں اور بالخصوص ان لوگوں کے لئے جو عقل پر زیادہ اعتماد کرتے ہیں (اور اگر ایسا نہ ہو تو عقلی انداز سے زیادہ لوگوں کو دین کی معقولیت سے انکار کرنے پر آمادہ کر سکتے ہیں) ان کے عقول کے قریب تر لانے پر زیادہ عرق ریزی کی ہے۔ کیونکہ حضرت شاہ صاحبؒ کی فراست یہ معلوم کر چکی تھی کہ آئندہ دور میں عقلیت پرستی کا دور دورہ ہوگا اور ہر ماحول میں حق کی وہ تشریح جو اس ماحول کے لوگوں کو دین کی طرف راغب کرے نہ کہ برگشتہ کرے، واجب ہے۔ ہاں یہ ضرور ہے کہ دین کے احکام و شرائع کی وہ تشریح جو دین کے اُساس اور اُساسی تصورات کے خلاف ہو اس کا بھرپور قلع قمع کیا جائے۔ فقہاء اسلام نے بھی اجتہاد و قیاس کے وقت انہی چیزوں کو مد نظر رکھا ہوا ہے لیکن چونکہ فطرت ارتقائی ہے اور ظاہر بات ہے عصر کے تقاضے بدلتے رہتے ہیں لہٰذا اصول تو نا قابل تبدیل ہیں۔ شرائع منزلہ بھی نا قابل تبدیل ہیں۔ لیکن وہ احکام جس میں فقہاء کرام نے اپنے ماحول کے حالات کے پیش نظر استحسان، مصالح مرسلہ، استصحاب الحال اور عرف و عادت کو اصل قرار دے کر کوئی رائے دی ہے انہوں نے اپنی اس رائے سے یہ دروازہ کھول رکھا ہے کہ اگر کہیں ایسا ماحول نہ ہو تو وہاں اسلاف کے وضع کردہ قواعد استنباط کے پیش نظر اجتہاد کر کے کوئی فیصلہ کرنا نہ صرف یہ کہ جائز ہے بلکہ اکثر اوقات میں واجب ہوگا۔ گویا علمی تحقیق کا دروازہ کبھی بند نہ ہوگا اس لئے کہا گیا کہ علم بھی ارتقائی ہے کیونکہ روزانہ نئے نئے مشاہدات ہوتے رہتے ہیں اور نئے واقعات و ایجادات قائم ہو کر آراء قائم کی جاتی ہیں اور یہ بھی ایک مفہوم ہے آپ صلی اللہ علیہ وسلم کے ایک فرمان مبارک کا کہ الجهاد ماضٍ الیٰ یوم القیامة کہ اجتہاد روز قیامت تک جاری رہے گا اور یہ اسلام کے آفاقیت، عالمگیریت اور دوام کی دلیل ہے۔ بصورت دیگر پھر وہ جمود اور

تعطل کا شکار ہو گا۔ (معاذ اللہ)

فقہ کی کتابوں کا مطالعہ کرتے وقت اور پھر خاص کر ائمہ کرام کے آراء کا تقابلی جائزہ لیتے وقت یہ عقدہ کھل جاتا ہے کہ ان کے آراء کے اختلاف میں اگر کہیں تخریج علت، تحقیق علت اور تنقیح علت کا دخل ہے تو اکثر ان میں ماحول اور تقابل کا دخل ہے۔ یہی وجہ ہے کہ ایک مسئلہ میں ایک امام کے کئی اقوال اور اکثر استاد اور شاگرد کے رائے کا اختلاف ہوتا ہے کہ ایک ماحول میں ذہن ایک بنا اور دوسرے ماحول میں دوسرا۔ شریعت میں تصریح تھی نہیں۔ ہر ایک نے کسی نص کی مصرح علت یا پھر مستنبط علت کو اساس بنا کر یہ حکم دیا اور یہی دین کی تیسیر ہے۔

يُرِيْدُ اللّٰهُ بِكُمُ الْيُسْرَ وَ لَا يُرِيْدُ بِكُمُ الْعُسْرَ (البقرة:١٨٥)

اللہ تعالیٰ آپ کیلئے آسانی کا ارادہ فرماتا ہے نہ کہ سختی کا۔

اور فرمایا:

وَ مَا جَعَلَ عَلَيْكُمْ فِي الدِّيْنِ مِنْ حَرَجٍ (الحج:٧٨)

اور آپ پر دین میں کوئی حرج (یعنی طاقت کے اوپر تکلیف) نہیں ڈالی۔

اور پھر آنحضور صلی اللہ علیہ وسلم کی بعثت تو اس سلسلہ کی خصوصی عنایت ہے فرمایا کہ

وَ يَضَعُ عَنْهُمْ اِصْرَهُمْ وَ الْاَغْلٰلَ الَّتِيْ كَانَتْ عَلَيْهِمْ (الاعراف:١٥٧)

یہ پیغمبر صلی اللہ علیہ وسلم ان سے وہ بار اور سختیاں ساقط کریگا جو ان لوگوں پر ڈالی گئی تھیں۔

اور آپ صلی اللہ علیہ وسلم نے فرمایا:

الدين يسر

دین آسانی کا نام ہے۔

اور دو صحابہ رضی اللہ عنہم کو کسی قوم کے پاس بھجواتے وقت آپ صلی اللہ علیہ وسلم

نے نصیحت فرمائی کہ

یسرا ولا تعسرا وبشرا ولا تنفرا

آسانی پیدا کریں تنگی نہیں اور لوگوں کو راغب کریں تنفر نہ کریں۔

تبھی تو دین میں تکلیف کیلئے استعدادِ فطری اور پھر استطاع حالی ملحوظ رکھا گیا حتی کہ بسا اوقات انسانوں پر لازم ہے کہ وہ بعض احکام بعض افراد سے حالی استطاعت نہ رکھنے کی وجہ سے ساقط کر دیئے گئے۔

زیر نظر کتاب میں فقہ اسلامی کے مختلف ادوار اور مراتب و مدارج کا خاکہ پیش کرنے کی سعی کی گئی ہے اس کا صحیح تصور اللہ تعالیٰ کی عنایت اور اس کی غلطی میری خطا اور لغزش ہوگی جس کیلئے خداوند کریم سے مغفرت کا طلب گار ہوں۔

وَاللّٰهُ يَقُوْلُ الْحَقَّ وَهُوَ يَهْدِي السَّبِيْلَ

محمد فضل اللہ القاضی

لاہور صوابی (کے پی کے)

باب اول: فصل اول

دین، شریعت اور فقہ

دین: لفظ دین مصدر ہے وَاِنَّ الدِّیْن کا۔ علمائے لغت نے اس کے کئی سارے معانی لکھے ہیں۔عمل، معاملہ، لین دین، بدلہ، جزاء، قرض لینا (جس کی ادائیگی فرض اور لازم ہو جاتی ہے) مذہب، ملت، حالت، عادت، بصیرت، تدبیر، نافرمانی، گناہ، مجبوری، پرہیزگاری، فرمانبرداری، قہر وغصہ، ذلت، حساب، قضاء، حکومت اور نظام وغیرہ۔

ان میں اکثر معانی قرآن وسنت میں مستعمل ہو چکے ہیں یا پھر دیوان العرب یعنی عرب شعراء کے کلام میں۔

مٰلِكِ يَوْمِ الدِّيْنِ مالک ہے روز جزاء کا یا روز حساب کا۔

اَلَا لِلّٰهِ الدِّيْنُ الْخَالِصُ (الزمر:۳)

خبردار اللہ تعالیٰ کے لئے ہے دین خالص (اسلام) یا خالص غلبہ وحکومت۔

وَلَهُ الدِّيْنُ وَاصِبًا (النحل :۵۲)

اوراسی کے لئے ہے حکومت وغلبہ دائماً۔

لِيُظْهِرَهٗ عَلَى الدِّيْنِ كُلِّهٖ (التوبة:۳۳)

کہ غالب لائے اس کو (یعنی دین اسلام) کو جملہ نظاموں پر۔

عربی کے ایک شاعر نے کہا......

فلما اصبح الشر فامسی وهو عريان

ولم يبق سوى العدو ان دناهم كما دانو

جب شر شروع ہوا اور ظاہر ہو کر ننگا ہو گیا اور عدوان و دشمنی کے سوا کوئی چیز نہیں رہا تو ہم نے انہیں وہ بدلہ دیا جو وہ ہمارے ساتھ معاملہ کر چکے تھے۔

اور پھر دین اور اسلام استعمال کے لحاظ سے ایک دوسرے کے مترادف ٹھہرے فرمایا کہ

اِنَّ الدِّیْنَ عِنْدَ اللّٰهِ الْاِسْلَامُ (ال عمران : ۱۹)

دین اللہ کے نزدیک اسلام ہی ہے۔

اور وَ مَنْ یَّبْتَغِ غَیْرَ الْاِسْلَامِ دِیْنًا فَلَنْ یُّقْبَلَ مِنْهُ (ال عمران : ۸۵)

اور جس نے سوائے اسلام کے دوسرے دین کو ڈھونڈنے کی کوشش کی وہ اس سے قبول نہیں کیا جائے گا۔

گویا دین، اسلام ہی کیلئے کثرت استعمال کی وجہ سے کسی دوسری نظام کیلئے اس کا استعمال جیسا مجاز ہو گیا۔ کیونکہ اگر ایک لفظ حقیقی معنی سے ہٹ کر مجازی معنی میں زیادہ مستعمل ہواُسے منقول کہتے ہیں۔ لیکن ایک لفظ مشترک اگر اپنے کئی سارے معانی میں سے کسی خاص معنی میں زیادہ مستعمل ہوا اور ذکر ہوتے ہی وہی معنی ذہن میں سب کیلئے آنے لگا تو جیسا کہ یہ اس کا حقیقی محل ہو اور بقیہ مجازی استعمالات ہوں گے۔

شریعت

یہ مصدر ہے شرع یشرع کا۔ اس کے بھی کئی سارے معانی ہیں۔ ظاہر ہونا ظاہر کرنا، راستہ بنانا، حق کا اظہار کرنا، مویشی کو پانی پر لانا، قانون بنانا، قانون، خدائی احکام وغیرہ وغیرہ۔

قرآن کریم میں ہے:

شَرَعَ لَكُمْ مِّنَ الدِّیْنِ (شوریٰ :۱۳)

قانون بنایا آپ کے لئے دین میں سے وہ۔

لِكُلٍّ جَعَلْنَا مِنْكُمْ شِرْعَةً وَّ مِنْهَاجًا (المائدۃ:۴۸)

ہر ایک کے لئے ہم نے شرعت اور منہاج بنایا ہے۔

حضرت شاہ صاحب رحمہ اللہ نے مختلف اجناس و انواع کی خصوصیات کے حوالے سے تفصیلی بات کی ہے کہ ہر ایک نوع کے لئے ان کی شریعت ہے یعنی وہ نوعی خصوصیات، طبعی تقاضے اور جبلی الہامات جنہیں وہ ایفائے ہوئے ہیں۔ اور مکلّف امتوں کیلئے اللہ تعالیٰ نے شریعت اور منہاج نازل فرمایا ہے، جو ان کے مزاج، استعداد، صلاحیت، ماحول اور وقت کے ساتھ مناسبت رکھتا ہے۔ امام راغبؒ اصفہانی نے شرعت کو دنیوی امور کے استعداد و تسخیر اور منہاج کو دینی امور سے تعبیر کیا جبکہ شریعت کا دینی امور پر اطلاق بھی مشہور ہے۔

ثُمَّ جَعَلْنٰكَ عَلٰى شَرِيعَةٍ مِّنَ الْاَمْرِ (الجاثیہ:۱۸)

پھر ہم نے آپ کو دین کے کھلے راستے پر قائم کر دیا۔

فقہ:

بھی مصدر ہے فقہ یفقہ سے جسکے معنی ہیں جاننا، سمجھنا۔ قرآن کریم میں آیا ہے:

لِّيَتَفَقَّهُوْا فِي الدِّيْنِ (التوبة:۱۲۲)

تا کہ وہ دین میں سمجھ بوجھ حاصل کریں۔

اور فرمایا:

فَمَالِ هٰٓؤُلَآءِ الْقَوْمِ لَا يَكَادُوْنَ يَفْقَهُوْنَ حَدِيْثًا (النساء:۷۴)

کیا ہو گیا ہے اس قوم کو جو بات سمجھنے کے قریب نہیں آتے۔

اور حضور علیہ السلام نے فرمایا:

من یرد اللّٰہ به خیرا یفقهه فی الدین

جس کو اللہ خیر دینے کا ارادہ کرے تو اسے دین کی فقاہت نصیب فرماتا ہے۔

اب لوٹ آتے ہیں اصل مقصد کی طرف اور وہ ہے فقہ اور شریعت کی پہچان۔ علماء امت نے ہر دو کی تحقیق کے لئے بہت تفصیلی بات کی ہے۔ حضرت ابن عباسؓ نے آیت لِكُلٍّ جَعَلْنَا مِنْكُمْ شِرْعَةً وَّ مِنْهَاجًا میں شرعت کو قرآن فہمی اور منہاج کو سنت

کے علوم سے تعبیر کیا ہے اور فقہ کی کئی ساری تعریفات میں جو زیادہ معروف و مشہور ہو گیا ہے وہ ہے۔

علم بالاحکام الشرعیة العملیة عن ادلتها التفصیلیة

یہ اس علم کا نام ہے جو شریعت کی رو سے عملی ہوں اور ادلۃ تفصیلہ سے اس کو اخذ کیا گیا ہو۔ یعنی ماخذ اور ماخوذ دونوں کے ادراک وعلم کا نام فقہ ہے۔

گویا شریعت اور فقہ ہر دو کا حاصل آسان الفاظ میں ''اسلامی قوانین واحکام'' ہیں۔ جملہ الہامی عقائد، اعمال، اخلاق اور قوانین ملہمہ ومستخرجہ پر لفظ دین کا اطلاق بھی ہوتا ہے اور عام طور پر شریعت کا لفظ بھی ان کیلئے استعمال ہوتا ہے۔ جبکہ فقہ کا لفظ خاص ہے اور کبھی جب دین اور شریعت دونوں مستعمل ہوں تو دین کا اطلاق عقائد پر اور شریعت کا اخلاق واعمال پر ہوتا ہے چاہے شخصی اعمال ہوں مثلاً عبادات یا پھر اجتماعی ہوں۔ اس لئے علماء کرام نے لفظ دین کو ایک بار عام معنی میں اور دوسری بار خاص معنی میں استعمال کیا ہے۔ درج ذیل نقشہ سے اس کی وضاحت بآسانی کی جاسکتی ہے:

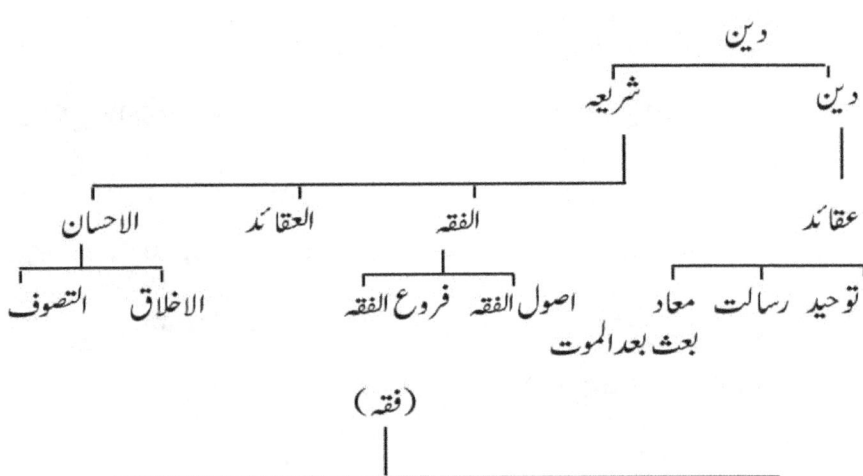

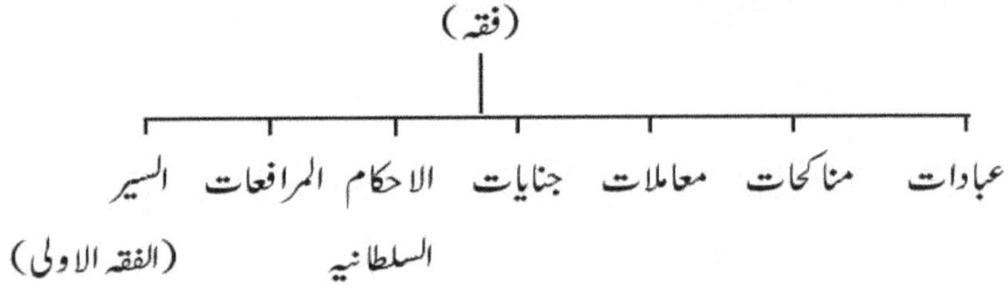

اوپر کے نقشہ سے معلوم ہوتا ہے کہ عقائد دو قسم کے ہیں ایک دین (بمعنی خاص) کا متبادل اس میں وہ اُساسی عقائد شامل ہیں جس کے انکار سے کفر لازم آتا ہے ان میں اُساسی تین ہیں۔ یعنی توحید، رسالت اور بعث بعد الموت۔ جبکہ باقی اس کے لوازمات ہیں۔ مثلاً رسالت ماننے کے ساتھ لازم ہے کہ کتب منزلہ پر اعتقاد رکھا جائے۔ دوسرے قسم کے عقائد وہ ہیں جن میں مختلف فرقِ اسلامیہ کے تصورات مختلف ہیں علم عقائد میں اس کا تفصیلی احاطہ کیا جاتا ہے مثلاً عذاب قبر کیا یہ روح اور جسد دونوں کے لئے ہے یا فقط روح کیلئے۔ اس قسم کے عقائد کے لئے ہم درجہ دوم کے عقائد کا نام دیتے ہیں۔ اس لحاظ سے کہ اس میں اقوال و تاویلات موجود ہیں لہٰذا کسی کو اس تاویل کے حوالے سے کافر تو نہیں کہا جا سکتا البتہ زیادہ سے زیادہ اس کے تصور کو گمراہی سے تعبیر کیا جا سکتا ہے۔ یہ عقائد شریعہ کے ذیل میں آتے ہیں۔ جبکہ فقہ اور احسان بھی شریعہ کے زمرے میں داخل ہے اور پھر فقہ میں اصول و فروع دو اقسام ہیں۔ اور یوں فقہ بھی شریعت کے تحت آتا ہے لیکن ایک دوسرا تصور یہ ہے کہ شریعت وہ مسائل ہیں جو قرآن و سنت میں صراحتاً اور تفصیلاً موجود ہیں جبکہ فقہ ان دو اُساسی اصول اور بقیہ اصولِ استنباط سے مأخوذ جزئیات کا نام ہے۔

اس دوسرے تصور کے حوالے سے شریعت اور فقہ ایک دوسرے سے بوجوہ ممتاز ہیں۔

۱۔ شریعت وہ قوانین اور احکام جزئیہ ہیں جو قرآن کریم اور سنت رسولؐ میں وضاحت سے درج ہوں جبکہ فقہ شریعت اور اس کے مآخذ سے بطور اجتہاد، بطور قیاس مأخوذ قوانین و احکام کا نام ہے۔

۲۔ شریعت کے نازل شدہ جزئیات قطعی اور ناقابل تبدیل ہوا کرتے ہیں جبکہ فقہ کے احکام و جزئیات کا استنباط تو احوال اور ماحول کے

تناظر میں کیا جاتا ہے لہٰذا وہ مختلف احوال میں تبدیل ہوتے جاتے ہیں۔ تبھی تو مختلف ائمہ کے ایک ایک مسئلہ میں کئی اقوال پائے جاتے ہیں اور تبھی تو متاخرین میں مجتہد فی المذہب اور مرجّح کا تصور پیدا ہوا کہ وہ اپنے امام کے وضع کردہ قواعد کے مطابق اپنے ماحول کے مطابق اجتہاد کر کے حل نکالے۔ نہ اپنے امام کے اقوال میں کسی ایک قول کو جو حالات پر زیادہ منطبق ہو ترجیح دیدے۔

۳۔ شریعت میں عموم ہوتا ہے اور یہ بنیادی اصول ہوا کرتے ہیں جبکہ فقہ خاص ہوا کرتا ہے اور یہ واضح کرتا ہے کہ شریعت کے یہ اصول خاص حالات میں کس طرح تطبیق کیے جائیں گے۔

اس طرح اور بھی چھوٹے چھوٹے امتیازات ہیں لیکن یہاں ان تین پر اکتفاء کیا جاتا ہے۔

فصل دوم

تغیر احکام بلحاظ مکان و زمان

حضرت حافظ ابن قیم رحمہ اللہ نے اپنی کتاب اعلام الموقعین ج ۳ میں تفصیل یوں بیان کی ہے کہ زمان و مکان کے تغیر اور عرف و عادت کی تبدیلی سے فتویٰ کا تغیر لازمی ہے۔ بدون اس کے انسانوں کو ایک ایسی تکلیف میں ڈال دیا جاتا ہے کہ چھٹکارے کی کوئی صورت نظر نہیں آتی اور شریعت تو بنیادی طور پر انسانوں کے مصالح کیلئے آئی ہے۔ یعنی شریعت حکمت ہے جو بندوں کے ذہنوں اور اخروی مصالح کی پوری رعایت کرتی ہے یعنی جو مسئلہ شریعت کے نام پر انصاف کے بجائے ظلم کا، سہولت کے بجائے مشقت کا، مصلحت کے بجائے مفسدت کا اور حکمت کے بجائے لغویت کا سبب بنے وہ ہرگز شریعت کا مسئلہ ہو نہیں سکتا۔ (حافظ ابن قیمؒ شریعت کو عام معنی میں استعمال کرتا ہے یعنی یہ لفظ اس کے ہاں فقہ کو بھی شامل ہے)

اس کی اچھی مثال تغیر منکرات کی ہے کہ وہ عندالشرع واجب ہے لیکن اس کے لئے شرائط و قیود ہیں۔ اگر آدمی میں قوت ہے تو کرے ورنہ چپ رہے۔ مثلاً امراء و سلاطین کے فسق و فجور کے باوجود ان کے خلاف جنگ کر لینا صحیح نہیں کہ فتنہ و فساد اور خون خرابہ کا دروازہ کھل جاتا ہے۔ یہی وجہ ہے کہ حضور علیہ السلام سے اس قسم کے حکمرانوں کے متعلق جب صحابہ کرامؓ نے کہا:

افلا نقاتلوھم

یعنی ان سے عہد وفا ختم کر کے قتال شروع نہ کریں۔

حضور علیہ السلام نے جواب دیا:

لا ما اقامو امنکم الصلاۃ

نہیں جب تک وہ آپ کے اندر نماز ادا کرتے ہیں۔

آپ صلی اللہ علیہ وسلم کے سامنے مکہ معظّمہ میں بڑے منکرات ہوا کرتے تھے۔لیکن آپ اس وقت مٹانے کی پوزیشن میں نہ تھے تو برا محسوس کرنے کے باوجود خاموش رہتے تھے۔ بلکہ فتح مکہ کے بعد آپ بیت اللہ شریف کو بنائے ابراہیمی کے طرز پر بنانا چاہتے تھے لیکن قریش چونکہ نئے نئے اسلام میں داخل ہوئے تھے لہٰذا بیت اللہ شریف کی ہیئت کی اس تبدیلی پر کوئی فساد ہوسکتا تھا، آپ انے ارادہ ترک کیا۔

حافظ ابن تیمیہ رحمہ اللہ نے فتنہ تاتار کے زمانہ میں جب آپ کا گذر ایک گروہ پر ہوا جو شراب و کباب میں مشغول تھے۔ آپ کے ایک ساتھی نے ان کو منع کرنا چاہا تو حافظ ابن تیمیہؒ نے اس سے کہا کہ او اللہ کے بندے! شراب کو اللہ تعالیٰ نے اس لئے حرام قرار دیا ہے کہ یہ بندہ کو نماز و عبادات سے روکتی ہے لیکن شراب نوشی نے تو ان ظالموں کو بڑے ظلم یعنی قتل انسان، غصب اموال اور عورتوں کی عزت لوٹنے سے روکا ہوا ہے انہیں اس حال پر چھوڑ دو۔ گویا منکرات کار کوانا تو لازم ہے لیکن ایک تو استطاعت شرط ہے دوسرا یہ کہ منکر زائل ہو اور معروف قائم ہو یا کم از کم اگر زائل نہ ہو تو اس میں کمی تو آجائے۔

ابو داؤد کی روایت میں آیا ہے کہ جنگ میں حضور صلی اللہ علیہ وسلم نے سارق کے ہاتھ کاٹنے سے منع فرمایا۔ مبادا غصہ میں وہ آدمی دشمن سے نہ مل جائے لہٰذا اس کو کفر

میں دھکیلنے سے زیادہ اولیٰ ہے کہ حد کو معطل کیا جائے۔ حضرت عمرؓ حضرت ابوالدرداءؓ اور حضرت خذیفہؓ نے یہی حکمت بیان فرمائی ہے اور یہی وجہ ہے کہ احمد بن حنبلؒ، اسحاق بن راہویہؒ، اوزاعیؒ اور دیگر ائمہ کرام نے دشمن کی سرزمین میں حدود اللہ کے اجراء کو منع فرمایا۔ ابوداؤد کی روایت میں آیا ہے کہ جب حضرت شبرؓ بن اوطاق کے ڈھال کے چور کو لایا گیا تو شبر بن اوطاق نے کہا اگر میں نے حضور علیہ السلام کو یہ فرماتے نہ سنا ہوتا کہ دوران جنگ میں ہاتھ نہ کاٹے جائیں تو میں ضرور تیرا ہاتھ کاٹ دیتا۔ حضرت عمر رضی اللہ عنہ نے افواج کو یہی حکم جاری کیا تھا۔ حضرت علقمہؓ کی روایت میں ہے کہ ولید بن عتبہ جو ہمارے سردار تھے نے ایک جنگ میں شراب پی لی ہم نے اس پر حد جاری کرنا چاہا لیکن حذیفہؓ بن یمان نے ہمیں منع کیا اور کہا کہ اس حال میں اپنے امیر پر حد جاری کرنا چاہتے ہو جب دشمن تمہارے سامنے ہے۔ اس سے تو دشمن کا حوصلہ بڑھ جائے گا۔

جنگ قادسیہ میں ابو محجن ثقفیؓ شراب نوشی میں گرفتار ہوئے۔ حضرت سعد بن ابی وقاصؓ کے پاس لائے گئے آپ نے اسے قید کر دیا۔ جب جنگ گرم ہوئی، ابو محجنؓ دیکھ رہا تھا، حسرت کر رہا تھا اور رجز پڑھ رہا تھا کہ کتنی رنج کی بات ہے کہ دشمن کے نیزے ہمارے گھوڑوں کو پیچھے پھینکتے رہے ہیں اور میں زنجیروں میں جکڑا ہوا ہوں اور ساتھ ہی حضرت سعدؓ کی بیوی سے درخواست کی کہ خدا کو حاضر ناظر جان کر حلفیہ اقرار کرتا ہوں کہ میں واپس آکر اپنے آپ کو خود باندھوں گا لیکن آپ مجھے جنگ میں شریک ہونے کیلئے چھوڑ دیں۔ اس نے رحم کھا کر چھوڑ دیا اور آپ نے حضرت سعدؓ ہی کے گھوڑے بلقاء کو لیا اور اس انداز سے لڑتے رہے کہ حضرت سعدؓ دور سے دیکھ رہے تھے کہ گھوڑا بلقاء معلوم ہو رہا ہے اور شجاع آدمی ابو محجن معلوم ہو رہا ہے۔ لیکن وہ تو گرفتار ہے۔ دشمن کی پسپائی کے بعد ابو محجنؓ نے واپس آکر اپنے آپ کو باندھ لیا۔ حضرت سعدؓ

کی بیوی نے سعدؓ کو قصہ سنایا۔آپ نے کہا خدا کی قسم ایسے شخص کو میں سزا نہیں دوں گا جس نے دین کی خاطر ایسی جاں نثاری دکھائی ہو۔ ابو مجحنؓ نے فیصلہ سے متأثر ہو کر شراب سے توبہ کر لی کہ پہلے مجھے کوڑے پڑتے رہے اور میں پیتا رہا۔اب جب میری حد کو ساقط کیا گیا میں قطعاً شراب کو منہ نہیں لگاؤں گا۔اسی طرح احکام کی تعبیر میں رسول اللہ صلی اللہ علیہ وسلم نے عرف و عادت کو خاص اہمیت دے دی۔

ان تمام چیزوں سے معلوم ہوا کہ شریعت منزلہ میں جن امور کا خیال رکھا گیا ہے بعینہ وہی بلکہ اس سے کہیں زیادہ لحاظ فقہی استنباط میں رکھا گیا اور شریعت کے منزل حکم کو کسی نہایت اہم ترین مصلحت کے اصول یا عظیم مفسدت سے بچنے کیلئے معطل یا ملتوی کیا گیا۔اس طرح فقہی احکام میں تغیر بلحاظ مکان و زمان وغیرہ نہ صرف منقول ہے بلکہ لازم ہے۔

باب دوم: فصل اول

نبوت کا دور اور فقہ

یکم سال نبوت تا سنہ ہجری

اللہ تعالیٰ نے وقتاً فوقتاً انسانوں کی تربیت و اصلاح کیلئے انبیاء و رسل بھجوائے جو روحانیات کے ارتقاء کیلئے ایسے عقل کامل کے حامل تھے کہ ان کی تعلیمات پر عمل پیرا ہو کر دنیوی امور میں لگے ہوئے بھی روحانی کیفیت پر زد نہ آئے بلکہ مادیت روحانیت کے تابع رہے اور یوں دنیا و آخرت دونوں آباد ہوں۔ کیونکہ خداوندی شریعت ہر دو کو آباد کرنا چاہتا ہے اور اسی کا حکم دیتا ہے۔ کیونکہ خداوندی شریعت انسان کے حیوانی تقاضوں کو دباتا نہیں بلکہ اُسے مہذب بنا دیتا ہے۔

اب جس طرح مادی دنیا میں مادیت کے عقل مندوں کا اتباع ہر ذی عقل کے نزدیک مسلّم بلکہ عملاً واجب مانا گیا ہے اور ہر ایک اس مادی دنیا میں اسی عقل مند کے ایجاد کی تقلید کرتا ہے۔ اسی طرح روحانیات کی دنیا میں رسول ✓ اور نبی ✓ جو عقلی اعتبار سے جملہ عالم سے زیادہ عقل مند ہوا کرتا ہے اور نقل و عقل دونوں کو روحانیات کی ترقی کیلئے استعمال کرتا ہے اور دنیوی ترقی اور نظام چلانے کیلئے کارفرما اصول بتلا دیتا ہے۔ لہٰذا مادی دنیا کے عقل مند کی ایجاد کی تقلید کی طرح روحانی دنیا کے اس عقلمند کی بات، اطلاع اور فرمان اسی طرح بلکہ اس سے زیادہ واجب التقلید اور لازم العمل ہے اور پھر حضور علیہ السلام تو انہی سارے عقلمندوں کے سردار، انبیاء کے خاتم اور سب سے

زیادہ اتم و اکمل علم رکھنے والے تھے۔ تبھی تو آپ کے بعد نبی کی ضرورت نہیں رہی، اور آپ کو تا قیامت رسول بنایا گیا۔

لہٰذا آپ ﷺ کے دور میں فقہ اور شریعت کا انداز یہ تھا کہ آپ ﷺ پر قرآن کریم نازل ہو رہا تھا۔ آپ عملیت کرتے رہے اور صحابہ کرامؓ آپ ﷺ کے قول و عمل کا اتباع کرتے۔ یہی دین تھا۔ کبھی کوئی واقعہ رونما ہوتا تو اس کے متعلق حکم نازل ہو جاتا، کبھی آپ ﷺ سے پوچھا جاتا اور آپ جواب دے دیتے۔ قرآن کریم میں کئی جگہ اس کی تصریح موجود ہے:

(۱) يَسْئَلُوْنَكَ عَنِ الْخَمْرِ وَ الْمَيْسِرِ قُلْ فِيْهِمَآ اِثْمٌ كَبِيْرٌ وَّ مَنَافِعُ لِلنَّاسِ وَ اِثْمُهُمَآ اَكْبَرُ مِنْ نَّفْعِهِمَا (البقرة:۲۱۹)

آپ سے پوچھتے ہیں شراب اور جوئے کے متعلق۔ آپ جواب دیجئے کہ اس میں بڑا گناہ ہے اور بعض منفعتیں بھی ہیں لوگوں کیلئے اور گناہ (فساد) اس کا منافع سے زیادہ ہے۔

(۲) وَ يَسْئَلُوْنَكَ مَاذَا يُنْفِقُوْنَ قُلِ الْعَفْوَ (البقرة:۲۱۹)

آپ سے پوچھتے ہیں کہ کیا خرچ کریں؟ آپ کہدیں کہ ضرورت سے زیادہ مال خرچ کیجئے۔

(۳) وَ يَسْئَلُوْنَكَ عَنِ الْمَحِيْضِ قُلْ هُوَ اَذًى فَاعْتَزِلُوا النِّسَآءَ فِي الْمَحِيْضِ (البقرة:۲۲۲)

آپ سے حیض کے متعلق پوچھتے ہیں (یعنی کہ عورتوں کے ساتھ مباشرت کے متعلق) آپ کہدیں کہ یہ بیماری ہے سو عورتوں (کی مباشرت) سے بچے رہو، یعنی حالت حیض میں ان کے ساتھ مباشرت نہ کریں۔

اس قسم کے بیسیوں معاملات قرآن کریم اور سنت نبوی ﷺ میں موجود ہیں

جب آپ ﷺ سے سوال کیا جاتا تو آپ ﷺ اس کا جواب وحی جلی یعنی قرآن کی شکل میں یا پھر وحی خفی یعنی حدیث کی شکل میں دیا کرتے تھے۔

حاصل یہ کہ کسی بھی جزوی مسئلہ میں بھی صحابہ کرامؓ آپ ﷺ سے رجوع فرماتے اور آپ اس کا جواب مرحمت فرماتے۔ لیکن بسا اوقات صحابہؓ کرام خود اجتہاد فرماتے اور بعد میں آپ ﷺ سے اس کا تذکرہ کرتے۔ حضرت عمر رضی اللہ عنہ اور حضرت عمار رضی اللہ عنہ دونوں صحرا میں محتلم ہو گئے۔ پانی نہیں مل رہا تھا۔ حضرت عمرؓ نے اپنا اجتہاد یہ کیا کہ چونکہ مجھے غسل کیلئے تیمّم کا مسئلہ معلوم نہیں لہٰذا میں تو آپ ﷺ سے پوچھوں گا اور حضرت عمار رضی اللہ عنہ نے یوں اجتہاد کیا کہ تیمّم وضو کیلئے تو چہرہ اور ہاتھوں پر ضرب لگائی جاتی ہے۔ لہٰذا چونکہ احتلام میں کل بدن کا غسل لازم ہوتا ہے۔ اس لئے اس کے لئے پورے بدن پر خاک ملنا ضروری ہو گا۔ ایک جانب جا کر ایک وادی میں ننگے بدن کروٹیں بدلنے لگا اور تیمّم برائے غسل کرتا رہا۔ واپس آ کر حضور علیہ السلام سے تذکرہ کیا۔ آپ نے ہاتھ اور چہرے پر ضرب لگا کر فرمایا۔

انما یکفیك هکذا

آپ کیلئے اس طرح کرنا کافی تھا۔

گویا نفس اجتہاد کی اجازت دی اس پر ناپسندیگی کا اظہار نہ فرمایا، البتہ اجتہاد میں جو خطا ہو چکی تھی اس کی تصحیح فرمائی اور حضرت معاذ بن جبل رضی اللہ عنہ والی روایت جب آپ کو یمن بھیجا جا رہا تھا کہ کس چیز پر فیصلہ کرو گے؟ جواب دیا کتاب اللہ پر۔ پوچھا اگر آپ کو ایک حکم کتاب اللہ میں نہ ملے تو......؟ آپؓ نے جواب دیا

فبسنة رسوله

رسول اللہ کی سنت پر۔

پوچھا اگر اس میں نہ پاؤ تو......؟

فرمایا:

اجتهد برائی

اپنی رائے سے اجتہاد کروں گا۔ حضور ﷺ خوش ہو کر کہنے لگے:

الحمد للّٰہ الذی وفق رسول رسوله لما یحبه و یرضاه

کہ حمد وتعریف ہے اس اللہ کیلئے جس نے اپنے رسول کے رسول کو اپنے محبوب اور مرضی عمل کی توفیق دی۔

خود آپ ﷺ بھی اجتہاد فرمایا کرتے تھے، رائے دیتے تھے اور صحابہ کرامؓ سے رائے لیا کرتے تھے۔ قرآن کریم میں آیا ہے:

وَ شَاوِرْهُمْ فِی الْاَمْرِ (العمران:۱۵۹)

باب مفاعلہ یعنی آپ ﷺ اور صحابہؓ ایک دوسرے سے مشورہ لیا کریں۔

اور بسا اوقات آپ کسی صحابیؓ کی یا جماعت کی اکثریت کے مقابلہ میں اپنی رائے چھوڑ جاتے تھے۔ غزوۂ بدر میں اپنا تشکیل کردہ نقشہ تبدیل کر دیا جب حضرت خبابؓ بن منذر نے پوچھا یا رسول اللہ! یہ جو نقشہ آپ نے بنایا، حکم خداوندی ہے یا آپ کی رائے؟ آپ نے جواب دیا میری رائے ہے۔ لہٰذا حضرت خبابؓ نے اس کے بدلے اپنے تجربے کی اساس پر نقشہ بتلایا اور آپ نے بلا چون و چرا قبول بھی فرمایا۔ لیکن یہ اور بات ہے کہ آپ کی رائے کو بعد میں وحی کی توثیق مل جاتی تھی، لیکن شریعت نے اصول وضوابط کے دائرہ میں رائے دینا نہ صرف یہ کہ جائز قرار دیا ہے بلکہ حکم دیا ہے۔

قرآن کریم نے فرمایا:

فَاِنْ تَنَازَعْتُمْ فِیْ شَیْءٍ فَرُدُّوْهُ اِلَى اللّٰهِ وَ الرَّسُوْلِ (النساء:۵۹)

اگر آپ کا کسی معاملہ میں نزاع ہو جائے تو وہ آپ اللہ کی کتاب اور حضور کی سنت کی روشنی میں حل کیا کریں۔ یعنی وہاں سے روشنی لے کر اس کا حل نکالو یہی قیاس واجتہاد ہے۔

یہ اندازِ قوانین وضع کرنے کا طریقہ آپ ﷺ کی زندگی میں بھی رائج تھا اور یہی وجہ تھی جب آپ ﷺ سے صحابہ کرامؓ نے پوچھا یا رسول اللہ! ابھی تو مسئلہ پیش ہو کر آپ ﷺ کے پاس دوڑ کے آجاتے ہیں۔ آپ ﷺ کے جانے کے بعد کیا ہوگا؟ فرمایا:

> ترکت فیکم امرین لن تضلوا ما تمسکتم بھما کتاب اللہ وسنت رسولہ
>
> میں آپ لوگوں کو دو چیزیں چھوڑ کے جا رہا ہوں جب تک آپ اس پر مکمل مضبوطی سے عمل کرتے رہیں گے تو گمراہ نہ ہونگے، ایک اللہ تعالیٰ کی کتاب اور دوسرا آپ ﷺ کی سنت۔

اب ظاہر بات ہے فطرت تو ارتقائی ہے، نت نئے مسائل پیدا ہوں گے جس کے لئے جزئیہ قرآن وسنت میں موجود نہ ہوگا اور آپ ﷺ نے قرآن وسنت کی بات کی۔ وجہ یہ ہے کہ قرآن وسنت کو اُساس و بنیاد بنا کر نئے مسائل کا حل ڈھونڈنا کوئی مشکل بات نہیں اور اس طرح آپ گمراہی سے بچے رہو گے۔

اجتہاد کیا ہے؟ اجتہاد کے لغوی معنی کسی بھی امر و معاملہ کی تحقیق کیلئے کلفت و مشقت اٹھانے کو اجتہاد کہتے ہیں اور شریعت میں کسی فقیہ کی وہ کوشش ہے جو وہ فرعی احکام شریعت کے دلائل کے واسطے استخراج کیلئے کرتا رہے، گویا اصول دین میں اجتہاد کا کوئی دخل نہیں بلکہ وہ تو قطعی اور وحی ہیں۔

رسول اللہ v اور اجتہاد:

تحقیقی مذہب یہ ہے بلکہ ثابت ہے کہ آپ v اجتہاد کیا کرتے تھے۔ علامہ اموی نے ''الاحکام'' میں امام شعبی کا قول نقل کیا ہے کہ آپ v کسی قضیہ میں اجتہاد فرماتے۔ بعدازاں قرآن کریم اور وحی یا تو اس کی توثیق کرتے یا پھر اس کے خلاف ہوتا تو آپ v وہ اجتہادی مسئلہ چھوڑ جاتے۔ اس قسم کے کئی سارے واقعات موجود ہیں جہاں آپ v نے اجتہاد کیا کبھی اس کو اپنے حال پر چھوڑا جاتا کہ اس کی توثیق ہوتی اور کبھی آپ v اس سے رجوع فرماتے، اس لحاظ سے آپ کی مکی اور مدنی زندگی پر نظر دوڑانی ہوگی تاکہ حقیقت آشکارا ہو جائے۔

فصل دوم

مکی اور مدنی زندگی

مکہ معظّمہ میں آپ ﷺ نے ایک عجیب وغریب ماحول میں توحید کی صدا لگا دی۔ جہاں کے لوگ کچھ تو ایسے تھے جو خدا کے منکر تھے اور انقلابات و حوادث زمانیہ، زمانے کو منسوب کرتے تھے۔

وَمَا يُهْلِكُنَآ اِلَّا الدَّهْرُ (الجاثية:۲۳)

کہ ہمیں تو زمانے کی گردش ہلاک کردیتا ہے۔

اور کچھ ایسے تھے جو خدا کو تو مانتے تھے لیکن خدا تک پہنچنے کیلئے اپنے لئے کچھ درمیانی واسطے بنا چکے تھے جن کی پوجا کرنا ان کا اساسی عقیدہ تھا اور تھا بھی اس لئے کہ

مَا نَعْبُدُهُمْ اِلَّا لِيُقَرِّبُوْنَآ اِلَى اللّٰهِ زُلْفٰى (زمر:۳)

ہم انکی عبادت نہیں کرتے مگر صرف اسلئے کہ ہمیں اللہ تعالیٰ کے زیادہ قریب تر پہنچائے۔

وہاں آپ ﷺ نے دعوت کی دنیا میں تین چیزوں کو اساس بنایا۔

(۱) وجود وتوحید خدا

(۲) رسالت

(۳) عقیدۂ بعث بعد الموت

ساتھ ساتھ آپ ﷺ نے انہیں ان معقول طریقوں کے اپنانے کی طرف راغب کرنا چاہا جو ہمیشہ سے انسانیت کا شیوہ رہا ہے، لیکن وہ لوگ اس راستہ سے انحراف

کر چکے تھے، پھر اپنے ساتھیوں کو نماز پڑھنے کا حکم دیتے تھے۔ ابتداء میں یہ دو ہی نماز تھے صبح اور مغرب بعد میں معراج النبی کے بعد پانچ مقرر ہوئے اور ہر ایک بجز مغرب کے دو دو رکعت پر مشتمل اور جب یہ نئے لوگ نماز کے خوگر بنے تو پھر ظہر عصر اور عشاء کی نماز چار رکعت بنا دی گئی۔

مکی زندگی میں آپ کے ساتھی محکوم تھے۔ وہاں سرداروں کی سرداری تھی اور ان کے خود ساختہ تصورات والے دین کا غلبہ تھا۔ لہٰذا مکہ معظّمہ میں قرآن کریم کی تعلیمات زیادہ تر نظریاتی بنیادوں پر تھیں کہ آپ ﷺ کو کچھ فکری اور نظریاتی ساتھی ملے، جبکہ مدینہ منورہ میں یہی لوگ حکمران بنے اور قرآنی تعلیمات زیادہ تر عملیت (Practice) پر مبنی تھیں۔ گویا مکہ معظّمہ والی زندگی میں آپ ﷺ لوگوں کو اسلامی تعلیمات کی سماجی حکمرانی کیلئے تیار کر رہے تھے یا بالفاظ دیگر مکہ معظّمہ والی زندگی اسلام کے عملی نفاذ کیلئے تجربہ گاہ (Laboratory) اور تربیت گاہ تھی۔

مکی تعلیمات:

مکہ معظّمہ میں قرآن کریم نے خطا کیلئے یٰۤاَیُّهَا النَّاسُ کا عمومی اندازِ تخاطب اپنایا۔ پوری انسانیت کو انسانیت کے نام سے مخاطب کیا۔

(۱) ایک تو اس لئے کہ قرآن کریم نے انسانیت کو میدان بنا کر انسانیت کو معراج پر چڑھانا تھا کہ انسان بننا ہی کمال ہے اور یہی تعلیماتِ اسلام کا خلاصہ ہیں۔

(۲) دوسرا یہ کہ اسلام جو حکم دیتا ہے وہ انسان کی طبیعت کا تقاضا ہے یا الہام جبلّی ہے یعنی اس کے اپنانے کی استعداد اس میں موجود ہے۔

(۳) تیسری بات یہ ہے کہ وہاں تو نظریاتی تربیت دینی تھی اس کے لئے میدان پوری انسانیت ہے جبکہ اس نظریہ کے اُساس پر عملیت اس نظریہ کے ماننے

والوں کا خاصہ ہے۔ لہٰذا مدنی زندگی میں پھر خطاب یٰٓاَیُّھَا الَّذِیْنَ اٰمَنُوْا کے الفاظ سے کیا۔ مکی تعلیمات میں چند چیزوں کو محور بنایا گیا:

(۱) توحید:

چونکہ جملہ انسان انسانیت کے حوالے سے مساوی ہیں۔

الناس سواسية كا سنان المشط

انسان کنگھی کے دندانوں کی طرح برابر ہیں اور کنگھی کے دندانوں میں اگر مساوات نہ رہے تو نہ صرف یہ کہ کنگھی نہیں کی جا سکتی بلکہ اس کے دندانے سر کے چمڑے کو کرید کر زخمی کر دیتی ہے۔ لہٰذا اساسی طور پر تمام انسان مساوی ہیں۔ قومیت، قبیلہ، زبان اور علاقہ ورنگت وغیرہ کی کسی کو کسی پر فوقیت نہیں دیتی۔

لا فضل لعربی علی عجمی و لا لعجمی علی عربی و لا لا سود علی احمر و لا لا حمر علی اسود الا بالتقویٰ

کہ عربی کو عجمی پر اور عجمی کو عربی پر، کالے کو گورے پر اور گورے کو کالے پر کوئی فوقیت نہیں۔

اب ظاہر بات ہے کہ کسی انسان کو تو انسانوں کا معبود نہیں قرار دیا جا سکتا جو ان کا بڑا مسجود و مطاع ٹھہرے کہ یہ ترجیح بلا مرجح ہے۔ کہ یہ کیوں ہے فلاں کیوں نہیں اور انسان طبعی طور پر کسی بڑی ذات کے وجود اور اس کے اتباع کے مقتضی ہیں۔ کہ روحانی تسکین کیلئے اس کی جانب توجہ کی جائے اور اُسے کارساز و مشکل کشا مانا جائے۔ بصورت دیگر انسان انسان کا غلام وعبد ٹھہر جائے گا اور حضور علیہ السلام کی تعلیمات کا خاصہ یہ تھا کہ جیسا کہ حضرت عامرؓ بن ربیعہ نے فرمایا کہ

ان الله ابتعثنا ان نخرج العباد من عبادة العباد الى عبادة رب العباد

اللہ تعالیٰ نے ہمیں اس لئے بھجوایا کہ بندوں کو بندوں کی بندگی سے نجات دلا

کر انہیں رب کائنات کے غلام اور بندے بنا دیں اور اگر معبود کا یہ مقام انسانوں کے علاوہ کسی اور مخلوق کو دیا جائے تو یہ انسان کے نوع کی تذلیل ہے کہ وہ باعتبار نوعیت تمام انواع مخلوقات سے افضل اور انکے مخدوم ہیں۔ لہٰذا ضروری ہے کہ ایک (Metaphysical) مافوق الطبیعیات ذات اس کا معبود و خدا ہو اور وہ اللہ تعالیٰ ہی ہے اور اسی ایک ذات پر عقیدہ انسان کو بحیثیت نوع ٹوٹ پھوٹ اور ہر فرد کو بحیثیت فرد ٹوٹ پھوٹ سے محفوظ رکھتا ہے۔ فرد اسی عقیدہ کے سہارے مستحکم اور نوع متحد ہوتی ہے۔ لہٰذا آپ ﷺ نے ایک تو اللہ تعالیٰ کے وجود کا تصور دیا اور کائنات کے نظام کو اس کے لئے دلیل بنایا۔ اور دوسرا اسی ذات کے ایک ہونے کا تصور دیا کیونکہ اس معاشرہ میں کچھ لوگ تو ایسے تھے جو سرے سے خدا کے وجود کے منکر تھے اور اکثریت ایسے لوگوں کی تھی جو خدا کو تو مانتے تھے لیکن درمیانی واسطوں کے ساتھ۔

(۲) رسالت:

انسانوں کو خدا کا صحیح تصور کون دے گا؟ اس کیلئے ایک ایسی شخصیت کی ضرورت تھی جو جملہ انسانوں سے افضل ہو کیونکہ قبیلوں کے سردار ایک دوسرے کے پیچھے تو جاتے نہیں نہ ایک دوسرے کی اتباع کرتے ہیں۔ لہٰذا آپ ﷺ نے انہیں اپنی رسالت کا تصور دیا کیونکہ جب تک آپ کو رسول نہ مانا جائے آپ کی ہر بات کو بلا چون و چرا نہیں مانا جاتا۔

(۳) بعث بعد الموت:

ہر انسان جو کچھ کرتا ہے اس کے ثمرات کا طالب ہوتا ہے، بیہودہ اور بے مقصد کام جس کا کوئی مثبت یا بصورت دیگر منفی اثر نہ ہو۔ انسانی مزاج اس سے نفرت کرتا ہے تاوقتیکہ مزاج سلیم ہو۔ اب اس زندگی میں انسان جو کچھ کرے اس کا اچھا یا برا اثر

اس نے پالینا ہے موت کے بعد والی زندگی میں۔حضور ﷺ نے ان کو بعث بعد الموت کا عقیدہ دیا جو انسان کی زندگی کو ضبط کرتا ہے جب اُسے سزا اور جزا کی فکر لاحق ہو، بصورت دیگر وہ ایک آزاد منش حیوان کی طرح زندگی گزارتا ہے۔

قرآن کریم میں کفار کے متعلق آیا ہے:

ذَرْهُمْ يَأْكُلُوْا وَ يَتَمَتَّعُوْا وَ يُلْهِهِمُ الْاَمَلُ (الحجر: ۳)

انہیں چھوڑ دیجئے کہ وہ کھائیں نفع (ظاہری) حاصل کرے امیدوں نے انہیں غافل بنانا ہے۔

اب کیسے زندہ ہوں گے مرنے کے بعد۔قرآن کریم نے مدلل انداز سے روز مرہ کے معمولات جو کائنات میں رونما ہوتے ہیں اس سے ثابت فرمایا کہ جس طرح مردہ زمین کو بارش سے زندہ کیا جاتا ہے اسی طرح آپ کو زندگی کیا جائے گا۔جس طرح آپ کو ایک قطرہ پانی سے پیدا فرمایا وہ خدا اس چیز پر قادر ہے کہ آپ کو دوبارہ پیدا فرمائے۔

(۴) انسانی تمدن Civilization:

انسان فطری طور پر مدنی الطبع اور سوشل (Social) ہے۔تنہا زندگی نہیں گذار سکتا کہ اس کے مزاج کے منافی ہے، لیکن بسا اوقات کسی فرد انسان یا ایک خاص قوم کی یہ فطرت بگڑ جاتی ہے کیونکہ تمدن کا تقاضا یہ ہے کہ اپنا حق حاصل کرو لیکن غیر کے حق پر ڈاکہ نہ ڈالو کہ تمدن باقی نہیں رہتا۔بگڑنے کی صورت میں وہ دنگا فساد شروع کر دیتا ہے، مسلمہ اصول زندگی کو پامال کر دیتا ہے اور یوں تمدن کا خاتمہ ہو جاتا ہے۔نسوانی حقوق کی پامالی، بلکہ ان سے حق زندگی چھیننا، غرباء سے ترک احسان بلکہ ان پر ظلم کے پہاڑ توڑ دینا اور ان جیسی کئی ساری رذالتوں نے ان کے معاشرہ کو تباہ و برباد کر دیا تھا۔آپ صلی اللہ علیہ وسلم نے انہیں از سر نو تمدن کا درس دیا۔کہ انسان ہونے کیلئے یہ ضروری ہے۔

(۵) نماز:

انسان طبعی طور پر خداوند سے رشتہ جوڑنا چاہتا ہے۔ لیکن اس رشتہ میں وہ کبھی کبھار زبردست گمراہی کا شکار ہو جاتا ہے اور کافر و مشرک بن جاتا ہے۔ اس رشتہ کے جوڑنے کیلئے اس عظیم ذات کی کبریائی کا تصور اور اس کے عظمت کے سامنے آداب عاجزی بجالانا ضروری ہے۔ آپ ﷺ نے اپنے ساتھیوں کو نماز کا طریقہ بتلا دیا کہ اس کے عظمت کے سامنے آداب عاجزی بجالانے کا یہ انداز نہ صرف یہ کہ آپ کی زندگی کو صاف اور منضبط بنا دے گا بلکہ آپ کا تعلق و رشتہ خداوند قدوس سے جوڑ دے گا اور خشوع و خضوع کیلئے دست بستہ کھڑا ہونا، رکوع کرنا، سجدہ کرنا اور ساتھ ساتھ کلمات آداب بجالانا ضروری ہیں۔

(۶) اہل مکہ کو مقابلہ کا چیلنج:

چونکہ آپ کی دعوت اہل مکہ کے مروّج دین و نظام کے خلاف تھی اس طرح رواج کی ضد تھی جو ان کا عقیدہ بن چکا تھا۔ لہٰذا انہوں نے نہ صرف آپ کو اور آپ کے ساتھیوں کو اذیت پہنچائی، بلکہ آپ کے لائے ہوئے قرآن کی تکذیب شروع کی کہ یہ افسانہ ہے۔ فلاں نصرانی کی تعلیم ہے وغیرہ وغیرہ۔ لہٰذا اللہ تعالیٰ نے ان کو مقابلہ کا چیلنج دیا کہ آپ بھی ادیب وقادر الکلام لوگ ہیں۔ لہٰذا اگر اس کو خدا کا کلام نہیں مانتے تو پھر مقابلہ میں اس جیسی ایک کتاب یا پھر دس سورتیں یا پھر صرف ایک ہی سورت لے آئیں، جو وہ نہ کر سکے اور مزید اذیتیں دینے پر اُتر آئے۔

مدنی زندگی:

جیسا کہ ہم عرض کر چکے ہیں مکہ معظّمہ میں آپ نے نظریاتی اُساس پر

ساتھیوں کو تیار کیا، انہیں مصائب و آلام سے روشناس کرایا اور یوں اسی نظریہ کو عملیت دینے کیلئے آپ ﷺ کو ۶۲۲ ء میں حکم ملا کہ اب مدینہ کی طرف ہجرت کر جاؤ، تا کہ وہاں انہی تعلیمات کی اُساس پر ایک ریاست قائم کر جاؤ جس میں ان تعلیمات کا عملی نفاذ ہو۔ اگرچہ آپ ﷺ مکہ معظّمہ میں بھی اپنے رفقاء پر مشتمل جماعت کے درمیان ایک قسم کی ریاست قائم کر چکے تھے۔ اب کے دور میں ہم اس کو (Non State Entity) غیر ریاستی وجود کہہ سکتے ہیں کہ ایک جماعت کے درمیان عملی زندگی کا ایک نظام تو موجود ہو لیکن اس کے زیرِ نگین علاقہ نہ ہو۔ حضرت شاہ ولی اللہؒ اس کو خلافت باطنہ کا نام دیتے ہیں۔ اس جماعت میں آپ نے صاحب استطاعت لوگوں پر غریبوں کی ضروریات زندگی پوری کرنا اور اس قسم کی دوسری ذمہ داریاں لگا دی تھیں۔ ہر ریاست جو آبادی کیساتھ ساتھ ایک قطعہ اراضی (Land) کا بھی تقاضا کرتا ہے وہ تصور پہلے ہی مدینہ منورہ میں وجود میں آیا۔

مدینہ اُس زمانے میں:

اس زمانے میں مدینہ منورہ کا نام یثرب تھا۔ سابقہ انبیاء علیہم السلام کی کتابوں میں اس کا تذکرہ موجود تھا کہ جبل سلع (اُحد) کے قریب والے نہر میں مکہ کے مولود کا آنا ہوگا۔ یہی وہ قوت پکڑے گا اور اللہ تعالیٰ کے دین کو سارے عالم پر غالب کر دے گا۔ یہود نے اپنی کتابوں میں اس کا تذکرہ جو پڑھا تو یہ لوگ جن کی ذہنیت ہمیشہ سے یہ رہی ہے کہ کسی بھی ریاست کے پالیسی ساز اداروں پر ان کا کنٹرول ہو۔ تبھی تو آج کے دور میں جبکہ پوری دنیا معیشت کے گرداگرد گھومتی ہے۔

یہود عالمی معاشی اداروں پر قبضہ کر چکے ہیں اور پوری دنیا کو کنٹرول کیئے ہوئے ہیں۔ کیونکہ باقی سارے میدان (Field) اسی معیشت کے گرداگرد گھومتی ہیں۔ سو یہود کے تین قبیلے بنو نضیر، بنو قریظہ اور بنو قینقاع مدینہ وارد ہوئے۔ اہل مدینہ جو مزارع

اور کاشت کار قسم کے غیر تعلیم یافتہ لوگ تھے، انہوں نے نہ صرف یہ کہ ان کو بسایا، بلکہ ان کے تعلیم یافتہ ہونے کی وجہ سے ان کو سیادت کا ایک مقام بھی دیا اور ان کو نذرانے شکرانے بھی دینے لگے۔ یوں یہود نے وہاں ایک مقام بنایا اور جب آپ صلی اللہ علیہ وسلم تشریف لے آئے تو ان لوگوں نے اپنے جاہ و مال کو دوام بخشنے کیلئے ایمان لانے سے پہلو تہی کی۔ لیکن چونکہ اہل مدینہ سے تو یہ لوگ تذکرے کرتے رہے کہ نبی آخرالزمان تشریف لائے گا اور در در کی ٹھوکریں کھانے کے بعد ایک بار پھر بنی اسرائیل کو حکومت مل جائے گی۔ لہٰذا یہ بات اہل مدینہ کے قلب و دماغ میں سرایت کر چکی تھی کہ وہ تو ایمان لے آئے تھے ادھر یہود کی سازشی ذہنیت کی وجہ سے آپ ✓ نے ان کے ساتھ میثاق مدینہ کے نام سے معاہدہ کیا، تاکہ نو پیدا ریاست اسلامی ان کے داخلی سازشوں سے محفوظ رہے اور بعد ازاں ان کی سازشوں کی وجہ سے ہر تین قبیلوں کو یکے بعد دیگرے مدینہ بدر کر دیا گیا۔

گویا مدنی زندگی میں آپ نے درج ذیل کام کیئے:

ا۔ احکام وقوانین:

انہی احکام میں بعض تو وہ تھے جو شخصی زندگی کی اصلاح کے لئے ضروری تھے مثلاً روزہ۔ اس کی فرضیت مدینہ منورہ میں ہوئی لیکن چونکہ یہ تو ایک نئی ریاست تھی جس کی تعمیر کیلئے مالی قربانی کی ضرورت تھی، لہٰذا زکوٰہ کو فرض قرار دیا گیا، کہ اغنیاء سے لے کر فقراء پر صرف کیا جائے۔ ساتھ ہی ساتھ حج کی فرضیت آ گئی اور وہ جرائم جو معاشرہ کے لئے ناسور بن سکتے تھے ان کو منع کیا گیا اور اس کے لئے سزا مقرر کی گئی، مثلاً شراب نوشی پر پابندی اور سزا، جوابازی کی ممانعت، چوری پر سزا، بدکاری پر سزا، ملاوٹ کی ممانعت وغیرہ وغیرہ کے قوانین نازل ہوئے۔

جہاد کی فرضیت:

مکہ معظّمہ میں کمزور اور زیردست ہونے کی وجہ سے مسلمانوں کو صبر کی تلقین تھی، جبکہ مدینہ منورہ میں یہ لوگ بااختیار اور ایک خودمختار ریاست کے مالک تھے اور اس ریاست کے خلاف سازشیں بھی ہونے لگیں۔ کہ یہ ریاست نظریاتی تھی اور نظریہ کو جب ریاست ملے تو پھر وہ مزید پھیلنے سے رکتی نہیں۔ اس خطرے کے پیشِ نظر مخالفینِ اسلام کی نظروں میں یہ ریاست کھٹکتی رہی اور خود آنحضور ﷺ بھی مخالفین اسلام پر نظر رکھے ہوئے تھے کہ ان کی قوت کو کیسے کمزور کیا جائے کیونکہ جنگوں کی فتح زمین گھیرنا نہیں ہوتا بلکہ دشمن کی قوت کو کمزور کرنا ہی اصل فتح ہے۔

To catch a piece of land is not a success, but to cut off enemy's force is a success

اور قرآن کریم کی آیت

فَشَرِّدْ بِهِم مَّنْ خَلْفَهُمْ (الانفعال: ۵۷)

کہ پیچھے سے جو قوت آرہی ہے ان کے پیچھے اس قوت کو منتشر کرو۔ اس میں بھی یہی فلسفہ کارفرما ہے۔ لہٰذا مختلف علاقوں میں منتشر مسلمانوں کو حکم ہوا کہ مدینہ منورہ جا کر آباد ہوں۔ تبھی تو آپ کی اتباع میں ہجرت مدینہ کو لازم و واجب قرار دیا گیا تاکہ ایک تو مسلمان آکر ایک جگہ جمع ہوں، حضور ﷺ سے بلاواسطہ استفادہ کریں اور دوسرا یہ کہ مسلمانوں کے مختلف افراد کی ذہانت، فنی قابلیت اور استعداد اس نئی ریاست کی تعمیر و ترقی میں ممد و معاون ہو اور پھر وہاں پر حضور ﷺ نے جو نظام امن و عدل قائم کیا اور اس کے اخبار اطراف و اکناف میں پھیلے تو قبیلوں کے قبیلے مسلمان ہوتے چلے گئے۔ مسلمانوں کی تعداد میں خاطر خواہ اضافہ ہوا۔ اسباب کی دنیا میں ان کو کافی قوت حاصل ہوئی تو جہاد کا حکم نازل ہوا۔ اور آپ ﷺ نے ہجرت کے دوسرے سال ہی غزوہ بدر کے

نام سے جہاد کیا۔ اگرچہ اس سے پہلے بھی کچھ چھوٹے بڑے سریئے یعنی لشکر بھجوائے گئے تھے لیکن یہ پہلی بڑی جنگ تھی جس میں مسلمانوں کو فتح نصیب ہوئی اور ان کا دبدبہ اور رعب طاری ہوا اور اس طرح جنگی قوانین مرتب ہوتے رہے۔

۳۔ اہل کتاب سے متعلق ہم پہلے ذکر کر چکے ہیں کہ عرب میں مشرکین کے ساتھ ایک دوسرا طبقہ اہل کتاب یہود و نصاریٰ کا تھا۔ وہ چونکہ دین سماوی کے دعویدار اور کتاب سماوی کا علم رکھتے تھے لہٰذا وہ آپ ﷺ سے بلا واسطہ اور بالواسطہ سوالات کیا کرتے تھے اور قرآن کریم جوابات دیا کرتا تھا۔ یہ سوال و جواب قانون کی شکل لیتے رہے۔ اس طرح ان سے سیاسی وسماجی تعلقات کے قوانین بھی مرتب ہوئے۔ میثاق مدینہ میں یہود سے حلف و معاہدہ اور اس طرح ان کے ذبیحہ کا کھانا اور ان کی عورتوں سے نکاح کرنا جائز قرار دیا گیا۔

۴۔ منافقین:

کفار اور مسلمانوں کے درمیان ایک تیسرا طبقہ جو منافقین کے نام سے پہچانا جاتا ہے، یہ مشرکین اور اہل کتاب دونوں میں سے ہوا کرتے تھے۔ یہ بظاہر مسلمان اور دل سے کافر تھے اور یہ انداز اپنانے کی وجہ یہ تھی کہ وہ اپنے دل سے اسلام کے قائل تو نہ تھے لیکن چونکہ ریاست اسلامی تھی اور ریاست اپنے نظریاتی حاملین کو اور نظریات کا تحفظ کرنے والوں کو کچھ زیادہ مراعات دیا کرتا تھا، لہٰذا یہ لوگ اظہار اسلام کے سہارے اپنے جان و مال کی حفاظت کرنا چاہتے تھے اور ساتھ ساتھ کچھ رعایات و مراعات حاصل کرنا چاہتے تھے اس لئے اسلام قبول کر چکے تھے ان میں ایک دوسرا طبقہ ان منافقین کا تھا جو مسلمانوں کی جماعت میں شامل ہو کر ان کے راز معلوم کر کے اسلام، پیغمبر اسلام اور ریاست اسلامی کے خلاف سازش کرنا چاہتے تھے اور تیسرا طبقہ ان منافقین کا تھا اور یہ

خاص کر اہل کتاب میں تھے جو اسلام قبول کر کے پھر جاتے تھے، تا کہ کچھ سادہ لوح قسم کے مسلمان اس طرح اسلام سے کبیدہ خاطر ہو جائیں کہ دیکھیں یہ دانش مند لوگ جب اس دین کو چھوڑ گئے ہیں اسکا معنی یہ ہے کہ اس میں حقانیت نہیں۔ قرآن کریم میں آیا ہے:

اٰمَنُوْا وَجْهَ النَّهَارِ وَ اكْفُرُوْٓا اٰخِرَهٗ لَعَلَّهُمْ يَرْجِعُوْنَ (العمران: ۷۲)

قرآن کریم کا مطالعہ:

مطالعہ قرآن کریم سے معلوم ہوتا ہے کہ قرآن کریم نے اُساسی طور پر تین چیزوں کا حکم دیا۔

(۱) عقائد

(۲) اخلاق

(۳) اعمال

۱۔ عقائد کا تعلق تو خالصتاً قلب و دماغ سے ہے کہ اللہ تعالیٰ کو حضور علیہ السلام کی تعلیمات کی روشنی میں وحدہ لا شریك مانے جس کا پرتو اور عکس انسان کے افعال و حرکات میں بھی ظاہر ہو۔

۲۔ اخلاق کا تعلق بھی اس لحاظ سے قلب و دماغ سے ہے کہ شخص اس بات میں خود ہی عامل اور خود ہی محتسب ہوتا ہے۔ یعنی کسی بھی فعل کے حوالہ سے وہ اپنا احتساب خود کرتا ہے۔ اگر نیک کام کرے تو اسے اللہ تعالیٰ کی عنایت سمجھ کر خوش ہو جاتا ہے اور اگر برا کام کرے تو ضمیر اُسے ملامت کر دے۔ حدیث شریف اس کی تصویر یوں آئی ہے:

اذا سرتك حسنتك و أساء تك سيئتك فانت مؤمن

جب آپکو آپکی نیکی خوش کر دے اور آپکی برائی آپ کو خفہ کر دے تو آپ مومن ہیں۔

اور اخلاقیات ہی معاشرہ کو کنٹرول کر دیتی ہے۔ شریف انسانوں پر مشتمل

معاشرہ ہی شریف معاشرہ کہلاتا ہے جس میں امن وعدل کا دور دورہ ہو۔

۱۔ اعمال:

چونکہ افعال و اعمال تو اخلاق ہی سے جنم لیتے ہیں لہٰذا تیسرے نمبر میں اعمال پر زور دیا گیا۔ حضرت شاہ صاحب رحمہ اللہ تعالیٰ نے فرمایا ہے کہ

''معاشی احوال انسان کے داخلی ہیجانات کو برانگیختہ کر دیتا ہے۔ ہیجانات سے خیال پیدا ہوتا ہے، خیال اخلاق پیدا کرتا ہے اور اخلاق ہی عمل پر اُکساتا ہے، اب کیا ہیجانات ابھرے، کیا خیال پیدا ہوا، کن اخلاق نے جنم لیا، اس کے پس منظر میں ویسے اعمال پیدا ہوتے جائیں گے۔

قرآن کریم کے قانون مشتملات:

قرآن کریم کے قانون مشتملات دو قسم کے تعلقات پر زور دیتا ہے:

۱۔ خالق اور مخلوق (انسان) کے درمیان تعلق، جس کا معنی یہ ہے کہ اللہ اور انسان کے باہمی تعلق کیلئے دینی افعال و اقدار پر عمل کرنا اور خالص نیت کیساتھ کہ اللہ تعالیٰ کا تعلق خالص نیت پر مبنی ہے۔ یہ دو قسم کے ہوتے ہیں۔

(۱) خالص مذہبی عبادت:

جیسے نماز اور روزہ وغیرہ۔

نماز میں اللہ تعالیٰ کی اطاعت اور آپ کے سامنے عاجزی کا نہایت ہی اظہار ہے اور روزہ میں اللہ تعالیٰ کے حکم کے پیش نظر حلال چیزوں کا ترک کرنا جو حکم کی بجا آوری کی انتہاء ہے کہ انسان میں دلائل (Reasoning) نہیں لاتا۔

(۲) سماجی اور اقتصادی عبادت:

جیسے زکوٰۃ اس میں سماجی پہلو بھی ہے کہ اغنیاء اور فقراء کے تعلقات بڑھتے رہتے ہیں اور ساتھ ہی معاشرہ کے غرباء کی اقتصادی حالت میں تبدیلی آجاتی ہے اور ان کی ضروریات کسی حد تک پوری ہو جاتی ہے۔

(۳) سماجی اور بدنی عبادت:

جیسے حج، اس میں ایک طرف پورے عالم کے انسانوں کے درمیان ایک اجتماع ہوتا ہے اور دوسری طرف زبردست بدنی مشقت برداشت کرنی پڑتی ہے جو ایک جانب ثواب کا باعث اور دوسری طرف طبی لحاظ سے صحت کا باعث ہوتا ہے۔

۲۔ دوسری قسم انسانوں کے آپس کے معاملات جو کئی شقوں پر مشتمل ہیں کیونکہ انسان مدنی الطبع ہے اور شخصی حیثیت سے آگے اس کی مدنیت کے کئی سارے تقاضے ہیں تفصیل درج ذیل ہے:

(i) خاندانی قوانین: (Family Laws)

چونکہ انسان کے کچھ حیوانی تقاضے ہیں مثلاً کھانا پینا، اور اسی طرح نر، مادے کا ملاپ لیکن اس کے ملاپ کیلئے شادی کا طریقہ جملہ انسانوں کے درمیان مروج ہے، البتہ طریقے مختلف ہیں۔ پھر شادی کے بعد بچوں کا پیدا ہونا، ان کی تربیت، خاندان کے لئے اکتساب اور کمانا وغیرہ۔

حضرت شاہ صاحبؒ نے عمرانیات میں اس کے چار شعبے ذکر کئے ہیں۔

الزوج: یعنی شادی کرنا۔

الملکۃ: یعنی یہ کہ کس کا کتنا اختیار ہو گا اور سربراہی کس کی ہو گی؟

الصحبة : خاندان میں رہنے والے افراد کی رفاقت کیسی ہوگی؟

الولاد : بچوں کی تربیت کی ذمہ داری کس کی ہوگی؟

اس میں کچھ فطرت کا بھی دخل ہوتا ہے۔ کچھ رواج کا اور کچھ شرائط لگائی جاتی ہیں لیکن ان تمام پہلوؤں کے لئے شریعت اسلامیہ نے قوانین دیئے ہیں۔

(ii) **تجارتی قوانین معاملات:** (Trade Laws Cotents Civil Laws)

پھر چونکہ ایک انسان یا خاندان کے پاس ضرورت کی کچھ چیزیں فاضل ہوتی ہیں اور بعض ضروریات کے لئے وہ کسی اور سے لینے کا محتاج ہوتا ہے جبکہ وہ اور اس کے فاضل چیز کا محتاج ہوتا ہے لہٰذا ان کے درمیان مبادلہ (Transaction) ایک فطری امر ہے اب یہ کس طرح ہو، اس کیلئے شریعت نے جامع اصول وقواعد دے دیئے۔

(iii) **قانون جرائم:** (Criminal Laws)

چونکہ انسان بنیادی طور پر تو حیوان ہے۔ لہٰذا اس میں دو اہم حیوانی صفات یعنی قوت شہوانی اور قوت غضبی ہوا کرتی ہیں۔ پہلے والے کے ذریعے وہ کچھ حاصل کرتا ہے اور دوسری قوت کے ذریعے وہ آگے آنے والے ہاتھ کو دفع کرتا ہے۔ اس تگ و دو میں کبھی کسی کا جانی نقصان اور کبھی کسی کا مالی نقصان ہو جاتا ہے۔ ان جرائم کا فیصلہ کیسے ہو، اس کے لئے ضابطے اور اصول متعین کر دیئے۔

(iv) **انتظامی قوانین:** (Administrative Laws)

چونکہ جملہ انسان تو اساسی طور پر مساوی ہیں اور کسی کی کسی پر برتری نہیں، لیکن ان کے درمیان جھگڑے پیدا ہونا بھی فطری امر ہے اور جھگڑوں کا تدارک بھی لازمی ہے کہ فطرت اور شریعت دونوں کو امن مطلوب ہے لہٰذا ان تمام کے اوپر ایک قوت

ہونی چاہیے جوان کو کنٹرول کر سکے۔ سو شریعت نے حکومت اور ریاست کی تشکیل کا تصور دیا کہ بغیر اس کے یہ کام ممکن نہیں......

لا یترك الناس فوضىٰ لا سراة لهم

ولا سراة اذا جهالهم سادوا

یعنی لوگوں کو اس طرح بغیر حکومت کے مہمل نہیں چھوڑا جا سکتا اور وہ حکومت نہیں جب جاہل لوگ برسر اقتدار آ جائیں۔ لہٰذا شریعت نے انتظامی قوانین کا ڈھانچہ عطا فرمایا۔

(v) قانون قضائی: (Proceedural Laws)

اب جبکہ جھگڑے پیدا ہوں گے کون فیصلہ کرے گا۔ ریاست اور حکومت اس کیلئے ایک مستقل شعبہ تشکیل دیتا ہے جسے قضا، عدلیہ، محکمہ یعنی (Judiciary) کا نام دیا جاتا ہے، وہ کس انداز سے فریقین کے نزاع کا فیصلہ کرے گا اس کے لئے مستقل قوانین کا ذخیرہ دیا۔

(vi) قانون بین المللی: (International Laws)

چونکہ دنیا ڈھیر ساری ریاستوں پر مشتمل ہو گی جن میں مسلمان اور غیر مسلم دونوں قسم کی ریاستیں شامل ہوں گی اور یہ ریاست ان کے ساتھ اس قسم کے معاملات اور تعلقات استوار رکھتے ہیں اور ان ریاستوں کے درمیان اس طرح کے واقعات رونما ہوں گے جیسے افراد انسان کے درمیان رونما ہوتے ہیں اور ان معاملات کو اس انداز سے فیصلہ کرنے کی ضرورت ہے جس طرح افراد کے معاملات کی۔ لہٰذا اس کے لئے بھی قوانین کی ضرورت تھی۔ آپ صلی اللہ علیہ وسلم نے اس کے لئے اپنی زندگی میں قولی اور عملی راہنما اصول فراہم فرمائے۔

باب سوم :   فصل اول

کائنات اور فطری قانون

اللہ تعالیٰ نے کائنات کی تخلیق کر کے کچھ فطری قوانین وضع کئے جو تکوینی حد تک ایسے کارگر ہیں کہ کائنات کے جملہ انواع و اقسام ان قوانین کے مطابق چل کر ہی بقا و تحفظ کی جدوجہد کرتی رہی ہیں۔ کیونکہ فطری قوانین سے ہٹ کر وہ خود مصیبت میں الجھ جاتا ہے اور مشکل کا سامنا ہوتا ہے۔ نظام کائنات کو برابر رکھنے اور چلانے کیلئے بظاہر ایک خود حرکی (Auto Dynamics) یا خود کار (Automatic) نظام ہے۔ اگرچہ درحقیقت یہ سب کچھ ایک محرک کی تحریک پر ہوتا رہتا ہے اور وہ ذات خداوندی ہے۔ کائنات کے اس نظام میں جاری و ساری نظام کو فطری قانون انضباط (Natural Control System) کہتے ہیں۔ مختلف انواع کی خلقت وحیات وغیرہ میں یہی نظام کارفرما ہے اور اس نظام کے سہارے جملہ انواع واصناف اپنا اپنا وظیفہ پورا کرتے ہیں، قرآن کریم نے فرمایا:

إِنَّا عَرَضْنَا الْأَمَانَةَ عَلَى السَّمٰوٰتِ وَ الْأَرْضِ وَ الْجِبَالِ فَأَبَيْنَ أَنْ يَّحْمِلْنَهَا وَ أَشْفَقْنَ مِنْهَا وَ حَمَلَهَا الْإِنْسَانُ إِنَّهٗ كَانَ ظَلُوْمًا جَهُوْلًا (شوری: ۷۲)

یعنی یہ کہ ہم نے امانت (ذمہ داریاں، وظائف، کارگذاری) آسمانوں، زمین اور پہاڑوں پر پیش کر دی۔ سو انہوں نے نے حمل (ترک) سے انکار کیا اور اس (ترک) سے ڈر گئے اور انسان نے اسے حمل (ترک) کیا، تحقیق

وہ بڑا ظالم اور بڑا جاہل ہے۔

حمل کے یہ معنی ترک یعنی چھوڑنا یا نہ کرنا نحو کے امام زجاج نے نقل کیا ہے۔ کہ عرب کہتے ہیں فلان حمل الامانة ای ترکھا یعنی اس نے امانت ترک کیا، اس میں خیانت کی۔

فطری قانون کا اضطراب:

اور قیامت نام ہے کائنات کے اس فطری نظام کے مضطرب (Distrub) ہونے کا

وَيَوْمَ تَشَقَّقُ السَّمَآءُ بِالْغَمَامِ (الفرقان: ۲۵)

آسمان ٹکڑے ہو جائے گا۔

اِذَا الشَّمْسُ كُوِّرَتْ O وَاِذَا النُّجُوْمُ انْكَدَرَتْ (التکویر: ۱-۲)

جب سورج ٹھنڈا اور سیاہ ہو جائے گا اور جب ستارے ٹوٹ کر گر پڑیں گے

اور وَتَكُوْنُ الْجِبَالُ كَالْعِهْنِ الْمَنْفُوْشِ (القارعة: ۵)

اور جب پہاڑ اڑتے ہوئے روئی (کے ذرات) کے مانند اڑتے جائیں گے

یعنی نظام کائنات درہم برہم ہو جائے گا۔

بہرحال یہ قوانین، اس کا بقاء و اجراء اور بعد ازاں اس کا اضطراب سب کچھ اللہ تعالیٰ کے اختیار میں ہے۔ اللہ تعالیٰ نے مختلف انواع و اصناف کو مختلف خصوصیات و امتیازات سے نوازا اور ان سب میں انسان کو اشرف و اکرم ٹھہرایا۔ اس کو مخدوم کائنات بنایا، اور عقل کے جوہر سے نوازا۔

وَلَقَدْ كَرَّمْنَا بَنِيْٓ اٰدَمَ وَحَمَلْنٰهُمْ فِي الْبَرِّ وَالْبَحْرِ (بنی اسرائیل: ۷۰)

یعنی انسانی کرامت یہ ہے کہ بحر و بر اور اس میں جو کچھ ہے وہ انسان کے کنٹرول و اختیار میں آ سکتا ہے۔

اللہ تعالیٰ نے انسان کے اندر یہ صلاحیت واستعداد پیدا فرمائی ہے:

اِنِ اسْتَطَعْتُمْ اَنْ تَنفُذُوْا مِنْ اَقْطَارِ السَّمٰوٰتِ وَالْاَرْضِ فَانْفُذُوْا
لَا تَنْفُذُوْنَ اِلَّا بِسُلْطٰنٍ (الرحمن: ۳۳)

یعنی اگر آپ کی قوت ہے کہ آپ زمین و آسمان کے قطروں میں نفوذ (سرایت) کر جائیں تو (ضرور) کریں (لیکن) آپ نفوذ (سرایت) نہیں کر سکتے مگر سلطان یعنی قوت کے ذریعے۔

گویا کائنات کے جملہ وسائل کو بروئے کار لانا ان کی ذمہ داری ہے اور اس میں قوت موجود ہے لہٰذا اُسے اعمال کرنا چاہیے اہمال نہیں۔

اب اسی انسان کو اللہ تعالیٰ نے اسی عقل ہی کی وجہ سے مکلّف ٹھہرایا کیونکہ فقہ کا ایک مشہور قاعدہ ہے الغرم بالغنم یعنی نفع لو گے تو نقصان کے لئے تیار رہو گے۔ فضیلت وشرافت وعزت ملی تو ذمہ داریاں سنبھالتے رہو گے اور اتباع کرتے رہو گے کس کا؟ اس ذات کا جس نے آپ کو یہ عزت دے دی ہے......

ہمہ از بہر تو سرگشتہ و فرما نبردار
شرط انصاف نبا شد کہ تو انصاف نہ بری (گلستان سعدیؒ)

اللہ تعالیٰ کی ساری مخلوق آپ کے (یعنی انسان کے) زیر نگیں تو پھر آپ اللہ تعالیٰ کے تابع رہو گے۔

انسان بھی حیوان ہے:

اب انسان بنیادی طور پر حیوان ہے۔ لہٰذا جملہ حیوانی تقاضے اس کے تقاضے ہیں۔ کھانا، پینا، مباشرت، گرمی سردی سے بچاؤ وغیرہ (حجۃ البالغہ) اس کے دیگر حیوانات کی طرح حواس ظاہری ہیں، حواس باطنی بھی ہیں۔ شعور ہے وجدان بھی ہے۔ قوت شہوانیہ ہے اور قوت غضبیہ بھی ہے۔ وہ قوت شہوانیہ کے سہارے کئی ساری چیزوں کو

طلب کرتا ہے اپنے پر حملہ کرنے والے کو قوت غضبہ کے ذریعے دفع کرتا ہے۔(میبذی)

انسان کا امتیاز:

اللہ تعالیٰ نے شکل وصورت میں بھی جملہ حیوانوں سے انسان کو ممتاز بنا دیا ہے

لَقَدْ خَلَقْنَا الْإِنْسَانَ فِيْٓ أَحْسَنِ تَقْوِيْمٍ (التین : ٤)

انسان کو ہم نے ایک بہتر قد وقامت سے سرفراز فرمایا۔

اور پھر معنوی اعتبار سے اسی انسان کو عقل سے نوازا جس کے سہارے اس کی تین امتیازی خصوصیات ہیں (حجۃ البالغہ)

(i) الا نبعاث الی رأی کلی

یعنی یہ کہ ان کے درمیان ایک مشترک اور کلی رائی موجود ہوتی ہے اور اسی کی اُساس پر ان کی معاشرتی زندگی استوار ہوتی ہے ان کی عقل کسی قدر مشترک کا ادراک کر کے کئی ساری مشکلات کا حل پیدا کرتی ہے۔

(ii) حب الجمال والنفاسة

اب کھانا پینا وغیرہ تو حیوانی تقاضے ہیں لیکن حیوان کے مقابلہ میں انسان عقل کی وجہ سے اس میں خوبصورتی اور نفاست پیدا کرتا ہے۔ مثلا حیوان دانے کو چبا کر کھاتا ہے اور انسان اسے پیس کر اور آٹا بنا کر گوندھ لیتا ہے روٹی بنا کے پکا لیتا ہے اور پھر سالن میں تر کر کے اسے کھا لیتا ہے۔ یا حیوان گرمی سردی سے بچاؤ کے لئے تنکوں کا گھونسلا یا کوئی بل غار وغیرہ بنا کر اس میں سر چھپا لیتا ہے لیکن انسان اگر سرنگ میں بھی رہا کرے تو اس کی لپائی صفائی کر کے رہن سہن اختیار کر لیتا ہے۔

(iii)   **الایجاد والتقلید**

انسان عقل کے سہارے کم از کم وقت میں کم سے کم محنت پر زیادہ ثمرہ حاصل کرنے کی موڈ میں رہتا ہے کوئی فارمولا بنا کے ایجاد کر لیتا ہے اور اس متوقع چیز کو یقینی و واقعی بنا دیتا ہے جبکہ اس کا ہم جنس دوسرا انسان اُس کو بھی اس چیز کا تجسس ہوا کرتا ہے وہ بھی بلا جھجک اور بلا تامل و تردد اس ایجاد کی تقلید شروع کر دیتا ہے۔ کیونکہ مشکل و ضرورت کا حل یا مطلوب کا حصول ہر ایک کے نزدیک ایک معقول امر ہے۔

فصل دوم

انسان اور قانون

قانون کی ضرورت

چونکہ انسان ایک معاشرتی حیوان (Social Animal) ہے اور ایک معاشرہ کے افراد اس میں رہ کر باہمی معاملات اور اس کے پس منظر میں تنازعات اور جھگڑوں سے ان کا واسطہ پڑتا ہے، جس کے صحیح انداز سے چلانے اور تنازعات کے حل کیلئے اصول وضوابط اور ایک مسلط قوت کی ضرورت ایک عقلی مسئلہ ہے......

لا يترك الناس فوضى لا سراه لهم

ولا سراة اذا جهالهم سادوا

کہ لوگ بغیر کسی حکومت و قیادت کے یونہی مہمل نہیں چھوڑے جاتے اور جب جاہل اور ناسمجھ لوگ قیادت اور حکومت کے مالک بنیں تو اسے حکومت نہیں کہا جا سکتا، یعنی حکومت کے صفات میں علمیت و سمجھ، انسانوں کو ضبط و کنٹرول کرنا اور انہیں ایک خاص قانون کے تحت چلانا شامل ہے، تا کہ وہاں امن کا دور دورہ ہو۔

اور یہی وجہ ہے کہ ہر دور میں انسانوں نے اپنے معاشرہ کے لئے قوانین وضع کئے ہیں، کسی نے الہامی قوانین کا سہارا لیا اور کسی نے اختراعی اور عقل سے مستنبط اور ماحول سے متاثر قوانین کو مداوا سمجھا۔ نظام کے چلانے کیلئے یہ قوانین وقواعد وضع کرنا اور ان پر عمل کرنا انسانوں کے بس اور اختیار میں ہے۔

فَمَنْ شَآءَ فَلْيُؤْمِنْ وَّ مَنْ شَآءَ فَلْيَكْفُرْ اِنَّآ اَعْتَدْنَا لِلظّٰلِمِيْنَ نَارًا (الكهف:۲۸)

جو چاہے مومن بنے اور جو چاہے کافر بنے، ہم نے ظالموں کیلئے آگ تیار کیا ہوا ہے۔

یعنی دین ان کے اختیار میں ہے اس میں جبر نہیں

لَآ اِكْرَاهَ فِي الدِّيْنِ (البقرة:۲۵۶)

دین میں جبر نہیں

کیونکہ اخروی نجات کیلئے ایمان بالرضاء لازم ہے۔

فصل سوم

الہامی اور انسانی قوانین

دنیا میں دو ہی قسم کے قوانین پائے جاتے ہیں۔ یا تو وہ جن کا مآخذ انسانوں کا عمل ہے ان کو انسانی قوانین، اختراعی قوانین اور وضعی قوانین کا نام دیا جاتا ہے۔ یا وہ جو اللہ تعالیٰ کی طرف سے نازل کئے گئے ہوں۔ یعنی ان کے اصول منزل ہوں۔ انکو الہامی قوانین، الٰہی قوانین اور فطری قوانین کا نام دیا جاتا ہے ہر دو کیلئے کچھ مآخذ (Sources) ہوا کرتے ہیں۔

ا: انسانی قوانین اور اس کے مأخذ

انسان قانون بناتے وقت اپنے ماحول اور واقعات کو ملحوظ رکھتا ہے کہ ایسے ماحول میں قابل عمل اور مفید قوانین کیسے معرض وجود میں آجائیں۔ لہٰذا واضعین قانون نے بھی وضع قانون کے لئے کچھ اصول مدون کئے ہیں۔

اصول قانون کے مشہور سکالر سالمنڈ (Salmon) نے اپنی کتاب اصول قانون (Jurisprudence) میں تفصیل لکھی ہے جس کا ماحصل یہ ہے کہ:-

قانون کے دو مآخذ (Sources) ہیں۔

(i) رسمی یا اساسی وسائل (Formal Sources)

(ii) مادی وسائل (Material Sources)

پھر مادی وسائل خود بھی دو قسم کے ہیں:

(i) تاریخی وسائل (Historical Maternal Sources)

(ii) قانونی وسائل (Legal Sources)

اور پھر تاریخی وسائل چار چیزوں کا نام ہے:

(i) **قانون سازی (Legislation)**

آئینی اعتبار سے ایک بااختیار ادارہ کوئی قانون وضع کر لیتا ہے۔ اس کے اردگرد کوئی دائرہ نہیں ہوتا کہ اسے پابند کرے۔ یہ ادارہ برطانیہ میں ایوان نمائندگان (House of Representative) اور ایوان الامراء پر مشتمل ہوتا ہے جبکہ پاکستان میں قومی اسمبلی (National Assembly) اور سینیٹ (Senate) پر مشتمل ہوتا ہے۔ برطانیہ میں ملکہ اور پاکستان میں صدر مملکت شامل ہوکر پارلیمنٹ (Parliment) کہلاتے ہیں۔ فرق صرف یہ ہے کہ برطانیہ میں پارلیمنٹ ہی سپریم ہے لہٰذا وہاں وہ سب کچھ بنا لیتے ہیں، لیکن پاکستان میں آئینی طور پر اسلام حاکم ہے اور اللہ تعالیٰ حاکم اعلیٰ ہے۔ لہٰذا یہاں حکم خداوندی کے خلاف کوئی قانون سازی غیر آئینی ہے لیکن یہاں پارلیمنٹ کے اختیارات کو اس طرح محدود کر دیا گیا ہے کہ مادر پدر آزاد نہیں ہوگا۔ پارلیمنٹ کے بنائے ہوئے اس قانون کو تحریری قانون (Statutte) کہتے ہیں۔

(ii) نظائر

جب کوئی بااختیار عدالت انصاف دلانے کی خاطر کوئی فیصلہ کر جاتا ہے تو وہاں وہ بعض ضروری تشریحات کر جاتا ہے اور یوں قانون کی تشریح یا پھر دو قوانین کے باہمدگر پڑھنے سے جو تصور وجود میں آتا ہے اور عدالت اس تصور کو اپنی تشریحات میں بیان کر دیتا ہے اور مستقبل کے لے وہ تشریح قانون یا بصورت دیگر قانون بن جاتا ہے۔ یعنی یہ قانون کے ابہام یا سکوت کا ازالہ کر دیتا ہے اور واضح تصویر پیش کر دیتا ہے اسے

نظائر (Precedence) کہتے ہیں۔

(iii) **رسم یا عرف و عادت** (Conventions Custom/Usages)

کسی معاشرہ کی اکثریت کی وہ عادت یا رسم و رواج جن کے متعلق ان کا عقیدہ بن چکا ہو کہ یہ قانون اور قانونی ہے اور یہ کئی نسلوں سے چلی آ رہی ہوتی ہے۔

(iv) **معاھدات** (Agreements)

دو یا دو سے زیادہ اشخاص کا وہ معاہدہ جس کی رو سے وہ معمول کے قانون سے گذر جائیں۔

مذکور الصدر اقسام اربعہ قدیم مفکرین اور مقننین کے اجتہادات کی روشنی میں مرتب کئے گئے ہیں جبکہ رسمی اُساسی قوانین سے باقی مدون قوانین اپنی صحت اور قوت ڈھونڈتے ہیں۔ جبکہ وسائل مادیہ سے قوانین اپنی صحت تو نہیں ڈھونڈتے بلکہ یہ وہ مواد ہیں جن سے قوانین کی ترکیب ہوتی ہے۔

قوانین اسلامی کے اولین و اُساسی مآخذ چار ہیں:

(i) کتاب اللہ (ii) سنت رسول صلی اللہ علیہ وسلم

(iii) اجماع (iv) قیاس

ان میں اول الذکر دو تو ہیں ہی اُساس کہ ایک کے الفاظ و معانی دونوں خدا کے نازل کردہ ہیں اور دوسرے کے معانی نازل شدہ اور تعبیرات لفظی پیغمبر علیہ السلام کے ہیں۔

اجماع

کسی خاص مسئلہ کا قرآن وسنت کی روشنی میں استنباط اور اس پر مجتہدین امت

کے اتفاق کا نام ہے، جو اصل میں ہے تو قیاس و اجتہاد۔ لیکن جملہ دانش وران امت کے اتفاق نے اس کو قطعی بنا دیا اور اس پر عمل کو واجب قرار دے کر مخالف کو خارق اجماع اور مخالف اجماع قرار دیا کہ وہ الحاد کر رہا ہے اور قیاس تو ظاہر بات ہے کہ کسی نص کے منصوص (Expressed) علت یا مستخرج (Derived) علت کو اُساس بنا کر کسی دوسرے مسئلہ کا حکم معلوم کیا جائے کہ منصوص یا مستخرج علت والے مسئلہ کا حکم نص میں یہ ہے لہٰذا اس مسئلہ کا بھی وہی حکم ہوگا لیکن شرط یہ ہے کہ منصوص حکم خاص نہ ہو۔ از قبیل معدود نہ ہو اور عمل قیاس سے منصوص کے حکم میں تغیر نہ آئے اور جہاں تک قانون مأخذ کا تعلق ہے تو وہ چند ہیں:

(i) عرف و عادت اور رسم و رواج

جس طرح قانون وضعی میں یہ مأخذ قانون تھا، اس طرح یہاں بھی ہے لیکن شرط یہ ہے کہ یہ رواج شریعت کے اُساسی اصولوں اور اس کے مستنبط احکام کے خلاف نہ ہو کیونکہ وہ تو اُساسی (Fundamental Laws) ہیں اور ایک مسلمہ امر یہ ہے کہ اُساسی قوانین کے خلاف جو بھی قانون کسی معاشرہ میں ہو وہ باطل اور لغو (Null & Void) ہوگا۔

حضور علیہ السلام شریف لائے تو آپ نے عربوں کے جملہ رواج کو بیک جنبش قلم ختم نہیں فرمایا بلکہ جو رواج صحیح تھا اسے جوں کا توں برقرار رکھا۔ جیسا قتل خطا کی دیت سو اونٹ تھے، یہ حضرت عبدالمطلب کا قانون تھا اور عربوں کا رواج بن گیا تھا۔ یا مسئلہ قسامت کہ ایک مقتول ملے اور قاتل معلوم نہ ہو تو ورثاء کے دعوی پر پچاس آدمیوں کو (اگر عدد اس تک پہنچے) کو پچاس قسم اور اگر کم آدمی ہوں تو تکرار کے انداز سے پچاس قسم دئے جائیں گے اور یوں وہ قصاص سے مبرا ہو جائیں گے اور ان پر دیت لازم آجائے گی۔ یہ عربوں کا رواج تھا حضور علیہ السلام نے اُسے برقرار رکھا۔

اور جو رواج مکمل غلط تھے ان کو یکسر ختم کر دیا جیسا کہ عبادت اوثان اور نذر لغیر اللہ کا رواج اور بعض رواج وہ تھے جنہیں اصلاح کی ضرورت تھی لہٰذا ان کی اصلاح کر دی مثلاً ایک جنس کے ایک کھرے اور ایک رڈی چیز کے بطور بیع مبادلہ کو بصورت زیادت سود قرار دیا۔ لیکن چونکہ ایسا تو ضرورت کے لئے ہوا کرتا تھا کہ ایک کو اچھے چیز کی ضرورت تھی چاہے کم ہی کیوں نہ ہو اور دوسرے کو زیادہ کی ضرورت تھی چاہے ردی ہی کیوں نہ ہو تو آپ نے فرمایا کہ ایک کو ایک خاص رقم کے عوض فروخت کر دو۔ اس رقم کے عوض دوسرا لے لو۔ یوں مقصد بھی پورا اور سود کے تصور سے بھی مبرّا۔

گویا شریعت نے معاشرہ کو نقصان پہنچانے والی عادات اور رسوم کو ختم کیا، اس کی چند مثالیں ہیں:

۱۔ بت پرستی

اس کا خاتمہ کر دیا کہ یہ انسانی فطرت کے خلاف ہے اور وحدت انسانیت کو پارہ پارہ کر دیتی ہے بلکہ انسان کو خود ہی ٹوٹ پھوٹ کا شکار کر دیتی ہے۔

۲۔ سود

اس کا خاتمہ کر دیا کیونکہ اس میں غرباء کا خون چوسا جاتا ہے اور بالعاقبت معاشرہ دو واضح طبقات یعنی سرمایہ دار اور مفلوک الحال میں تقسیم ہو جاتا ہے اور یوں ایک زبردست ہیجان کے پس منظر میں دنگا فساد اور بدامنی کا دور دورہ شروع ہو جاتا ہے۔

۳۔ زنا

اسکو بیک جنبش قلم حرام قرار دیا، کہ اس سے عورت کی عزت خاک

میں مل کر وہ عیاشی کیلئے کھلونا بن جاتی ہے اور بالعاقبت خون خرابہ اور خاندانی نظام کی تباہی اور بربادی پر منتج ہوجاتا ہے۔

۴۔ شراب نوشی

عربوں کا عام رواج تھا۔ شریعت اسلامیہ نے اسے دھیرے دھیرے حرام قرار دیا کیونکہ بالعاقبت اس کا اثر زوال عقل، نفسیاتی بیماری جسمانی کمزوری اور روحانی خرابی ہے اور اس کا اثر فرد اور معاشرہ دونوں پر پڑتا رہتا ہے، لہٰذا فرد سے پہلے شریعت اسلامیہ نے معاشرہ کو محفوظ کر دیا ہے۔

۵۔ تجارت

عربوں کے ہاں عجیب قسم کے لین دین اور بیوع (Contracts) جاری تھے جس میں جہالت، شروط فاسدہ، دھوکہ وغرور، استحصال و استغلال (Exploitation) وغیرہ کا عنصر غالب تھا، مثلاً یہ کہ ہوا میں اڑتے ہوئے پرندے کا سودا، مویشی کے پیٹ میں بلکہ اس کے پیٹ والے بچے کے پیٹ والے بچے کا سودا۔ منابذہ اور رمی الحجارۃ کا سودا کہ جس چیز پر کنکر گر جائے، غیر مملوک چیز کا سودا حتی کہ بغیر رضامندی کے اس سودا کو لازم و واجب قرار دینا شامل تھا۔ آپ نے ان تمام انواع معاملات کو ختم کر دیا۔ رضاء متعاقدین بیع کا اُساس قرار دیا گیا۔ قرآن کریم نے فرمایا:

اِلَّآ اَنْ تَكُوْنَ تِجَارَةً عَنْ تَرَاضٍ مِّنْكُمْ (النساء: ۲۹)

ایک دوسرے کا مال کھانا حرام ہے مگر اس صورت میں جب وہ باہمی رضا

منڈی سے بصورت تجارت حاصل کیا جائے۔

۶۔ شادی

اب نر مادے کا ملاپ تو جملہ حیوانات کا طبعی تقاضا ہے اور جملہ انسان جس بھی مذہب، علاقہ اور نسل سے تعلق رکھتے ہوں وہ شادی کر کے رہتے ہیں لیکن شادی کس سے کی جائے، کیسے کی جائے، اس کے لئے شریعت اسلامی نے حرام عورتوں کی ایک فہرست لگا دی کہ اس قسم کی عورتوں سے دائمی انداز میں اور کچھ دوسری قسم کے ساتھ موقت انداز میں شادی کرنا ناجائز ہے۔ پھر اس کے لئے خطبہ، ولی کی تائید، دو شاہدوں کی شہادت اور مہر وغیرہ کے شرائط لگائے۔ اسی طرح طلاق کے طریقے بھی بتلائے گئے کہ آپ بلاوجہ عورت کو طلاق کے ذریعے وحشی نہ بنائیں اور اگر طلاق دیں بھی تو حالت حیض میں نہ دیں۔ ایک حکم سے تین مغلظ نہ دیں واقع تو ہوں گی لیکن ممدوح طریقہ نہیں۔ اس طرح زمانہ جاہلیت میں بعض اقسام کے طلاق ایسے تھے کہ جو عورت کو جملہ مردوں کیلئے قابل نفرت بنا دیتی تھی۔ شریعت اسلامیہ نے اس قسم کے طلاق کا تصور ختم کر دیا اور طلاق کے بعد بھی کچھ حقوق و فرائض متعین کر دیئے۔

اسی طرح دیگر کئی ساری چیزیں جن کی فطرت صالح اور طیب تھی اور بہت ساری چیزیں جو فطرت کے اعتبار سے خبیث تھیں، ان میں طیبات جن کو وہ اپنی رواج میں حرام قرار دے چکے تھے انہیں حلال قرار دیا اور بعض خبائث جنہیں وہ لوگ جائز قرار دیتے تھے انہیں خبیث قرار دیا۔

ان تمام چیزوں سے ہم اس نتیجہ پر پہنچ گئے کہ:

۱۔ اسلام کا بنیادی مقصد انسان کی بنیادی زندگی کی اصلاح ہے نہ کہ فقط ایک حکم منوانا۔ جیسا کہ تأثر لیا جاتا ہے ہاں یہ ضرور ہے اگر کوئی کسی حکم کے اصلاحی پہلو تک نہ

پہنچے اور اُسے معلوم نہ کر سکے تو اس وجہ سے وہ اس حکم سے پہلو تہی نہ کر سکے گا بلکہ وہ اس پر عمل کرے گا کہ خداوند کا حکم ہے۔ البتہ وہ یہ کہے گا کہ میرے عقل کے دائرہ اور رسائی سے ذرا دور ہے نہ یہ کہ خلاف عقل ہے یا اس میں مصلحت اور اصلاح کا پہلو نہیں ہے۔

ایک اہم نکتہ کی وضاحت

اہل سنت اور معتزلہ کے نزدیک ایک ضروری بحث یہ ہے کہ معتزلہ کے نزدیک عقل جس چیز کو مستحسن قرار دیتا ہے۔ شریعت اس کا حکم دیتی ہے اور جسے قبیح قرار دیتا ہے اس کو منع کر دیتا ہے یعنی حسن و قبح کا معیار عقل اور صرف عقل ہے۔ جبکہ جمہور اہل سنت کے نزدیک حسن و قبح کا معیار شریعت منزلہ ہے یعنی جس کا شریعت حکم دے وہ مستحسن اور جس سے منع کر دے وہ قبیح ٹھہرے گا۔ البتہ یہ ہے شریعت کبھی خلاف عقل چیز پر حکم نہیں دیتا کہ تکلیف کا مدار ہی عقل ہے لہٰذا وہ اُساس کو ڈھاتا تو نہیں۔

لیکن یہ کہ کیا یہ معقول رسوم اور عادات عقل کے نزدیک صحیح تھیں شریعت نے ان سے اخذ کیں۔ حضرت شاہ صاحب رحمہ اللہ تعالیٰ ان چیزوں کو نوامیس الٰہیہ سے تعبیر کرتے ہیں کہ جملہ مستحسن چیزیں جو انسانوں میں بحیثیت مجموعی رائج ہیں وہ ان کی فطرت میں اللہ تعالیٰ کی طرف سے پھونک دی گئی ہیں۔ پھر شریعت نے ان صالح چیزوں پر تصریح کر دی۔ اور یہی وجہ ہے کہ یہی چیزیں بیک صورت یا بدیگر تمام انبیاء کرام کی شریعتوں میں موجود تھیں۔ جو کچھ ان کو ورثتاً بھی ملیں مثلاً حج کرنا، اہل مکہ کو حضرت ابراہیم و اسماعیل علیہما السلام سے وراثت میں ملی تھیں۔

۲۔ اسلام استعمال عقل پر پابندی نہیں لگاتا، بلکہ اسے پختگی عقل کی دعوت دیتا ہے اور عقل پختہ بنے تو پھر اس کے استعمال کا حکم دیتا ہے فرمایا:

اَفَلَا یَتَدَبَّرُوْنَ الْقُرْاٰنَ (النساء:۸۲)

یہ قرآن کریم میں تدبر نہیں کرتے

اور تدبر ہی استعمال عقل ہے۔

اِنَّ فِیْ خَلْقِ السَّمٰوٰتِ وَ الْاَرْضِ وَ اخْتِلَافِ الَّیْلِ وَ النَّهَارِ لَاٰیٰتٍ لِّاُولِی الْاَلْبَابِ (ال عمران: ۱۹۰)

کہ تحقیق کائنات میں اصحاب العقول کیلئے دلائل و آثار موجود ہیں یعنی استعمال عقل کی دعوت ہے۔

فرمایا: اَفَلَا تَعْقِلُوْنَ یعنی آپ لوگ عقل سے کام نہیں لیتے۔

اور فرمایا:

فَاعْتَبِرُوْا یٰاُولِی الْاَبْصَارِ [الحشر: ۲)

اعتبار کرو اے ابصار کے مالکو!

اب اعتبار کرنا یا قیاس کرنا یا عبرت لینا تمام عقل ہی کا وظیفہ ہے۔ البتہ اتنا ضرور کہتا ہے کہ عقول تو متفاوت ہوتے ہیں لہٰذا ہر عقل کو معیار نہ ٹھہراؤ اور کسی بھی عقل کو مکمل معیار نہ کہو، کہ عقول نقص، شبہ، شک اور وہم کے شکار ہو جاتے ہیں اور مروج چیز کے سامنے ہتھیار ڈال دیتے ہیں۔

سو شریعت اسلامیہ دانش وران ملت کے استعمال عقل کو ممدوح ٹھہراتا ہے اور ان عقول کے مفید تحقیقات کی توثیق کرتا ہے۔

۳۔ اگر انہی اعمال کی توثیق نہ ہوگی تو اسلام انسانوں کی موجودہ ضروریات کے لئے ضرور بالضرور جزئیات مرتب کر دیتا۔

۴۔ اسلام میں منزل وحی کے اندر بہت ساری چیزیں تھیں، لیکن کئی ساری تو بعد

میں بنوائی تھیں، اور اس کا حل نکالنا تھا لہٰذا یہ دروازہ کھلا رکھا گیا۔

(ii) استحسان

جہاں پر قیاس کسی چیز کے عدم جواز کا قائل ہو وہاں ضرورت اور تعامل کی وجہ سے اس چیز کے جائز گردانے کا تقاضا کرتا ہے کہ اس چیز کا عدم جواز بھی نص کی وجہ سے تو ہے نہیں حتی کہ جواز کا فتویٰ نص کی تبدیلی کہلائی جائے اور عدم جواز کے فتویٰ سے پورا معاشرہ وبال میں پھنس جائے، لہٰذا وہاں استحسانا جواز کا فتویٰ دیا جاتا ہے، مثلاً استصناع۔ موچی کیساتھ جوتوں کے بنانے کا سودا کرنا۔ عقد بمع ثمن منعقد ہو، حالانکہ تاحال جوتے موجود نہیں لیکن عوام الناس کا تعامل ہے۔ لہٰذا اس پر علماء حنفیہ نے جواز کا فتویٰ دیا ہے۔

(iii) استصلاح، مصالح مرسلہ

یہ اصلاح مالکیہ کے نزدیک ہے یہ کافی حد تک استحسان بھی ہے کہ عوام الناس کے مفاد کی خاطر کسی جواز کا فتویٰ جو شریعت کے اصول سے متصادم نہ ہو۔

(iv) استصحاب الحال

یعنی کسی چیز کی سابقہ حیثیت پر حکم کرنا۔ یعنی کسی چیز کی سابقہ حیثیت پر حکم کرنا کہ ماضی میں یہ جیسا تھا اس طرح ہی رکھا جائے۔ (Remain as it was or staus Que)

(v) سابقہ انبیاء کی شریعت

حضرات انبیاء کرام کو اصول شریعت تو الٰہی ملے تھے لیکن جزوی امور ان کے اپنے ماحول کے مطابق تھے، چونکہ ماحول تو تبدیل ہوتا رہتا ہے، لہٰذا جزوی شرائع میں فرق ہوا کرتا ہے۔ حضرت شاہ ولی اللہؒ نے ایک عنوان باندھا ہے ان اصل الدین واحد والشرائع مختلفہ اصل دین ایک ہے جبکہ شرائع مختلف ہیں۔

مختلف اقوام کے احوال و ظروف، استعداد و قابلیت اور تقاضے مختلف ہوا کرتے ہیں لیکن جہاں قرآن وسنت نبوی ﷺ میں کسی سابق نبیؑ کی شریعت کی بات ذکر کی گئی ہو اور اس پر وہاں انکار نہ کیا گیا ہو کہ یہ آج کے لئے نہیں یا پھر دوسری جگہ اس کے ضد پر حکم موجود نہ ہو۔ تو ظاہر بات ہے کہ یہ وہ جزئیہ ہے جس پر زمانے کے مرور سے کوئی اثر نہیں پڑتا، لہٰذا وہ ہماری شریعت کا بھی حکم ہوگا۔ اسے ہم آج کی اصطلاح میں ایک قسم کا نظیر (Precedence) کہہ سکتے ہیں۔

(vi) **آثار الصحابہؓ:** سنت نبوی ﷺ تو اساسی وسائل قانون ہے۔

بعض علماء نے آثار الصحابہؓ کو بھی سنت کے ساتھ ملحق قرار دیا ہے لیکن دیگر علماء نے اس کو ثانوی ماخذ قرار دیا ہے۔ لہٰذا اگر کوئی حکم صراحتاً قرآن وسنت میں موجود نہ ہو، اجماع اور قیاس کی شکل میں واضح نہ ہو، اور اس میں کسی صحابی کا قول، عمل ثابت ہو تو وہ مأخذ قانون ہے اور اس پر عمل کیا جائے گا۔ کیونکہ صحابہ کرامؓ تنزیل اور رسالت دونوں کا مشاہدہ کر چکے تھے دل کے صاف اور عمل کے عادل تھے اور حق کی جستجو ان کی طبعیت ثانیہ بن چکی تھی۔

اس کے علاوہ مسلمانوں/انسانوں کے وہ شرائط و معاہدات جو وہ طے کر لیں اور اس کے کسی حلال کے حرام ہونے اور حرام کے حلال ہونے کا تصور نہ نکلے تو وہ قانون ہی رہے گا۔

رسول اللہ ﷺ نے فرمایا:

المسلمون عند شروطهم الاما احل حراما او حرم حلالا

فصل چہارم

اسلام میں قانون کی حکمتیں

شریعت اسلامیہ نے قانون یا اس کے اصول بناتے وقت کئی امور ملحوظ رکھے

(i) اصلاح کرنا:

فرمایا:

وَّ لٰكِنْ يُّرِيْدُ لِيُطَهِّرَكُمْ وَ لِيُتِمَّ نِعْمَتَهٗ عَلَيْكُمْ (المائدة:٦)

لیکن اللہ تعالیٰ ارادہ فرماتا ہے کہ آپ کو پاک وصاف کردے اور آپ لوگوں پر اپنی نعمت کا اتمام کردے۔

(ii) حرج اور مشقت ختم کرنا

فرمایا:

يُرِيْدُ اللّٰهُ بِكُمُ الْيُسْرَ وَ لَا يُرِيْدُ بِكُمُ الْعُسْرَ (البقرة:١٨٥)

اللہ تعالیٰ ارادہ فرماتا ہے آپ پر آسانی کا اور ارادہ نہیں کرتا آپ لوگوں پر تنگی (مشقت) کا۔

اور حضور علیہ السلام نے فرمایا: الدین یسر دین آسانی کا نام ہے۔

(iii) شرعی فرائض کم کرنا

شریعت اسلامیہ نے فرائض و واجبات کو کم کرنے کا طریقہ زیادہ اپنایا تھا

پچاس نمازوں کو کم کر کے پانچ بنا دیا۔

ہر ماہ کے ایام بیض ۱۳، ۱۴، ۱۵ کے روزے ختم کر کے ایک ہی مہینہ فرض کر دیا

جبکہ سابقہ امتوں میں وہ فرض تھے۔ فرمایا:

اَلْئٰنَ خَفَّفَ اللّٰهُ عَنْكُمْ وَ عَلِمَ اَنَّ فِيْكُمْ ضَعْفًا (الانفال:٦٦)

اب اللہ تعالیٰ نے آپ لوگوں پر تخفیف کیا اور مشاہدہ کیا کہ آپ لوگوں میں کمزوری ہے

اور فرمایا:

احل لكم الطيبات وطعام الذين او توالكتاب حل لكم

آپ کے لئے طیبات کو حلال فرمایا، اور اہل کتاب کے ذبائح آپ کے لئے حلال ہیں، جبکہ یہود پر کئی ساری چیزیں حرام تھیں۔

وَ عَلَى الَّذِيْنَ هَادُوْا حَرَّمْنَا (النحل:١١٨)

فَبِظُلْمٍ مِّنَ الَّذِيْنَ هَادُوْا حَرَّمْنَا عَلَيْهِمْ طَيِّبٰتٍ (النساء:١٦٠)

اور معاشرہ میں اہل کتاب کے ہوتے ہوئے ان کے ذبائح سے اجتناب کا حکم شرعی واجبات سے قرار دینا سختی تھی جبکہ وہ بھی تسمیہ سے ذبح کرتے تھے۔

(iv) عوامی مفاد کا حقیقی احساس

چونکہ شریعت اسلامیہ کا اصل منبع تو ذات خداوندی ہے اور وہ ذات رحمت کاملہ، علم محیط، قدرت تامہ، شفقت وافرہ، غیر جانبداری اور ماحول سے متاثر نہ ہونے کی صفات پر متصف ہے۔ لہٰذا اس کا دیا ہوا قانون یقیناً مفاد عامہ کے لئے ہوگا، جبکہ حضور علیہ السلام نے فرمایا: الخلق عيال الله اور انسانوں میں بھی ہر شخص اپنے عیال کے مفاد کیلئے سوچتا ہے، اور شریعت اسلامیہ کا ایک قاعدہ فقہیہ (Legal Modim) یہ ہے کہ يدفع الضرر العام بالضرر الخاص کہ مفاد عامہ کی خاطر ایک خاص ضرر کا تحمل کیا جائے گا تاکہ عام لوگوں کو تکلیف نہ ہو اور ان کی تکلیف کا ازالہ ہو۔

(۷) عالمی عدل وانصاف کا تصور:

شریعت اسلامیہ نے عالمی اور آفاقی عدل وانصاف کا تصور دیا اور فرمایا:

اِنَّ اللّٰہَ یَاْمُرُ بِالْعَدْلِ وَ الْاِحْسَانِ (النحل: ۹۰)

اللہ تعالیٰ عدل اور احسان کرنے کا حکم دیتا ہے۔

ایک تو یأمر کا صیغہ مضارع کا لایا جو امر کرتا ہے یعنی تا ابد۔ اور دوسرا یہ کہ احسان اور عدل کا صلہ ذکر نہیں کیا کہ کس کے ساتھ عدل اور احسان یعنی ہر مستحق عدل و احسان کے ساتھ چاہے ایک حقیر سا کیڑا کیوں نہ ہو۔اور فرمایا:

یٰۤاَیُّهَا الَّذِیْنَ اٰمَنُوْا كُوْنُوْا قَوّٰمِیْنَ بِالْقِسْطِ شُهَدَآءَ لِلّٰهِ وَ لَوْ عَلٰۤى اَنْفُسِكُمْ (النساء: ۱۳۵)

اللہ کیلئے قوام (حکمران، امور سیاسیہ کے مدبر) بنو اور انصاف پر گواہ بنو۔ ایک دوسری آیت میں اس کا عکس ہے کہ شھداء للّٰہ قوامین بالقسط۔ اللہ کیلئے گواہ بنو اور انصاف کے حامل حکمران بنو۔

اور ایک فرمایا: ولو علیٰ انفسکم اگرچہ اس شہادت اور حکمرانی کی زد آپ کے ذاتی مفاد پر پڑے کیونکہ اگر آپ اپنی ذاتی مفاد کی خاطر انصاف نہ کرسکیں تو نہ صرف یہ کہ خدائے تعالیٰ کی حکم عدولی ہوگی بلکہ اس سے دوسروں کے حقوق تلف ہوکر ظلم کا دروازہ کھل جائے گا۔

اور یہاں دونوں آیتوں میں یہ مختلف انداز اس بات کی غماض ہے کہ شاہد اور حاکم دونوں کیلئے ایک جیسی شرائط ہیں کہ وہ شہادت یا حکومت کرتے وقت اپنے آپ کو خدا کے سامنے جوابدہ ہونے کا عقیدہ رکھے۔

اور ایک جگہ فرمایا: ولا یجرمنکم شنأن قوم علیٰ الاتعدلوا

کسی قوم گروہ کی دشمنی آپ کو اس چیز پر نہ ابھارے کہ عدل نہ کر سکو۔ یعنی دشمن کے ساتھ بھی عدل کرنا لازم ہے۔

شرعی احکامات میں نسخ و تبدیلی اس کا مظہر ہے کہ بسا اوقات تو تدریجاً شریعت نے انسان کو اوپر چڑھانا چاہا، بسا اوقات اس کو آسانی دینی چاہی اور بسا اوقات حالات اور تقاضوں کی تبدیلی کی وجہ سے تبدیلی آنے لگی، تاکہ اصل ہدف حاصل ہو سکے۔

باب چہارم: فصل اول

رسول اکرم ﷺ اور صحابہ کرامؓ کا اجتہاد

ہم پہلے ذکر کر چکے ہیں کہ آپ ﷺ اجتہاد فرمایا کرتے تھے اور کبھی کبھار آپ ﷺ اس اجتہاد میں خطا کا ارتکاب بھی کرتے تا کہ مجتہدین امت خطاء اجتہاد پر کبیدہ خاطر نہ ہوں بلکہ ان کے لئے اجر ثابت ہے۔ حضور ﷺ نے فرمایا:

المجتهد اذا صاب فله اجر ان واذا اخطأ فله اجر واحد

کہ مجتہد اگر حق تک پہنچے تو اس کے لئے دو اجر (Oral Reward) ہیں اور اگر خطا کا مرتکب ہو تو ایک اجر (Single Reward) ہوگا۔

حضرت رافع بن خدیج رضی اللہ عنہ فرماتے ہیں، آپ صلی اللہ علیہ وسلم نے مدینہ منورہ میں کچھ لوگوں کو دیکھا کہ وہ تأبیر النخل یعنی کھجور کے درختوں میں تأبیر (Artificial Polination) کر رہے تھے۔ آپ ﷺ نے ان سے پوچھا یہ کیا کر رہے ہیں؟ انہوں نے جواب دیا اس طرح کھجور زیادہ پیداوار دیتے ہیں۔ آپ ﷺ نے عندیہ ظاہر فرمایا کہ اگر آپ ایسا نہ کریں، وہ لوگ رک گئے، آپ نے فرمایا انتم اعلم بشئون دنیاکم آپ لوگ اپنی دنیوی معاملات کے زیادہ ماہر ہیں۔ میں آپ کو دین کے متعلق جو کہوں وہ ضرور کریں۔ علماء کرام نے اس کی وجہ سے یہ بیان فرمائی ہے کہ آپ ﷺ ہمہ وقت آخرت کی فکر میں مشغول رہتے، دنیا پر اتنا زیادہ دھیان نہ رکھتے بہر تقدیر یہ اُس اجتہاد کی خطا تھی، اور یہ اس لئے کہ آپ صلی اللہ علیہ وسلم عالم غیب تو نہ تھے۔

حضرت ام سلمہؓ فرماتی ہیں کہ آپ ﷺ نے دو آدمیوں کے درمیان زمین کے

تنازعے کا ایک فیصلہ فرمایا شرعی اثبات کے اُساس پر، اور پھر فرمایا کہ میں بشر ہوں غیب کونہیں جانتا جو فیصلہ کیا ظاہر کو دیکھ کر کیا لیکن اگر لینے والا سمجھتا ہے کہ فیصلہ شدہ چیز اس کی نہیں ہے تو انما اقطع له بقطعة من النار تو گویا اسے جہنم کا ایک ٹکڑا دے رہا ہوں۔ یہ اس بات کا بین ثبوت ہے کہ آپ ﷺ اجتہاد فرمایا کرتے تھے کیونکہ یہ فیصلہ اگر وحی کے اُساس پر تھا تو اس میں تو خطاء کا احتمال ہو نہیں سکتا ظاہر ہے شرعی طریق اثبات کی بنیاد پر اجتہاد ہی ہوگا۔

آپ ﷺ نے اپنے صحابہ کرامؓ کو بھی اجتہاد کیلئے تربیت دی۔ حضرت معاذؓ بن جبل والا واقعہ ہم پہلے ذکر کر چکے ہیں۔

حضرت علی رضی اللہ عنہ کو آپ ﷺ یمن کی طرف ایک فیصلہ کرنے کیلئے بھجوا رہے تھے، انہوں نے عرض کیا میں تو نوجوان ہوں اس معاملہ میں میرا کوئی تجربہ نہیں۔ آپ ﷺ نے جواب میں فرمایا کہ اللہ تعالیٰ رہنمائی فرمائے گا۔ البتہ ایک بات یاد رکھو کہ زبان کو اس وقت تک قابو میں رکھ جب تک دونوں فریقوں کی بات کو مکمل نہ سنو یعنی یہ کہ آپ دونوں کی بات سنو گے تو آپ کے ذہن میں ایک رائے ظاہر ہوگی وہی فیصلہ ہو گا اور ظاہر ہے یہ بات اور رائے اجتہاد ہی ہے۔

مدینہ منورہ کے بنی قریظہ کے یہود نے جب اسلامی ریاست کے خلاف سازش کی اور آپ ﷺ نے ان پر حملہ کیا وہ اپنے محلّہ میں محصور ہو گئے اور انہوں نے حضرت سعد بن معاذ رضی اللہ عنہ کو حکم بنایا کہ وہ ہماری جانب سے جو فیصلہ کرے گا ہمیں قبول ہوگا۔ حضرت سعدؓ ایک گدھے پر سوار مسجد تک تشریف لائے۔ آپ ﷺ نے فرمایا انہوں نے آپ کو حکم یا ثالث بنایا ہے سو آپ کا فیصلہ کیا ہے؟ حضرت سعدؓ نے کہا کہ ان کے جنگجو نوجوانوں کو قتل کر دو اور ان کے بچوں اور عورتوں کو قیدی بناؤ۔ حضور علیہ السلام نے فرمایا کہ آپ نے اللہ تعالیٰ کے فیصلہ کے مطابق فیصلہ دیا ہے، گویا آپ کا اجتہاد اللہ کے حکم کے عین مطابق ٹھہرا۔

فصل دوم

فقہ خلفائے راشدین کے دور میں

امت مسلمہ کے نزدیک آپ ﷺ کے جملہ صحابہ کرامؓ کانوا ابرالناس قلوباً واعمقھم علوماً کے مصداق تھے، یعنی علوم کے اعتبار سے نہایت عمیق اور دلوں کے اعتبار سے نہایت صاف دل لوگ تھے۔ لیکن ان میں فرق مراتب تھا اور خلفاء اربعہ کا مقام بہ ترتیب خلافت ارفع تھا۔ لہٰذا وہ اجتہادات میں منفرد مقام رکھتے تھے۔ لیکن انہوں نے کبھی صرف اپنے اجتہاد پر اکتفاء نہیں کیا، مسائل کے حل کیلئے انہوں نے درج ذیل ترتیب لازم رکھا:

سب سے پہلے وہ کسی مسئلہ کا حل قرآن کریم میں ڈھونڈتے ورنہ پھر سنت رسول صلی اللہ علیہ وسلم میں ڈھونڈنے کی کوشش کرتے۔ اگر انہیں کوئی صریح حکم نہ ملا تو پھر جلیل القدر اور فقیہہ قسم کے صحابہ کرامؓ کو جمع کرتے اور ان سے اجتماعی رائے لیتے۔ اگر صحابہ کرامؓ کا اس سلسلہ میں اختلاف ہو جاتا تو پھر اُن میں اکثریت کی رائے کو ترجیح دیتے اور اگر اکثریت متیقن نہ ہوتی تو خود اجتہاد کر کے کوئی صورت نکال دیتے۔ نیز اکثریت کی صورت میں بھی وہ کبھی کبھار صاحب واقعہ ہونے اور حالات کو قریب سے دیکھنے کے اُساس پر اپنی رائے کو ترجیح دیتے کہ حکمت عملی اس میں ہوتی۔

صحابہ کرامؓ کا اجتہاد

حضرات صحابہ کرامؓ مختلف معاملات میں جہاں صریح حکم نہ ہوتا اجتہاد فرمایا

کرتے تھے۔ حضرت ابن مسعودؓ سے پوچھا گیا کہ اگر ایک عورت بغیر تعین مہر کی بیاہی جائے اسکی میراث کا مسئلہ کیا ہوگا؟ آپ نے کہا میں اپنی رائے دیتا ہوں اگر صحیح رہی تو اللہ تعالیٰ کی مہربانی ہے اور اگر غلط نکلی تو میری اور شیطان کی طرف سے ہے (ترمذی)

حضرت عمرؓ کی اجتہادی رائے یہ تھی کہ اگر ایک شخص کو قتل کیا جائے اس قتل پر جس کے اساس پر دیت یعنی خون بہا واجب ہو، تو اس کی بیوی کا اس کے دیت میں حصہ نہیں۔ حضرت ضحاک بن سفیان رضی اللہ عنہ نے فرمایا کہ حضور ﷺ نے مجھے لکھ کے دیا تھا کہ ریشم انصابی (جسے قتل کیا گیا تھا) کی دیت سے اس کی بیوی کو اس کا حصہ دے دیں۔ حضرت عمرؓ نے جب سنا تو فوراً اپنی رائے سے رجوع کی۔

اس کا حاصل یہ ہے کہ جب صحابہ کرامؓ نے اپنی آراء دیں اور بعد ازاں ان کو حضور ﷺ کی کوئی حدیث مستند انداز سے پہنچی، انہوں نے فوراً اپنی آراء کو چھوڑ کر حدیث پر عمل کیا جیسا کہ آپ ﷺ کے دفن کے معاملہ پر اختلاف پیدا ہوا کہ کہاں دفنایا جائے، آراء مختلف تھیں تا آنکہ حضرت ابوبکر رضی اللہ عنہ نے فرمایا کہ میں نے حضور ﷺ سے سنا ہے کہ انبیاء کرام وہیں دفنائے جائیں گے جہاں ان کی موت واقع ہو۔ لہٰذا تمام صحابہ کرامؓ نے اتفاق کرلیا۔

لیکن اگر کوئی صورت ایسی ہوئی کہ نہ تو مستند حدیث ملتی اور نہ اتفاق رائے ہوتا تو وہ اپنی اپنی رائے کا اظہار کرتے، لیکن دوسرے کی رائے کا مکمل احترام کرتے اور کوئی بھی صحابیؓ کسی دوسرے پر اپنی رائے سے پھیرنے اور اس کی رائے کے اتباع کیلئے جبر نہ کرتے۔ چاہے اس کا مرتبہ کیسا ہی کیوں نہ ہو، جیسا کہ متعہ کے مسئلہ میں جو غزوۂ خیبر کے موقع پر منع کیا گیا، اور غزوۂ اوطاس کے سال فتح مکہ کے دن تین دن کیلئے اجازت دے دی گئی اور پھر ابدی ممانعت کی گئی لیکن کچھ صحابہ کرامؓ اس حدیث سے بے خبر تھے

جب حضرت عمرؓ کو اس کا پتہ چلا تو آپ نے اس کو ابدی طور پر حرام قرار دیا اور سخت سزا کا حکم جاری کیا۔

حضرات صحابہ کرامؓ کے کسی ایک مسئلہ پر مختلف آراء کی صورت میں نہ تو کہیں افتراق پیدا ہوا اور نہ فرقہ کا تصور۔ اس لئے کہ وہ

(i) خلیفہ پر اعتماد رکھتے تھے۔

(ii) باہمی مشاورت سے کسی فیصلہ پر پہنچنے کی راہ نکالتے تھے۔

(iii) خلیفہ جلیل القدر صحابہ کرامؓ کو دارالخلافہ سے باہر جانے سے منع فرماتے تھے، تاکہ کوئی اہم مسئلہ درپیش ہو تو اس پر باہمی مشاورت کی جائے اور حل نکالا جائے۔

(iv) صحابہ کرامؓ فتویٰ دینے میں زیادہ جری اور جلد باز نہ تھے، کیونکہ وہ کسی چیز کا علم رکھے بغیر فتویٰ دینے کا وبال آپ صلی اللہ علیہ وسلم سے سن چکے تھے، لہٰذا وہ لوگ حتی الوسع دوسرے عالم پر حوالہ دیتے تھے۔ حضرت ابن عباس رضی اللہ عنہ سے ایک شخص کے متعلق پوچھا گیا کہ اس نے اپنے آپ کو ذبح کرنے کا نذر کیا ہے، آپ نے فرمایا حضرت مسروق (تابعی تھے) سے پوچھ لیں، حالانکہ حضرت مسروق کے فتویٰ کے بعد حضرت ابن عباسؓ نے فرمایا کہ میرا بھی یہی فتویٰ تھا۔

(v) وہ بغیر کسی سند کے حدیث کا حوالہ نہ دیا کرتے تھے۔ حضرت عمر رضی اللہ عنہ نے ایسی روایات پر پابندی لگا دی تھی۔

خلفاء راشدین اور صحابہ کرامؓ کے دور میں اجماع، قیاس اور اجتہاد کے اصول وضع کئے گئے۔

نئے مفتوحہ علاقے عراق، شام، مصر، اردن اور فارس وغیرہ اسلامی ریاست میں داخل ہو گئے تھے، ان کے رواج و رسوم نہ تو سب کے سب شریعت میں موجود تھے

اور نہ ان کو بیک جنبش قلم مٹایا جا سکتا تھا لہٰذا وہاں اجتہاد کی ضرورت پیش آئی۔

جملہ نو پیدا مسائل کا قانونی حل لازمی تھا۔ اس کے لئے اجتہاد ضروری تھا، لیکن اس کو اس شرط کے ساتھ مشروط کیا گیا تھا کہ حتی الوسع اتفاق رائے کی صورت پیدا کی جائے تاکہ اختلاف رائے کم سے کم تر ہو۔

صحابہ کرامؓ فیصلہ کرنے میں عجلت سے کام نہ لیتے بلکہ اس کیلئے ایک خاص طریقہ کار کی اتباع کرتے تاکہ معاملہ کی حقیقت واضح ہو کر ایک جامع فیصلہ تک پہنچا جا سکے۔

صحابہ کرامؓ کے اس احتیاط اور حتی الوسع اجتماعی فیصلہ اور بصورت اختلاف دوسرے کے رائے کے احترام نے افتراق اور فرقہ واریت کا راستہ بند رکھا۔ اس انداز اجتہاد و احتیاط نے مختلف مذاہب پیدا ہونے کا راستہ روکے رکھا، کیونکہ خلیفہ یا تو اجتماعی فیصلہ کو اپنائے یا اکثریتی فیصلہ کو یا پھر اپنی رائے کو ترجیح دے، یعنی مذہب کیا ہے؟ یہ اختیار خلیفہ کے پاس تھا۔

قرآن کریم کے مطالعہ کو خاص انداز سے کرنے پر زبردست زور دیا جا رہا تھا اور احادیث کے بلا روک ٹوک کثرت روایت کی حوصلہ شکنی کی گئی تھی۔

اُس دور میں چونکہ ہر رائے پر نظر ثانی کرنے کا طریقہ رائج تھا، لہٰذا اختلاف رائے کی صورت میں بھی فرقہ کا تصور پیدا ہونا ممکن نہیں تھا۔

حضرات صحابہ کرامؓ کوفہ کو دارالخلافہ منتقل ہونے کی وجہ سے منتشر ہو گئے تھے، کچھ مدینہ میں رہے مثلاً حضرت ابن عمرؓ اور کچھ دوسرے کوفہ منتقل ہوئے جیسے حضرت عبداللہ بن مسعودؓ۔ اب انہوں نے تو وہاں نئے مسائل کیلئے اجتہاد کرنا ہی تھا اور چونکہ آپس کا رابطہ بھی نہ تھا کہ سابق کی طرح اس پر کسی اتفاق رائے کی صورت یا رجوع کی صورت پیدا کر لیتے یہیں سے اختلاف مذاہب کی بنیاد رکھی گئی اور آخر میں یہی چیز مدرسۃ اہل الرائے اور مدرسۃ اہل الحدیث کے نام سے مشہور ہوئی۔

باب پنجم: فصل اول

تدوینِ فقہ

فقہ کی تدوین کی ابتداء:

حضرت علی رضی اللہ عنہ اور حضرت معاویہ رضی اللہ عنہ کے مشاجرات اور جنگوں، حضرت حسن رضی اللہ عنہ کی خلافت سے دستبرداری اور حضرت معاویہ رضی اللہ عنہ کے متفقہ خلافت جو ہجرت کے تقریباً تیس سال بعد شروع ہوئی۔ حضرت معاویہ رضی اللہ عنہ ایک مدبر سیاستدان کے طور پر ابھرے لیکن اس دور میں کئی سارے فتنے بھی ابھر چکے تھے۔ بنی امیہ کا دور ویسے تو حضرت معاویہؓ سے شروع ہو کر بنو عباس کی خلافت تک جا پہنچتا ہے لیکن حضرت معاویہؓ کا دور بحیثیت مجموعی خرابیوں سے پاک تصور کیا جاتا ہے لیکن آپ کے بعد امت اور ریاست دونوں کا حال قابل رحم تھا، اس دور میں سیاسی اور معاشرتی بے چینی، فرقے اور فرقہ واریت پھیلتے گئے، ایسے کام شروع کئے گئے جو شریعت میں قطعی حرام تھے علماء دین حکمرانوں کے پاس بیٹھنے سے احتراز کرنے لگے، بلکہ دارالخلافہ کو چھوڑ کر کہیں دور دراز علاقوں کو منتقل ہو گئے۔ اسی وجہ سے چند مصائب پیدا ہوئیں۔

ا۔ چونکہ اجماع تو علماء کا کام تھا اور خلفاء راشدین ان کو جمع فرماتے تھے۔ ان کے چلے جانے کے بعد تو اجماع، اور اجماع کا تصور محال ہو گیا۔ نتیجتاً ڈھیر سارے اجتہادات معرض وجود میں آنے لگے، ہر کسی کو ٹانگ اڑانے کا موقع ملا۔

۲۔ روایت حدیث ایک مشغلہ بن گیا۔ حتی کہ وضع حدیث کی طرف رغبت زیادہ ہونے لگی اور ڈھیر سارے واضعین حدیث پیدا ہوئے۔

۳۔ اجتہادات اور فقہ کی تدوین کی طرف رغبت پیدا ہونے لگی اگر چہ ہدف یہ رکھا گیا کہ حضرات صحابہ کرامؓ کے اجتہادات کو جمع کیا جائے اور یہی وقت تھا کہ علماء امت صریح اور صاف انداز سے مکاتب فکر میں تقسیم ہو گئے، کئی سارے علماء کرام حالات کے تناظر میں اجتہادات کرنے لگے۔ اس دور میں اگر چہ ایسے مجتہدین کی تعداد کافی زیادہ تھی، مثلاً سفیان بن عیینہ، سفیان ثوری، ابن ابی لیلی، اوزاعی، وکیع بن الجراح، شعبی، ابو حنیفہ، مالک، احمد بن حنبل اور امام شافعی رحمہم اللہ وغیرہ وغیرہ۔ اور ہر ایک بذات خود ایک صائب مجتہد اور فقیہ تھا۔ لیکن رفتہ رفتہ ان تمام کے مذاہب ختم ہو گئے اور صرف آخر الذکر چار ائمہ کرام کے مذاہب باقی رہ گئے۔ اس کی شاید ایک وجہ یہ تھی کہ ان کی رائے نسبتاً زیادہ معقول اور حالات کے مطابق تھی اور اُسے قبولیت مل گئی یا پھر اس لئے کہ ان چاروں کے اجتہادات کی تدوین وتالیف کے لئے ان کو قابل فخر اور ہونہار شاگرد ملے جو دوسروں کو نصیب نہ ہو سکے۔ مثلاً امام ابو حنیفہؒ کے شاگرد امام محمد بن حسن نے آپ کے اجتہادات کو چھ ضخیم کتابوں جنہیں ظواہر کہا جاتا ہے میں جمع کر دیا اور رہے سہے مسائل آپ کے دوسرے شاگرد حضرت امام ابو یوسفؒ نے نوادر کی شکل میں جمع کیا۔

بھاری بھر ٹیکسوں کا نظام

حضور علیہ السلام کے زمانہ میں آپ ﷺ زکوٰۃ اور صدقات وصول کرتے رہے، پھر جزیہ کا تصور آیا، غنیمت کا خمس خزانے کو ملتا رہا۔

حضرت ابو بکر رضی اللہ تعالیٰ عنہ کے زمانے میں بھی تقریباً یہی چیزیں تھیں، حضرت عمر رضی اللہ عنہ عراق کے فتح کے بعد خراج کا نظام نافذ کیا۔ جاتے جاتے یہ مصادر بنوامیہ کے دور میں سترہ ہو گئے یعنی ان چیزوں کے ساتھ ساتھ سمندری اموال پر ٹیکس، جنگلات کا ٹیکس وغیرہ وغیرہ۔ کیونکہ خالی خزانے کو تو کسی چیز سے بھرنا ہی تھا۔

ایک اہم نکتہ

یہ ضرور ہے کہ ریاست ٹیکسوں ہی سے چلا کرتی ہے لیکن حضرت شاہ ولی اللہؒ نے لکھا ہے کہ ریاستوں کی تباہی کی بڑی وجہیں دو ہوتی ہیں۔

ا۔ تضییقھم علی بیت المال

یعنی سرکاری خزانے کو بے دریغ اور بے مصرف خرچ کرنا۔

ب۔ وضرب الضرائب الثقیلة علی التجار والزارع والصناع۔

اور تاجروں، زمینداروں اور صنعت کاروں پر بھاری بھر ٹیکس وضع کرنا۔

جس سے ان کا کاروبار ٹھپ ہو کر رہ جاتا ہے اور یوں بالآخر ریاست تباہ ہو جاتی ہے۔

(iv) نبوامیہ کے اکثر بادشاہ رقص وسرور اور جادوگری کے مظاہرے اپنے دربار میں کرواتے تھے جس سے دربار کا وقار خاک میں ملتا رہا احترام دلوں سے نکلتا رہا۔

(v) خلافت میں وراثت کا اجراء

حضور ﷺ نے اپنے بعد کسی ایسے خلیفہ جو آپ ﷺ کی اولاد میں ہو کے لئے خلافت کا اختصاص نہیں کیا بلکہ الائمة من قریش کہا اور نہیں فرمایا کہ من بنی ھاشم

فصل دوم

فقہ
اپنی تدوین میں کن اسباب سے متاثر ہوئی؟

جس طرح ہم ذکر کر چکے ہیں کہ اجتہادات حالات و واقعات کے لئے کئے جاتے ہیں، لہٰذا اس میں ماحول کا اثر ضرور ظاہر ہوگا، یعنی حالات جیسے ہوں گے، کسی اجتہاد میں اس کا اثر ضرور رونما ہوگا اور جیسے ہم بیان کر چکے ہیں کہ حضرت معاویہؓ کے بعد تو سیاسی بے چینی، سماجی ابتری کی وجہ سے امت کا بٹوارہ ہوگیا۔ خوارج اور روافض سیاسی ابتری کی وجہ سے باغی ہو گئے تھے۔ فقہ کے تصور نے ان کے لے یہ راستہ کھولا کہ انہوں نے عقلیت پسندی (Rationalism) پر مبنی فقہ کا تدوین کیا۔ انہوں نے صحابہ کرامؓ اور سابقہ ائمہ کرام کے مجتہدات کو یکسر مسترد کر دیا اور اپنے علماء کو مجتہد کا مقام دے کر آگے لے آئے۔ ان کے اجتہادات میں بنو امیہ کا بغض بھی ایک عنصر تھا اور خوارج جو روافض کے مقابل تھے، ان کے اجتہادات میں روافض کے ضد کا عنصر موجود تھا۔ سیاسی افراتفری پھیلی ہوئی تھی، مکہ معظّمہ میں عبداللہ بن الزبیر کی حکومت کا قیام اس کا مظہر تھا۔

(i) عجمی بادشاہوں کی تقلید

خلفاء وقت نے عجمی بادشاہوں کی تقلید شروع کی۔ وہ خزانے کو اپنی ذاتی جائیداد اور باپ دادا کی جاگیر سمجھ کر خرچ کرنے لگے اور یوں خزانہ ختم ہوتا گیا۔

حضرت شاہ ولی اللہ فرماتے ہیں اگر ایسا کہہ دیتے شاید کسی کو تصور پیدا ہوتا کہ انما اراد حکومة اهله کہ اپنے خاندان کی حکومت کے تسلسل کا ارادہ کیا ہے اور اگر ایسا طریقہ رائج ہوتا تو ڈھیر ساری مشکلات اور فسادات ہوتے اور اسی کے پیش نظر جب حضرت ابوبکر رضی اللہ نے حضرت عمر رضی اللہ عنہ کے خلافت کا عندیہ دیا تو یہ فرمایا تھا کہ اس کاغذ میں ایک شخص کا نام لکھا ہے اگر مناسب سمجھتے ہو تو شوریٰ والے صحابہؓ نے کہا جو بھی ہے قبول ہے۔

حضرت عمر رضی اللہ تعالیٰ عنہ نے سات صحابہ کرامؓ کی شوریٰ میں جس میں آپ کے نہایت ہی متبع سنت اور قوی عالم بیٹا حضرت عبداللہ بن عمر رضی اللہ عنہ بھی شامل تھے۔ انہوں نے کہا:

لو ولیت ابن عمرؓ

آپ نے کہا:

رجل لا یحسن طلاق امرأته

کہ ایسا شخص جو اپنی عورت کو مسنون طریقے سے طلاق دینا نہ جانتا ہو۔

ابن عمرؓ نے ایام حیض میں اپنی بیوی کو طلاق دی تھی جو خلاف سنت ہے اگرچہ حنفیہ کے نزدیک واقع ہیں اور پھر پابندی لگا دی کہ وہ صرف رائے دے گا اور خلافت کا امیدوار نہ ہوگا، وہ اس طرح وراثت کا دروازہ بند رکھنا چاہتے تھے حالانکہ ابن عمر رضی اللہ عنہ خلافت کے اہل ضرور تھے۔

حضرت معاویہ رضی اللہ عنہ سیاسی افراتفری کے اس دور میں جس بھی ارادے سے اپنے بیٹے کی تقرری کر چکے تھے لیکن بعد میں یہ چیز بنی امیہ میں رائج رہی جس کی وجہ سے ابتری پھیلتی رہی اور نااہل آتے رہے۔

اس طرح درجہ بدرجہ خلافت کمزور ہوتی چلی گئی۔ حتیٰ کہ اپنے اور حکومت کو سہارا دینے کیلئے کئی بار بادشاہوں نے فقہ کو اپنے انحراف کی تائید کے لئے استعمال کرنا چاہا، کہ خلیفہ جو کچھ کر رہا ہے فقہ کی رو سے ٹھیک کر رہا ہے۔

بادشاہوں کے اس طرز عمل کا مقابلہ کرنے اور فقہ کو اس کی اصلی شکل میں محفوظ رکھنے کیلئے اس دور کے علماء نے فقہ کی تدوین و تالیف شروع کی۔ کہ سابقہ ادوار کا فقہ محفوظ کیا جائے۔

(vi) علماء کا منتشر ہونا

چونکہ وہاں کئی سارے فرقے اور جھگڑے پیدا ہو چکے تھے اور باہمدیگر تکفیر کا سلسلہ بھی جاری تھا۔ فقہی مسائل پر مقاتلہ معمول بن چکا تھا۔ لہٰذا علماء جھگڑوں، ذہنی اضطراب اور مقابل فریق سے خطرہ قتل کی وجہ سے ادھر ادھر منتشر ہو گئے۔ سو اجماع کا تو تصور ختم ہو چکا تھا۔ ہر مجتہد اپنا اجتہاد کرتا اور اس میں اپنے علاقہ کے رسم ورواج کو ملحوظ خاطر اور زیر نظر رکھتا۔ جب بھی کسی علاقہ میں کوئی ذی استعداد عالم پیدا ہوتا، طلبہ بلکہ علماء دوڑ کے اس کے گرد جمع ہو جاتے۔ کوفہ میں سفیان ثوریؒ اور ابو حنیفہؒ، مدینہ منورہ میں امام مالکؒ بن انسؒ، لبنان میں اوزاعیؒ اور مصر میں لیث بن سعدؒ قابل ذکر ہیں جن کے اردگرد خاصا مجمع ہوتا تھا۔

(vii) وضع احادیث

حکمرانوں نے غیر رسمی طور پر سنت پر اعتماد کرنا رکوایا تھا لہٰذا علماء اپنے طور پر احادیث کی جستجو میں لگے رہے، لہٰذا وضع حدیث کا عمل شروع ہوا۔ بعض لوگوں نے اعتماد پیدا کرنے کیلئے کچھ صحیح احادیث روایت کرنے شروع کئے اور بعد ازاں موضوعی احادیث روایت کرنے لگے یہی چیز تدوین حدیث اور فن اسماء الرجال کی تالیف کا سبب بنا۔ اسی

وجہ سے اس دور میں فقہ کے بعض مسائل غلط طور پر مرتب ہوئے یا تو اس وجہ سے کہ وضاع قسم کے آدمی نے اس کو مشہور کیا یا احتیاط کی وجہ سے فقیہ کے کسی صحیح حدیث کو قبول نہ کیا کیونکہ اس کی روایت وضاع نے کی تھی۔

یہاں سے دو قسم کے مکاتیب مشہور ہوئے۔ایک اہل حدیث اور دوسرا اہل الرأی۔

مکتب اہل حدیث نصوص پر زیادہ اپنے مذہب کی تشکیل کرتے تھے جبکہ اہل الرأی کسی نص میں علۃ منصوص ڈھونڈ لیتے، نہ ملا تو اس کی علت معلوم کر لیتے تاکہ اُسے اس قسم کے دیگر حالات پر منطبق کیا جا سکے اور مسئلہ کا حکم معلوم کر سکے۔اور یہ اس لئے کہ بعض صحابہ کرامؓ سے یہ طریقہ منقول تھا، یعنی یہ لوگ کسی منصوص حکم کی عقلی وجہ اور علت دریافت کر کے اس علت کو دیگر مسائل کے لئے مدار بناتے۔

اہل حدیث کا مرکز مدینہ منورہ اور اہل الرأی (Reasoning People) کا مرکز کوفہ پڑا۔

اہل حدیث اپنی رائے واقعاتی امور (Existing Issues) پر دیا کرتے تھے اور ان کی فقہ کو ''الفقہ الواقعی'' کا نام دیا گیا، جبکہ اہل الرأی کبھی کبھار ایک فرضی (Imigining/Suppose) مسئلہ کے حوالے سے رائے دیا کرتے تھے۔

اہل الرأی کے اس انداز میں ایک تو علمی مباحثہ اور تحقیق کا دخل تھا جو ان کے اندر منطق، فلسفہ اور علم کلام کے استدلالات نے پیدا کیا تھا اور دوسرا یہ کہ وہ خیالی مسئلہ بعد کے ادوار میں پیدا ہونے کا احتمال تھا، یا ان کے ماحول سے باہر کی اور ماحول میں اس کا تصور ہو سکتا تھا، گویا پہلے سے ایک حل موجود ہونا، اگر وہ مسئلہ پیدا ہوتا۔

فصل سوم

اختلافات کے وجوہ

۱۔ حضرت علی رضی اللہ عنہ نے دارالخلافہ مدینہ منورہ سے کوفہ منتقل کیا، اور بعد ازاں دارالخلافہ (Capital) شام کو منتقل ہوا۔ حجاز مقدس کی سرزمین میں بہت سادہ اور ہموار طرزِ عمل اور طور زندگی رائج تھا، جبکہ نئے دارالخلافہ میں کئی سارے تہذیب اور ثقافتیں جمع ہو گئیں اور یوں مسائل کے لئے علل (Reasons) نکالنے پڑے۔

۲۔ بہت ہی کم صحابہ کرامؓ وہاں منتقل ہوئے تھے، لہذا وہاں پر احادیث بہت تھوڑے تھے اور ساتھ ساتھ وہاں پر وضعِ حدیث (Fabrication) کا فتنہ بھی شروع ہوا تھا اور کسی حدیث کی قبولیت کے لئے یہ علماءِ کرام نہایت احتیاطی اور تفتیشی و حقیقی مراحل سے گزرے، لہذا ان کا زیادہ تر تکیہ اخراجِ علت (Reason Deductions) پر ہوتا۔

۳۔ **تدوینِ فقہ:** بنو امیہ کے دور میں خلافت نے بادشاہت کی شکل اختیار کی۔ حضور ﷺ نے بھی فرمایا تھا:

الخلافۃ بعدی ثلاثون سنۃ ثم یکون ملکا عضوضاً

لہذا وہ علماء اور فقہاء کرام جو صحابہ کرامؓ سے اخذ و استفادہ کر چکے تھے انہوں نے سوچا کہ اگر صحابہ کرامؓ کے اقوال و اجتہادات کو محفوظ نہ کیا گیا تو آئندہ نسل محروم رہ جائے گی۔ لہذا حجاز میں بسنے والے ایسے فقہاء نے حضرت عبداللہ بن عمرؓ، حضرت عائشہؓ اور حضرت عبداللہ بن عباسؓ کے مجتہدات جمع کئے اور اہلِ عراق نے حضرت ابن مسعودؓ اور حضرت علیؓ کے اجتہادات کو جمع کیا۔ اگرچہ یہ سب کچھ اپنی اصلی شکل میں ایک جگہ نہ مل سکا، البتہ روایات کی شکل میں اس کا خاطر خواہ حصہ منتقل ہوا۔

باب ششم:

ظہور مذاہب

فصل اول

مشہور مجتہدین اوران کے مذاہب

یوں تواس دور میں کئی سارے علماء و مجتہداجتہاد میں لگے رہے اوراپنے اپنے ماحول میں اپنی سعی کرتے رہے اور وہاں کے باقی لوگ ان کی اتباع کرتے رہے مثلاً امام شعبیؒ، امام اوزاعیؒ، امام نوویؒ، امام ابن عیینہؒ، امام وکیع بن الجراحؒ، ابن ابی لیلیٰؒ، لیث بن سعدؒ، ابوحنیفہؒ، امام مالکؒ، امام شافعیؒ، اور امام احمد بن حنبلؒ وغیرہ۔ لیکن مؤخر الذکر چار ائمہ کرام کواس سلسلہ میں شہرت اور پذیرائی ملی جو دوسروں کے حصہ میں نہ آسکی۔ یا تو اس لئے کہ ان ائمہ کرام کے استدلالات میں قوت زیادہ تھی، حالات پر ان کی نظر گہری تھی اور تدوین و شہرت کے لئے ان کو قابل فخر اور ہونہار شاگرد ملے، وگرنہ یہ چاروں امام بیک صورت یا بدیگر حکام وقت کے زیرعتاب رہے۔ خصوصاً امام ابوحنیفہؒ اور احمد بن حنبلؒ جن کے جنازے بھی جیل ہی سے نکلے۔ لہٰذا ہم یہاں ان چار مشہور مذاہب اور کچھ دیگران کے مذاہب کے متعلق مختصراً اظہارخیال کریں گے۔

امام ابوحنیفہؒ

عراق کے شہرکوفہ میں ۷۰۳ء کو پیدا ہوئے۔ ابتداءً علم کلام پڑھا اور بعد ازاں حصول فقہ وحدیث میں لگ گئے۔ آپ کے مشہور استاد حماد بن زید تھے، اوراپنے

استاد حماد کی وفات تک مسلسل اٹھارہ سال پڑھتے رہے۔ حکمرانوں نے آپ کو قاضی (جسٹس) بنانا چاہا۔ آپ کے انکار پر کوفہ کے حاکم یزید بن عمر نے آپ کو کوڑے مارے۔ بنو امیہ کے دور میں بھی خلیفہ منصور کے قضاء کے پیشکش کو مسترد کیا اور یوں آپ کو روزانہ جیل میں کوڑے کھانے پڑتے۔ یہ سلسلہ تین سال تک جاری رہا تا آنکہ آپ نے ۷۶۷ء میں وفات پائی۔

آپ کے استنباط مسائل کا طریقہ یہ تھا کہ وہ کسی بھی مسئلہ باہم مباحثے اور استدلال کیلئے سامنے لے آتے، تا آنکہ کسی نتیجے پر جا پہنچتے اور ایک مفید حل نکال لاتے۔ آپ نے اپنے مذہب کے لئے مندرجہ ذیل اصول اپنائے:

(۱) قرآن کریم

(۲) سنت الرسول ﷺ

(۳) اجماع صحابہؓ اور اس طرح کسی بھی دور کے مجتہد قسم کے علماء کا اجماع۔

(۴) کسی صحابیؓ کی رائے جس کو وہ استدلال کے اُساس پر دیگر صحابہؓ کی رائے پر ترجیح۔

(۵) قیاس

(۶) عرف و عادات

امام اوزاعیؒ:

آپ ۷۰۸ء میں شام میں پیدا ہوئے۔ اپنی زندگی بیروت (لبنان) میں گزاری۔ دسویں صدی تک شام میں آپ کا مذہب موجود رہا۔ لیکن جب ابوزہرہ محمد بن عثمان دمشق کے قاضی مقرر ہوئے، آپ نے شافعی مذہب کے امام مزنیؒ کی کتاب مختصر المزنی کے زبانی یاد کرنے پر ایک سو دینار کا انعام مقرر کیا۔ اس طرح امام مزنیؒ کی کتاب نے شہرت پائی۔ شافعی مذہب پھیلتا گیا۔ اور اوزاعی مذہب رفتہ رفتہ کوچ کرتا گیا۔ امام

اوزاعیؒ اپنے مذہب کے لئے قرآن وسنت کا زیادہ تجسس کرتا ہے کہ کسی نہ کسی طرح کسی آیت یا حدیث کی تاویل ومعنی سے مسئلہ کا حل معلوم ہو۔ جو کہ اُساسی اور قطعی وسائل ہیں۔ وہ قیاس کے زیادہ استعمال کرنے سے احتراز کرتے ہیں۔ آپ نے ۷۷۴ء میں وفات پائی۔

امام مالکؒ:

آپ ۷۱۷ء میں پیدا ہوئے۔ آپ کے والد حضرت انس تابعی تھے اور دادا حضرت عامرؓ صحابی رسول ﷺ تھے۔ حضرت امام مالکؒ نے حضرت عبداللہ بن عمرؓ کے شاگرد خاص حضرت نافعؒ سے زیادہ استفادہ کیا۔ حضرت نافعؒ سے نقل کردہ احادیث ثنائیات ہیں یعنی ان میں آپ اور رسول اللہ ﷺ کے درمیان صرف دو واسطے ہیں یعنی ایک حضرت نافعؒ اور دوسرا حضرت ابن عمرؓ۔ اس طرح حضرت امام مسلمہ بن شہاب الزہریؒ جو حدیث کی تدوین کے امام سمجھے جاتے ہیں سے بھی آپ نے کافی استفادہ کیا۔ جیسا کہ اوپر گذر گیا ہے جب اُمراء المسلمین میں خواہش پرستی شروع ہوگئی تو دینی ذوق رکھنے کے ساتھ ساتھ وہ لوگ کچھ اپنے لئے جواز بھی پیدا کرتے رہے، اس سلسلہ میں علماء سے اپنے موقف وعمل کے مطابق فتویٰ لے کر اُسے حکم ریاست قرار دیتے۔ چونکہ اس دور میں اس قسم کے اُمراء کے خلاف خداترس لوگوں کا اختلاف شروع ہوجاتا۔ لہٰذا یا وہ بیعت سے کتراتے تھے یا پھر رفض بیت کے لئے سوچے۔ علماء سے اُمراء نے فتویٰ لینا چاہا کہ بیعت کے وقت بیعت کو طلاق کے ساتھ مشروط کیا جائے کہ اگر میں نے بیعت توڑی تو میری بیوی طلاق ہو، یا یہ کہ بیعت توڑتے وقت بیوی خود بخود طلاق ہو جاتی یا پھر یہ کہ حکمران بیعت توڑنے والے کو جبراً طلاق دینے پر مجبور کرے اور اکراہ (By Force) واقع بھی ہو۔ آپ نے ایسا فتویٰ دینے سے انکار کر دیا، لہٰذا آپ کو اتنا

مارا گیا کہ آپ کے ہاتھ ٹوٹ گئے اور جوڑ کے بعد بھی آپ اسے تکبیر تحریمہ کے وقت سیدھے سر تک لیجاتے اور قرأت کرتے وقت چونکہ آپ اسے سینہ یا ناف پر نہیں باندھ سکتے تھے لہٰذا آپ اسے آویزاں رکھتے۔

گو مکرَہ کا طلاق مؤثر نہ ہونے کا آپ کے قول و مذہب کا تاریخی پس منظر یہ ہے جبکہ نماز میں دونوں ہاتھوں کے ارسال (آویزاں کرنے) کی وجہ یہ تھی جو بعد میں آپ کا مذہب ٹھہرا اور آپ کے مقلدین نے اسے عملاً اپنایا۔ آپ نے ۸۰۱ء میں وفات پائی۔

آپ کے نزدیک فقہ کے اُساسی مآخذ:

(۱)	قرآن	(۲)	سنت یا کوئی حدیث شریف
(۳)	اہل مدینہ کا تعامل	(۴)	اجماع
(۵)	اصحاب کرامؓ کی رائے	(۶)	قیاس
(۷)	اہل مدینہ کے رسم و رواج		

(۸) مصالح مرسلہ: یعنی عوام الناس کے فلاح و بہبود کو ماخذ قانون بنانا۔ جیسے زکوٰۃ اور صدقات واجبہ کے علاوہ دیگر قسم کے ٹیکسز مقرر کرنا تاکہ پبلک کے مفاد میں مستعمل ہو۔

(۹) عرف: جیسا کہ لفظ دابہ اہل شام کے نزدیک صرف گھوڑے کے لئے مستعمل ہے جبکہ دیگر عربوں کے نزدیک ہر چہار پاؤں والے جانور کیلئے مستعمل ہے۔ لہٰذا شام کیلئے اس لفظ کا استعمال صرف گھوڑے کیلئے جبکہ دیگران کیلئے عام چوپایوں میں ہوگا۔

مذاہب زیدیہ:

اصل میں یہ مذہب زید کے والد گرامی امام زین العابدین علی جو حضرت امام حسینؓ کے صاحبزادے تھے کو منسوب ہے۔ زید جو ایک عالم شخص تھا اپنے خاندان کے بڑوں جن میں امام باقر بھی شامل ہیں سے روایات کرتے رہے ہیں۔ آپ نے علم دین

کے حصول اور باہمی بحث وتمحیض کے لئے دیگر لوگوں کے پاس بھی سفر کیا جن میں امام ابوحنیفہؒ بھی شامل ہیں۔

ہشام بن عبدالملک بن مروان جو بنوامیہ کا خلیفہ تھا۔آپ نے علوی خاندان کو ذلیل کرنا چاہا۔حتیٰ کہ زید بن علی زین العابدین مدینہ کے گورنر کی اجازت کے بغیر مدینہ سے باہر نہیں جا سکتے تھے، لیکن واقعہ کربلا کے بعد آپ کوفہ چلے گئے اور واسط اور عراق کے اہل تشیع سے ملے لیکن انہوں نے دیکھا کہ آپ تو حضرت ابوبکرؓ اور حضرت عمرؓ کو مرتد نہیں سمجھتے تو انہوں نے آپ سے قطع تعلق کر کے حضرت امام جعفرؒ کو امام بنایا۔ ہشام بن عبدالملک نے موقع سے فائدہ اٹھا کر کوفہ پر حملہ کیا اور آپ کو شہید کر دیا۔

آپ کے مذہب کے اُساسی قواعد تو آپ سے نقل نہیں کئے گئے ہیں لیکن آپ کے شاگردوں نے اس کے لئے کچھ مأ خذ متعین کئے ہیں۔

۱۔ قرآن کریم ۲۔ سنت رسول ﷺ

۳۔ اجماع صحابہؓ ۴۔ قیاس

۵۔ عقل، عقل کو اس لئے مأ خذ قانون بنایا گیا کہ حضرت زید نے معتزلہ کے امام واصل بن عطاء سے استفادہ کیا تھا اور معتزلہ کے مذہب کی اُساس ہی عقل ہے، حتی کہ وہ لوگ عقل ہی کو حسن و قبح کا معیار سمجھتے ہیں کہ جو چیز عقلاً حسن ہو وہ شرعاً بھی حسن ہو گا اور جو عقل کے نزدیک قبیح ہو وہ شرعاً بھی قبیح ہو گا۔اب اہل تشیع میں دو بڑے گروہ زیدیہ اور امامیہ اس وجہ سے ہیں کہ زید بن علی زین العابدین کے پیروکار زیدیہ اور امام جعفر کے پیروکار امامیہ بن گئے لیکن عقلیت اور حد درجہ عقلی پسندی ان ہر دو کا طرۂ امتیاز ہے۔

لیث بن سعد:

آپ ۷۱۶ء میں پیدا ہوئے۔مصر آپ کا مولد ہے آپ ایک بلند پایہ عالم

تھے، اجتہادات کی دنیا میں کافی محنت کی لیکن ۱۹۷ء میں آپ کی وفات سے آپ کا مذہب ناپید ہو گیا اور اس کی سب سے بڑی وجہ یہ ہے کہ دین کے میدان میں جس کسی کو بھی اہل اور صاحب صلاحیت شاگرد ملے انہوں نے اپنے استاد کی محنت کو جمع کیا۔ جبکہ لیث بن سعدؒ کو بہت تھوڑے شاگرد ملے تھے اور اس پر مستزاد یہ کہ حضرت امام شافعیؒ جب مصر جا کر مقیم ہوئے تو آپ کے مذہب نے شہرت پائی۔

حضرت امام شافعی خود فرماتے ہیں کہ لیثؒ بن سعد امام مالک سے بڑے عالم تھے لیکن آپ کے شاگردوں نے اُسے اس حوالے سے نظر انداز کر دیا۔

حضرت سفیان ثوری:

آپ ۱۹۷ء کو کوفہ میں پیدا ہوئے۔ اُساسی اصول میں تو وہ امام ابو حنیفہؒ کے مثیل تھے۔ لیکن آپ نے قیاس اور استحسان کے استعمال سے پرہیز کیا۔ جب مصر کے خلفاء نے ریاستی پالیسی کو واجب الاتباع سمجھا اور حکم دیا کہ ریاستی پالیسی کو فوقیت دی جائے چاہے حکم قضائی میں ہو۔ خلیفہ المنصور نے آپ کو اس حوالے سے خط لکھا کہ جج بن کر ریاستی احکامات کی روشنی میں فیصلے دیا کریں۔ آپ کے مکتوب کو پھاڑا اس چیز کو رد کر دیا اور مرتے دم تک وہ پوشیدہ (Under GROUND) رہے۔

آپ کے مذہب کی عدم شہرت کی وجہ دو چیزیں تھیں۔ ایک یہ کہ آپ روپوش رہے اور دوسرا یہ کہ آپ نے اپنے شاگرد خاص عمار کو حکم دیا تھا کہ اس کے جملہ فقہی کام کے اوراق کو جلا دیں۔

حضرت امام شافعیؒ:

امام محمد بن ادریس الشافعیؒ ۷۶۹ء میں غزہ (شام) کے علاقہ میں پیدا ہوئے۔ امام مالکؒ سے موطاً حفظ کرنے کی غرض سے مدینہ منورہ تشریف لے گئے۔ ۸۰۱ء تک

وہاں رہے پھر ۸۰۱ء میں یمن چلے گئے۔ آپ پر شیعہ مذہب کے پڑھنے کے الزام میں فرد جرم عائد کیا گیا اور ۸۰۵ء میں آپ کو جیل میں ڈالا گیا۔ بعد میں آپ نے اپنے عقائد کی وضاحت کی اور رہا کر دیئے گئے۔ آپ نے عراق میں امام ابو حنیفہؒ کے شاگرد امام محمد بن حسن الشیبانیؒ سے بھی استفادہ کیا اور پھر لیثؒ بن سعد سے مصر میں دروس لینے گئے لیکن وہ وفات پا چکے تھے، آپ پھر بھی اپنی وفات تک وہاں رہے۔ آپ نے مدینہ اور عراق کی فقہ کا حسین امتزاج بنا کر شاگردوں کو املا کیا اور یوں ''الحجہ'' کے نام سے کتاب منظر عام پر آئی۔ یہ آپ کا قدیمی مذہب یا قدیم روایات کا مجموعہ ہے۔ آپ نے مصر میں لیثؒ بن سعد کے فقہی کام کا مطالعہ کیا اور اسے بھی شاگردوں کو املاء کیا جو ''الام'' کے نام سے مشہور ہے۔

آپ نے اپنے مذہب کے اصول اپنے کتاب ''الرسالۃ'' میں بیان کئے ہیں آپ کے نزدیک اصول یہ ہیں:

۱۔ قرآن کریم ۲۔ سنت الرسول ﷺ

۳۔ اجماع امت ۴۔ آراء الصحابہؓ

۵۔ قیاس ۶۔ استصحاب الحال (Linking)

لیکن سنت الرسول ﷺ میں امام شافعیؒ اور امام ابو حنیفہؒ و مالکؒ کے نزدیک بنیادی فرق ہے۔ امام ابو حنیفہ حدیث صحیح کے ساتھ معروف و مشہور ہونے کا شرط لگا دیتا ہے اور یہ اجتہاد اس لئے کہ کوفہ کو معدودے چند صحابہ کرامؓ منتقل ہو چکے تھے اور وہاں موضوعی احادیث (Fabricated) کا دور دورہ تھا اور امام مالکؒ صحیح ہونے کے ساتھ یہ شرط لگا دیتا ہے کہ وہ تعامل اہل مدینہ سے متصادم نہ ہو اور وجہ ظاہر ہے کہ امام ابو حنیفہؒ موضوعات سے بچنے کیلئے یہ احتیاط برتتا ہے اسلئے ہر خبر واحد کو اعتبار نہیں دیتا اور نہ کتاب

اللہ پر اس کی زیادت کو جائز قرار دیتا ہے اور امام مالکؒ کے نزدیک چونکہ آپ کا زمانہ حضور علیہ السلام کے زمانے کے قریب تھا اور مدینۃ الرسول ﷺ پیغمبر اسلام کا شہر تھا گویا آپ کے اعمال ہی اہل مدینہ کے اعمال تھے لہٰذا اگر کوئی روایت عام اہل مدینہ کے تعامل کے خلاف ہو تو یہ احتمال کم ہے کہ جملہ اہل مدینہ نے قول رسول ﷺ کے خلاف عمل اپنایا ہو اور یہ احتمال ذرا قوی ہو کہ یہ روایت ثابت نہ ہو یا غلط ہو۔ آپ نے ۸۲۰ء میں وفات پائی۔ اس طرح اجماع میں بھی حضرت امام شافعیؒ سخت گیر ہیں۔ وہ کہتے ہیں کہ کئی سارے امور میں اجماع واقع ہو چکا ہے۔ سو اگر یہ ثابت ہو جائے تو پھر وہ حجت اور اصل ہے۔

امام احمد بن حنبلؒ:

آپ بغداد میں ۸۷۷ء میں پیدا ہوئے۔ آپ نے حضرت امام شافعیؒ سے بھی استفادہ کیا اور امام ابو حنفیہؒ کے شاگرد امام ابو یوسفؒ سے بھی حدیث اور فقہ دونوں کا درس لیا۔

خلیفہ مامون الرشید جو معتزلہ کے عقائد سے متاثر تھا، اس نے مسئلہ خلق القرآن پر آپ کو دو سال جیل میں بند کیا۔ پھر آزاد ہو کر آپ نے تدریس شروع کی۔ بعد میں خلیفہ واثق باللہ کی حکومت نے آپ کو اذیتیں دینی شروع کیں لہٰذا آپ پانچ سال تک روپوش رہے اور جب خلیفہ متوکل نے معتزلہ کے عقائد رد کر دیئے تو آپ نے روپوشی ترک کر کے پھر سے تعلیم و تدریس کا سلسلہ شروع کیا۔ آپ کے نزدیک اصولوں کی تفصیل یوں ہے:

۱۔ قرآن کریم
۲۔ سنت الرسول ﷺ لیکن شرط یہ ہے کہ معروف ہو
۳۔ اجماع
۴۔ آراء صحابہؓ
۵۔ حدیث ضعیف لیکن بشرطیکہ راوی فاسق اور کذاب نہ ہو۔

۶۔ قیاس

آپ کی وفات ۸۵۵ء میں ہوئی۔

ظاہری مذہب:

اس مذہب کے معروف امام ابوداؤد ظاہری داؤد بن علی کوفہ میں ۸۱۵ء کو پیدا ہوئے۔ یوں تو آپ علماء فقہ شافعیؒ اور امام احمد بن حنبلؒ کے شاگرد رہے لیکن قرآن کریم کے مخلوق اور محدث ہونے پر آپ کو درس سے نکال دیا گیا لہٰذا آپ نے سیدھے طور پر قرآن وسنت کے لفظی معانی سے استفادہ کرنا شروع کر دیا اگرچہ آپ اجماع اور قیاس سے بھی انکار نہیں کرتے۔ آپ ۸۸۳ء میں فوت ہوئے۔

امام محمد بن جریر بن یزید الطبری:

آپ طبرستان میں ۸۲۹ء کو پیدا ہوئے۔ آپ نے جملہ سابقہ مجتہدین اور ائمہ کرام کے تحقیقی کام کا مطالعہ کیا۔ مصر سے واپسی پر آپ نے شافعی مذہب کی اتباع شروع کی، لیکن بعد ازاں آپ نے مستقل مذہب کی بنیاد رکھی۔ تفسیر جامع البیان جو طبری کے نام سے مشہور ہے، آپ کی تفسیر ہے۔ اس طرح تاریخ طبری جس کا اصل نام تاریخ الرسل والملوک ہے وہ بھی تحقیقی شاہکار ہے۔ آپ ۹۲۳ء میں وفات ہوئے۔ آپ کے مذہب کے اصول تقریباً امام شافعیؒ والے ہیں۔

باب ہفتم:

فقہ کے نکھار کا دور اور مذاہب کا استحکام

فصل اول

فقہ کا نکھار

تاریخ گواہ ہے کہ جب دین کی روح کمزور ہوتی جاتی ہے وہاں رسمی معاملات پر زیادہ زور دیا جاتا ہے۔ بادشاہت کے اس دور میں ہر جگہ اور بالخصوص دربار بادشاہان میں علمی مباحثوں اور مناظروں کا اہتمام شروع کیا گیا۔ فقہ بطور ایک مستقل علم کے متعارف ہونے لگا۔ مذاہب کا تداخل اور تقابل شروع ہوا۔ تدوین حدیث اور تدوین فقہ کا کام زور پکڑتا گیا۔ ان احوال کے تناظر میں وہاں فقہ کے دو شعبے معرض وجود میں آئے۔

(i) **اصول فقہ:** استنباط احکام کیلئے قواعد منضبط کئے گئے اور

(ii) **فروع فقہ:** کسی جزوی مسئلہ کا حکم استنباط و استخراج کے بعد لکھا گیا

فقہاء مجتہدین کے اس اجتہادی عمل کی وجہ سے وسائل فقہ متعارف ہوئے اور ساتھ ساتھ اختلافات بھی پیدا ہوئے کہ کسی خاص مسئلہ میں ایک امام نے قیاس کا سہارا لیا اور ایک چیز ناجائز قرار دی۔ جبکہ دوسرے امام نے اسی ہی مسئلہ پر استحسان یا عامۃ الناس کے تعامل کو اساس بنا کر اسے جائز قرار دیا۔ اسی مدت میں ائمہ مجتہدین نے اجتہاد کے لئے اپنے اپنے قواعد وضع کر کے استنباط مسائل شروع کیا۔ لیکن رواداری اور ایک دوسرے کا احترام ان کا وطیرہ رہا اور اپنے مؤقف کو سو فیصد صحیح کہنا اور دوسرے کے

تحقیق کو سو فیصد غلط کہنے کا تصور تک نہ تھا۔ اگر چہ علیحدہ مکاتب رونما ہوئے۔ان ائمہ کرام کے وفات کے بعد قانونی اور فقہی فیصلہ کو قبول کرنے میں سختی کا عنصر پیدا ہوا۔ ریاست نے فقہاء کرام کو تعاون دیا۔ عباسی خلفاء کے آنے پر انہوں نے عزم کیا کہ لوگوں کو واپس اس خلافت پر لائیں جو علی منہاج النبوۃ ہو یعنی جو خلفاء راشدین کے دور میں تھا۔ لہٰذا عباسی خلفاء نے اپنے بچوں کو شریعت پڑھانا شروع کر دیا۔ بلکہ ہارون الرشید جیسے خلیفہ نے تو خود بھی پڑھا۔ خلیفہ منصور نے امام مالکؒ کو حکم دیا کہ وہ علم حدیث کے ایک مستند کتاب کی تدوین کرے اور جب آپ نے موطأ لکھی تو منصور نے ارادہ کیا کہ اسے ہی شریعت کا اصل اور ماخذ قرار دے اور سارے لوگوں کو موطأ ہی کی روایات پر جمع کر کے اور اس پر عمل کرنے کی پابند کرے، لیکن امام مالکؒ نے سختی سے منع کیا کیونکہ وہ جانتا تھا کہ میں نے تو حضور علیہ السلام کے سارے احادیث جمع نہیں کیئے اور یہ کہ مسلمانوں کو ایک مذہب کا پابند کرنا حضور علیہ السلام کے ڈھیر سارے اعمال کو اپنانے سے منع کرنا ہے اور ان پر اجتہاد کے دروازے بند کرنا ہے۔

انہی ادوار میں اگر کوئی مجتہد کسی حکمران کے سیاسی مؤقف یا کسی کے خلاف اجتہاد کرتا تو اُسے سخت سزا دی جاتی۔ خود ہی امام مالکؒ کو جیل جانا پڑا کیونکہ انہوں نے حکمران کی اس پالیسی کو کہ اگر کوئی خلیفۂ وقت سے بیعت توڑے تو اس کی بیوی خود بخود مطلقہ اور آزاد ہو جائے گی۔ اس پر امام مالکؒ سے فتویٰ صادر کرنے کا تقاضا کیا گیا، آپ نے سختی سے مخالفت کی۔

تعلیمی اداروں کی بہتات:

جب انداز فکر میں اختلافات و دیعت کر جاتے ہیں وہاں پر تشتت اور اپنی اپنی فکر کو وسعت دینے کیلئے ادارے کی ضرورت پیدا ہو جاتی ہے۔ اس دور میں اسپین اور

شمالی افریقہ خلافت اسلامیہ سے نکل گئیں اور ایران، ہندوستان اور جنوبی روس کا علاقہ اس میں شامل ہو گیا۔ حصولِ علم کیلئے طلبہ علوم دینیہ نے ادھر اُدھر کا رخ کرنا شروع کر دیا۔ حضرت امام محمد بن حسن الشیبانیؒ جو ایک طویل مدت تک حضرت امام ابو حنیفہؒ کی شاگردی میں رہ چکے تھے، انہوں نے امام مالکؒ کی طرف رخت سفر باندھا۔ آپ سے حدیث کا استفادہ کیا اور موطا امام مالکؒ حفظ کیا۔

حضرت امام شافعیؒ، امام مالکؒ کی شاگردی کے بعد امام محمد بن حسنؒ کے پاس کوفہ گئے اور لیثؒ بن سعد سے استفادہ کرنے کی غرض سے مصر چلے گئے، انہی انتقالات کی وجہ سے اختلافی مسائل میں کسی حد تک ہم آہنگی پیدا ہو گئی۔ امام شافعیؒ مدینہ میں امام مالکؒ، کوفہ میں امام محمدؒ اور مصر میں لیثؒ بن سعد کے فقہ سے استفادہ کرنے کے تناظر میں ایک فقہ وضع کیا۔

کثرت مباحثات: دانش اور علمیت کا تقاضا ہے کہ جب ایک فن کے دو یا زیادہ ماہرین مل بیٹھتے ہیں تو فن اور فنی مسائل زیادہ تر موضوع بحث رہتے ہیں۔ اس پس منظر میں یا تو کوئی اپنی رائے سے رجوع کر لیتا ہے یا بحث کے پس منظر میں ایک متفقہ نکتہ پر جا پہنچتے ہیں۔ حتی کہ بعض ائمہ کے نزدیک خط و کتابت کے ذریعہ بھی تبادلہ خیال ہوتا رہا۔ اس کی ایک اچھی مثال امام مالکؒ اور امام لیثؒ بن سعد کی باہمی خط و کتابت ہے جس میں امام مالکؒ نے تعامل اہل مدینہ کو قانون کا مأخذ قرار دیا تھا جب کہ لیثؒ بن سعد نے اس کی مخالفت کی۔

سو کسی بھی مسئلہ کو قوی دلائل سے ثابت کرنا اس دور کا ایک خاصا بن گیا تھا مثلاً شراب (Wine) کو حرام کیا گیا۔ شراب کو عربی میں خمر کہتے ہیں۔ امام ابو حنیفہؒ نے اس کی تعریف کرتے ہوئے کہا کہ

"ھوا نئی من ماء العنب اذا اشتد وقذف بالزبد"

یہ انگور کے پانی سے بنا ہوتا ہے اور اصلاً اسی پر خمر کا اطلاق کیا جاتا ہے۔

لہٰذا جب بھی کوئی اس کا استعمال کرے اور اس پر ثابت ہو جائے تو اُسے حد کی سزا (۸۰ کوڑے) لگائے جائیں گے چاہے پینے والے کو نشہ ہو گیا ہو یا نہیں جبکہ دیگر مسکرات (Intoxicants) نشہ آور ہوں اور نشہ لائے تو اس کا استعمال حرام ہے اور اس پر قاضی تعزیری سزا دے گا، جو حد سے کم ہوگا الا آنکہ احوال و واقعات اور ماحول کے تقاضا پر قاضی کوئی سخت سزا دے جو اس کی صوابدید ہے جو کبھی کبھار حد سے زیادہ بھی ہوسکتا ہے۔ لیکن ان مسکرات پر خمر کا اطلاق نہیں ہوتا۔

لیکن جمہور فقہاء کرام نے خمر کی تعریف

کل ما یخامر العقل

یعنی وہ مسکر اور منشی چیز جو عقل پر پردہ ڈالے اور دو احادیث شریفہ پر استدلال کیا ہے ایک کل مسکر خمر اور دوسرا کل مسکر حرام کو ہر نشہ آور چیز خمر ہے اور ہر نشہ آور چیز حرام ہے۔ لہٰذا شراب چاہے انگور سے ہو چاہے کھجور سے اور چاہے جو سے ہو اس پر اطلاق خمر ہوتا ہے اور ان تمام کا حکم حدود کے بارے میں انگور والے شراب کا ہو گا۔ جبکہ امام ابو حنیفہؒ حدیث شریف میں تحقیق کرتا ہے کہ نشہ آور چیز حرام ہے، اس میں کلام نہیں لیکن پہلے والی حدیث کہ کل مسکر خمر اس کی تاویل یہ ہے کہ ہر نشہ آور چیز عقل کو مخمور و مستور کرتا ہے۔ یہ نہیں کہ اس پر خمر کی تعریف صادق آتی ہے۔ امام ابو حنیفہؒ کے تین شاگردوں نے آپ کی تحقیق کو رد کیا ہے۔

بادشاہوں کے دربار کے مباحثات

جیسا کہ پہلے گذر چکا ہے کہ اس دور کے خلفاء اپنے درباروں میں مباحثات

علمی کا اہتمام کیا کرتے تھے نیز وہاں مختلف فنون جادوگری و مزاح و موسیقی وغیرہ کا بھی اہتمام ہوتا تھا بلکہ بعض ایسے لوگ تو بادشاہوں کے درباروں کے ۲۴ گھنٹے حاضر باش تھے۔

انہی مباحثوں میں بعض اوقات فرض کرو (Suppose) کی بنیاد پر کوئی مسئلہ پیش کیا جاتا اور اس کے حل کیلئے مباحثہ چھڑ جاتا، یعنی خیالی فقہ کا انداز اپنایا جاتا، مباحثہ میں شکست کھانے والا انعام واکرام اور وقار وعزت سے محروم ہو جاتا۔اس پس منظر میں کسی مذہب کی تصویب وتغلیط معمول بن گیا اور یوں فرقے نمودار ہونا شروع ہو گئے۔

تدوین حدیث

اسی زمانہ میں فقہ ایک مستقل فن اور علم بن گیا اور اسے زیادہ توجہ دی گئی جبکہ اس کے اصل مأخذ یعنی علم حدیث کی طرف دھیان کم ہوتا گیا کہ وہاں تو استخراج و استنباط کی تکلیف تھی، صحیح وضعیف وغیرہ کا جانچ پڑتال تھا، جبکہ فقہ کی صورت میں مدون مسائل تیار پڑے تھے اور اس سے استفادہ کرنا کوئی مشکل نہیں تھا۔ چونکہ علم حدیث سے تعلق اور رشتہ کمزور ہوتا گیا اور شاید احادیث کا ذخیرہ بھی گم ہوتا گیا، لہٰذا امام بخاریؒ اور امام مسلمؒ دونوں نے تدوین حدیث کا کام شروع کیا اور اس راہ میں کافی مصائب و مشکلات کا سامنا کیا۔ان حضرات نے اپنی کتابوں کی تدوین کے لئے وہی ترتیب اپنائی جو فقہ کی کتابوں کیلئے ان کے مصنفین نے اپنائی تھی اور اس میں یہ حکمت عملی مدنظر تھی کہ لوگ اس ترتیب سے مانوس ہو چکے تھے۔ترتیب کی تبدیلی اس ماحول میں (جب فقہ ہی کو اصل دین قرار دیا گیا تھا) ناگوار و ناپسند ہوسکتی تھی، تدوین حدیث کی ابتداء اس سلسلہ میں امام احمدؒ بن حنبل نے کی تھی۔ امام بخاریؒ اور امام مسلمؒ دونوں ان کے شاگرد تھے۔

فقہ کی تقسیم

چونکہ اُس زمانے میں یونان، ہندوستان، ایران اور روم کے علوم و فلسفہ اور

منطق کی کتابوں کے ترجمے ہو چکے تھے اور فقہاء وقت نے منطق و فلسفہ کے استدلالات کو خوب ازبر کیا تھا اور وہ عقول کے قریب بھی تھی انہوں نے استخراج و استنباط کیلئے استدلال کا وہی طریقہ اپنایا اور اس پس منظر میں کچھ تو جزئیات مستنبط ہوئے لیکن ساتھ ساتھ کچھ اصول بھی وضع ہوتے گئے۔ جسے استنباط میں مدنظر رکھا جاتا اور یوں فقہ کے دو شاخ اصول فقہ اور فروع فقہ ظہور پذیر ہوئے۔

اسی حوالے سے فقہ کیلئے چند اُساسی اصول یعنی قرآن، سنت، اجماع اور قیاس اور چند ثانوی اصول جن کی تفصیل پہلے گذر چکی ہے منظر عام پر آئے۔

فصل دوم

مذاہب میں انجماد اور اس کا استحکام

کسی بھی مذہب کے ساتھ منجمد وابستگی کا یہ دور ۹۵۰ء سے شروع ہو کر ۱۲۵۸ء پر ختم ہوتا ہے۔ عباسی خلفاء کے دور میں درباروں میں مناظروں کا اہتمام ہوتا، جیتنے والوں کی پذیرائی ہوتی اور ہارنے والوں کو خفت و سبکی کا سامنا کرنا پڑتا اور یہ مناظرے باقاعدہ طور پر کتابوں میں لکھ دیئے جاتے اس انداز سے باہمی رقابتیں پروان چڑھیں۔ کیونکہ انسان کا مزاج یہ ہے کہ جس چیز میں اسے سبکی کا سامنا ہو وہ وہاں ضدی بن جاتا ہے۔ لہٰذا کسی بھی مذہب کے پیروکار اس حوالے سے اپنی مذہب کے اتباع میں زیادہ سخت ہونے لگے۔ گروہ بندی اور پارٹی بازی زوروں پر رہی۔ اس حالت میں چار ہی مذہب باقی رہے۔

ان مذاہب کو منظّم انداز سے مرتب کیا گیا۔ ہر مذہب کے علماء اپنے اپنے امام کے ان اصولوں کو اجتہاد کے وقت مدنظر رکھتے جو امام نے استنباط مسائل کیلئے وضع کئے تھے اور سختی سے ان اصولوں کی پاسداری کی جاتی تھی۔ ہر مذہب کے اولین ائمہ اور علماء نے کسی بھی مسئلہ کے پیچھے والے ان اُساسی قواعد کو نکالا جو اس مسئلہ کے فیصلہ کرنے میں کارفرما تھا اور انہی قواعد کو مدون کیا اور پھر ان مسائل کا جن کا پہلے سے استنباط نہ کیا گیا تھا ان کیلئے ان وضع کردہ قواعد کی روشنی میں اجتہاد کیا اور اس کا نام ''اجتہاد فی المذہب'' پڑ گیا، بعض اوقات اس دور کے علماء نے بعض فروع میں ایسے مواقع پر بانی مذہب سے

اختلاف کیا، البتہ اصول میں نہیں بلکہ ان اصول کو جوں کا توں رکھا۔ چونکہ ایک ہی مذہب کے متعدد ائمہ اور علماء کے نزدیک بعض مسائل میں مختلف اقوال نقل ہوئے، لہٰذا عصر اور ماحول کے پیش نظر بعض کے قول کی ترجیح کے لئے طریقہ وضع کیا گیا۔ مثلاً فقہاء حنفیہ میں بعض اوقات ایک عالم امام ابوحنیفہؒ کے قول کو اور بعض دوسرے امام محمدؒ، امام ابو یوسفؒ، امام زفرؒ یا نوحؒ بن ابی کریم کے قول کو ترجیح دے دیتے ہیں۔ مثلاً صاحب ہدایہ بعض اوقات صاحبینؒ کا قول نقل کر کے کہہ دیتے ہیں کہ ربہ یُفتیٰ اور اسی قول پر فتویٰ دیا جائے گا کیونکہ یہ قول ان کے ماحول کے مطابق تھا بلکہ اس دور میں بعض ان چیزوں کا اخراج کیا گیا جو مذہب کے بانی کو غلط طریقہ سے منسوب کئے جاتے تھے۔ اس عمل کا نام تصحیح رکھا گیا (اس پر کتابیں لکھی گئیں، امام محمدؒ نے السیر الکبیر، السیر الصغیر الجامع الکبیر، الجامع الصغیر، مبسوط اور زیادات کے نام سے کتابیں لکھیں تھیں جو ظواہر کے نام سے مشہور ہوئیں اور قاضی ابو یوسفؒ نے کتابیں لکھی تھیں جو نوادر کے نام سے مشہور ہوئیں۔

فصل سوم

زوال اور جمود کا دور

زوال اور جمود کے وجوہ:

۱۲۵۸ء میں بغداد کے سقوط اور آخری عباسی خلیفہ المعتصم باللہ کے قتل سے اسے منتھی کیا جا سکتا ہے۔ یعنی ہجرت کی چھٹی صدی۔ وہاں سے اس عمل پر جمود اور زوال طاری ہوا۔ تا آنکہ انیسویں صدی کے وسط میں عثمانی خلافت کا زوال ہوا۔ عثمانی خلافت ۱۲۹۹ء میں نمودار ہو چکی تھی۔ اس دور میں اجتہاد مکمل طور پر ختم ہو چکا تھا اور محض اندھی تقلید کا دور دورہ تھا اور علیحدہ علیحدہ ہستیاں وجود میں آئیں اس دور میں تدوین فقہ اس چیز کا نام رکھ دیا گیا کہ صرف سابقہ تحقیقات و جزئیات کو مدون کیا جائے۔ مگر ان میں بعض چیزیں تو سرے سے اس دور میں منطبق نہ ہو سکتی تھیں اور نہ ہی ان کی چنداں ضرورت رہی تھی۔ فطرت نے ارتقاء کی بنیاد پر کافی ترقی کی تھی اور انسان کہاں سے کہاں پہنچ چکا تھا، اس لئے مسلمان ممالک میں بھی یورپی قوانین نے اس ماحول میں اپنا مقام بنایا۔ اس وجہ سے یورپی استعمار کا تسلط اور خلافت اسلامیہ کا زوال ہوا۔

اُس دور میں علماء ہی کی طرف سے ایک فیصلہ وفتویٰ جاری ہوا کہ اجتہاد مکمل طور پر ختم ہو چکا ہے کیونکہ دنیا میں آنے والے تمام ممکنہ معاملات تقریباً فیصلہ کئے جا چکے ہیں لہٰذا کسی ایک مذہب کی تقلید حتمی اور فرض ہے بلکہ ان مذاہب کے حتمی ہونے پر بعض نا عاقبت اندیشوں نے موضوعی احادیث گھڑ لیں۔ اس ماحول میں مذہب کی تبدیلی کو

ارتداد جیسا حکم ملا۔ حتی کہ شدید تعصّب کی وجہ سے ایک دوسرے کے پیچھے نماز پڑھنے کو ناجائز قرار دیا گیا۔ اور حرم مکہ میں چار مصلے رکھ دیئے گئے۔ جب اکتوبر ۱۹۲۴ء میں ملک عبدالعزیز نے اقتدار سنبھالا تو انہوں نے صرف ایک امام کے پیچھے نماز پڑھنے کا حکم صادر کیا تاکہ بیت اللہ شریف کے اندر تو اتحاد و وحدت کا تصور پیدا ہو۔

تقلید اور اتباع کا فرق:

تقلید کسی شخصیت کی اندھی پیروی کا نام ہے جبکہ اتباع عقل و استدلال کے اُساس پر پیروی کا نام ہے۔

اللہ تعالیٰ نے احکام نازل فرمائے۔ رسول اللہ صلی اللہ علیہ وسلم کے احکام جاری فرمائے، ان کی پیروی کرنا تو اس لئے حتمی و واجب ہے کہ امر خدا، فرمان رسول ﷺ ہے۔ یعنی اگر متعلقہ حکم وفرمان کی علت وحکمت معلوم نہ بھی ہو تسلیم کرنا پڑے گا کہ ایمان نام ہے ماننے کا جس پر جانے بغیر اعتقاد رکھا جائے۔ اسی طرح تقلید بھی اولاً تو بغیر دلیل پر علم کے اختیار رکھا جاتا ہے، لیکن محقق علماء بعد ازاں اس کی دلیل کی ٹوہ میں لگے رہتے ہیں تا آنکہ دلیل نکال لیتے ہیں۔

بہر تقدیر اس جمود و زوال کی کئی وجوہات تھیں، ایک تو یہ کہ اجتہاد کو ممنوع قرار دیا گیا اور مجتہدین عصر کے اجتہادات کو حتمی قرار دیا گیا، حتی کہ دلالۃً کسی نئے مسئلہ کے معرض وجود میں آنے سے بھی انکار کیا گیا کہ جملہ ممکنہ معاملات کا حل نکالا گیا ہے، حالانکہ فطرت ارتقائی ہے اور نت نئے مسائل پیدا ہوتے ہیں جس کا صراحۃً نہ تو منزل شریعت میں موجود ہوتا ہے اور اس کے لئے اجتہاد کرنا ہوگا۔

دوسری وجہ یہ کہ عباسی خلافت شیعہ وزراء کی وجہ سے منتشر ہوتا گیا اور مختلف حکمران اپنی بادشاہت کے بچانے کی فکر میں رہتے اور انہیں دین وشریعت کی کوئی فکر نہ رہی۔

تیسری وجہ یہ کہ مختلف حکمرانوں نے مختلف مذاہب کا اتباع کیا۔ اس طرح وہاں پر اُس خاص مذہب کی حکمرانی ہوئی اور دوسرے مذاہب متروک یا مردود قرار دیئے گئے۔

چوتھی وجہ یہ کہ واجبی علم رکھنے والے نا اہل لوگوں نے اجتہاد کرنا شروع کر دیا جو ضلوا واضلوا یعنی خود گمراہ رہے اور دوسروں کو بھی گمراہ بنواتے رہے۔ وہ اپنی خواہشات کے حوالے سے اجتہادات کرتے رہے اور اہلیت رکھنے والے علماء مجتہدین نے ان اجتہادات کا راستہ روکنے کیلئے اجتہاد کا دروازہ مکمل طور پر بند کر دیا تاکہ شریعت ضلالت والحاد اور کجروی کے اختلاط سے محفوظ رہے۔

ان حالات میں اہلیت رکھنے والے علماء کرام نے اپنے آپ کو اسلاف کے اجتہادی کام کی تالیف و تدوین تک محدود کیئے رکھا۔ انہوں نے نثر اور نظم میں اس اجتہادی کام کو مدون کیا جبکہ دیگر ان نے ان مختصرات کی تشریح میں شروح وحواشی لکھے، لیکن اجتہاد بند رہا۔ ان علماء نے اجتہاد کیلئے اصول فقہ کے قوانین و قواعد مرتب کئے، اجتہاد کا خاکہ مرتب کیا اور یوں اجتہاد ایک نہایت مشکل کام بن گیا۔

خلافت عثمانیہ میں مصر کے سات بڑے علماء کرام نے حنفی فقہ کو قوانین کی شکل میں مرتب کیا اور حکومت نے اس کا نفاذ کیا۔ یہ نفاذ ۱۸۷۶ء میں کیا گیا اگرچہ اس سے قبل مختلف مذاہب پر تقابلی کتب لکھی گئی تھیں۔

اسلامی قوانین پر یورپ کا اثر:

مشہور سیاح واسکوڈے گاما نے بحری سفر کے ذریعے مختلف علاقے بالخصوص ہندوستان کو دریافت کیا اور کولمبس نے اپنی بحری سفر کے ذریعے امریکہ کو دریافت کیا۔ ان اسفار نے یورپ کو تجارتی راستے اور منڈیاں دکھائیں یورپی ممالک نے نہ صرف یہ کہ تجارت کے ذریعے اپنا اثر و رسوخ قائم کیا بلکہ انہوں نے ان خطوں کے ممالک پر

جن میں اکثریت مسلم خطوں کی تھی پر قبضہ کرنا شروع کر دیا۔

۱۶۸۴ء میں ڈچ لوگوں نے جاوا کے جزائر پر قبضہ کیا جبکہ ۱۶۹۹ء میں ہنگری اور ٹرانسلوانیا عثمانی خلافت سے نکل کر آسٹریا کے زیر نگین آیا اور ۱۷۶۸ء سے ۱۷۷۴ء تک روس اور ترکی کے درمیان جو جنگ چلی اور روس نے ترکی کے عثمانیوں کو شکست دے دی تو عثمانیوں کے قبضے سے یورپی علاقے نکل گئے اور یوں پہلی جنگ عظیم میں تو عثمانی حکومت کا خاتمہ ہوا۔ عثمانیوں کی خلافت تمام دنیا کے مسلمان ممالک کو ایک لڑی میں پرو چکے تھے اور ان میں ایک مرکزیت موجود تھی۔ اسلامی دنیا تقسیم ہو کر مختلف یورپی ممالک کی نو آبادیات اور کالونیاں بن گئیں اور یوں وہاں پر اسلامی قوانین کی جگہ یورپی قوانین کا تسلط آیا۔ اس تسلط نے اسلامی قوانین پر گہرا اثر ڈالا۔

تقلید کا وہ انداز جو ہم نے ذکر کیا ہے۔ اس سے بہت سارے علماء نے اختلاف کیا کہ یہ انداز فکر دین پر جمود طاری کرنے کا دوسرا نام ہے۔ ان علماء میں شیخ الاسلام حافظ ابن تیمیہؒ اگرچہ امام احمدؒ بن حنبل کے پیروکار ہیں لیکن ساتھ ساتھ وہ اجتہاد کو بھی ضروری قرار دیتے ہیں۔ آپ کی زندگی تدریس، دعوت اور اجتہاد کا امتزاج ہے۔ مطالعہ کے حوالے سے آپ وسیع المطالعہ تھے، آپ نے یہودیت اور عیسائیت کا تفصیلی مطالعہ کیا جس میں آپ نے ان مذاہب کے اچھے اور برے کو پرکھا۔

خلافت عثمانیہ کا جنوبی اور شمالی حصہ جس پر منگولوں نے قبضہ کر لیا تھا، حافظ ابن تیمیہؒ نے ان کے خلاف جہاد میں بھرپور حصہ لیا۔ کیونکہ اس کے بعد منگولوں کی نظریں مصر اور افریقہ پر مرکوز تھیں کہ کس طرح ان ممالک پر قبضہ کیا جائے۔

حافظ ابن تیمیہؒ نے کچھ قابل ذکر شاگرد بنائے جو مختلف شعبہ ہائے علوم میں اپنا لوہا منوا گئے لیکن ہر ایک میں اجتہاد کا عنصر پایا جاتا ہے اور یہی وجہ ہے کہ حافظ ابن تیمیہؒ

اور آپ کے بعض شاگردوں کے بعض مجتہدات کو تفردات کہہ کر رد کیا جاتا ہے کہ وہ یا تو ان کے اپنے امام کے اجتہاد کے خلاف ہے یا پھر کسی بھی مسلمہ مذہب میں اس کا تصور نہیں اور یا پھر مفت میں گھڑی باتوں کو آپ کی طرف منسوب کر کے آپکے علمی شان کو مخدوش بنایا۔ اس قسم کے بعض امور پر آپکے شاگرد حافظ ابن قیمؒ گرفت کرتا ہے کہ یہ میرے استاد کو غلط منسوب کیا گیا ہے اور بات دراصل یہ ہے جو استاد صاحبؒ کہا کرتے تھے۔

حافظ ابن تیمیہؒ کے مختلف شاگرد مختلف میدانوں کے امام بنے ہوئے ہیں مثلاً حافظ ابن قیمؒ فقہ اور حدیث میں، امام ذہبیؒ اسماء الرجال میں اور حافظ ابن کثیر تفسیر میں امام سمجھے جاتے ہیں اور ان تمام کا فکر یہ تھا کہ اجتہاد جاری وساری رہے۔

۱۷۵۷ء سے لیکر ۱۸۳۵ء تک کے دور میں یمن کے ایک عالم محمد بن علی الشوکانی نے تقلید کے خلاف کام شروع کیا۔ اجتہاد کے حد تک تو اس سے اتفاق کیا جا سکتا ہے لیکن جس انداز سے وہ تقلید کے خلاف لگے ہوئے ہیں اس سے علماء کا اختلاف ہے کہ وہ اس کو مشرکین مکہ کے شرک کے مثل قرار دیتے ہیں۔ علماء کرام نے اس وجہ سے آپ کے قلم کو حجاج بن یوسف کے تلوار سے تشبیہ دی ہے۔ اولاً تو وہ بھی زیدی مذہب کا مطالعہ کر رہے تھے لیکن بعد میں علم حدیث میں مہارت حاصل کر کے خود اجتہاد شروع کر دیا۔ آپ نے تقلید کے خلاف ''القول المفید'' کے نام سے کتاب بھی لکھی۔ چونکہ ان تمام علماء کرام کی طبیعت میں اس مسئلہ کے حوالہ سے سختی تھی، لہٰذا ان کو معاصر علماء نے رد کر دیا اور یوں ایک نئے فکر کی بنیاد ڈالی گئی۔ یعنی ان کو ظواہر کہا گیا، حتی کہ حافظ ابن تیمیہؒ جنہوں نے فتاویٰ شیخ الاسلام کے نام سے کئی جلدوں پر مشتمل فتاویٰ جاری کیے اور امام احمدؒ کے پیروکار تھے، آپ کی فقہ کو فقہ اہل الظواہر کا نام دیا گیا، حالانکہ ظواہر کا اصل معنی یہی ہے کہ وہ منطوق الحدیث پر عمل کرتے رہیں اور استنباط کو سرے سے چھوئے نہ یا

پھر اسے کم از کم فقہ کا نام نہ دے۔

۱۷۰۳ء سے ۱۷۶۲ء تک ہندوستان کی سرزمین نے ایک ایسے مجدد و مجتہد کو دیکھا جس نے اجتہاد کی دعوت دی۔ شرائع کے اسرار و رموز پر نہایت عمدہ کام کیا۔ الٰہیات سے لے کر عمرانیات تک کے شعبوں کے رہنما اصول بتلائے اگرچہ خود بھی حرمین میں دو سال رہ کر تقلید سے کچھ کھچا کھچا سا رہا لیکن باستثنائے ان چند سالوں کے آپ حنفی رہے، دنیا اسے شاہ ولی اللہ کے نام سے جانتی ہے۔ آپ نے اجتہاد کی ضرورت پر زور دیا۔ بخلاف سابق علماء کے آپ نے تقلید و مذہب سے بغاوت کا درس تو نہیں دیا، البتہ کسی بھی مذہب کو اختیار کرنے کی دعوت دی۔

۱۸۳۹ء سے ۱۸۹۷ء تک جمال الدین افغانی نے بھی اس جانب دعوت دی لیکن حضرت شاہ صاحبؒ نے ابہامی دلائل کو عقلیت کی چاشنی دے کر مسلمان تو کیا غیر مسلم کو بھی کافی حد تک قائل کر دیا۔ جب کہ علامہ افغانی نے الہامی دلائل کی ترغیب دے کر اجتہاد کا دروازہ کھولے رکھا۔ لیکن آپ پر مشہور یہودی تحریک فری میسن سے تعلق رکھنے کا دھبہ لگا اور آپ مشکوک ہو گئے۔ فری میسن تحریک اُس وقت مشرق وسطیٰ میں اپنا مقام بنا رہی تھی۔

۱۸۴۹ء سے ۱۹۰۵ء تک افغانی کے ایک پیروکار محمد عبدہ نے بھی اجتہاد کی دعوت دی لیکن اس معاملہ میں وہ حد سے زیادہ آزاد خیال اور جدت پسند واقع ہوئے، حتی کہ اس نے پیغمبروں کے معجزات کو نیچرل چیز اعجاز کا تصور بھی مخدوش کر دیا۔ کیونکہ نیچرل چیزیں تو عادی ہوا کرتی ہیں۔

اس نے بنکوں کے انٹرسٹ (سود) کو جائز قرار دیا۔ تعدد ازواج اور پردہ جیسے مسائل کو رد کیا اور ان سب چیزوں کیلئے بلوی عام یا نظریۂ ضرورت کا سہارا لیا۔ یعنی

وہ یورپ کے طوفان کے تیز جھونکوں کا مقابلہ نہ کر سکے اور خود بھی اس کے ساتھ اڑنے لگے۔

آپ کے شاگرد رشید رضا جو تفسیر منار کے مصنف ہیں نے بھی تقلید کو رد کیا لیکن اپنے استاد کے کئی سارے خیالات کو مسترد کر دیا۔ آپ کے شاگرد قاسم نے ۱۹۰۸ء میں تعدد ازواج اور پردہ کو رد کیا۔

باب ہشتم

فصل اول

اسباب اختلاف ائمہ کرام

دین اسلام کی عالمگیریت:

یہ ایک مسلمہ امر ہے کہ سابقہ انبیاء کرام اور شرائع ایک خاص علاقہ، خاص قوم اور خاص وقت اور عصر کے لئے تھے جبکہ خاتم الانبیاء صلی اللہ علیہ وسلم اور آپ کا لایا ہوا دین اور شریعت عالمگیر اور ابدی ہے اور عالم حادث اور متغیر ہے، اس میں تغیرات اور انقلابات رونما ہوتے ہیں نت نئے مسائل ظہور پذیر ہوتے ہیں اور وہ شرعی حل کے متقضی ہوتے ہیں، یہ تو ہو نہیں سکتا کہ واقعات ومسائل پیدا ہوں اور اس کا شرعی حل نہ ہو، کیونکہ پھر تو اللہ تعالیٰ کے فرمان کے متصادم ہوگا کہ:

واکملت لکم دینکم اور آپ کے لئے آپ کی دین کا اکمال کیا۔

اب دین کے اکمل ہونے کا معنی یہ ہے کہ جو بھی مسئلہ پیدا ہو دین اس کیلئے راہنمائی فرمائے اور یہی اس دین اور فقہ وشریعت کے خصائص ومفیدات ہیں کہ اس کے اصل مأخذ قرآن وسنت ہیں۔ عقل کے استعمال کو بھی منع نہیں کرتا۔ یہ شریعت انسان کو عمل پیہم، جہد مسلسل اور یقین محکم کا پیروکار بنا دیتا ہے اور اس کو اجتماعیت کا فکر دے کر اوروں کے لئے نفع بخش بنا دیتا ہے کہ وہی معیار فضیلت ہے۔

اِنَّ اَکْرَمَکُمْ عِنْدَ اللّٰہِ اَتْقٰکُمْ تحقیق آپ میں سے زیادہ معزز اللہ تعالیٰ

کے نزدیک وہ ہے جو زیادہ متقی ہے۔

حضرت شیخ عبدالقادر جیلانیؒ نے اتقی کا مفہوم یوں بیان کیا ہے کہ: انفع خلق اللہ لخلق اللہ کہ اللہ تعالیٰ کے مخلوق میں سے مخلوق کیلئے زیادہ نفع بخش۔

شریعت اسلامیہ نے بسا اوقات حقوق العباد کو حقوق اللہ پر ترجیح دی ہے اور یہ اس وجہ سے کہ اللہ تعالیٰ تو احتیاج سے مبرا ہے جبکہ مخلوق محتاج ہی رہتی ہے اور دوسرا یہ کہ حقوق العباد کی ادائیگی اجتماعیت اور تمدن پیدا کرتا ہے اور وہی مطلوب ہے۔ اس سے حیاۃ دنیا کے علاوہ حیاۃ اخروی کی بھی تعمیر ہوتی ہے۔ گویا شریعت میں تطبیق، تعمیر حیات اور مصالح الناس کا لحاظ اُساس ہے۔ یہی وجہ ہے کہ اس کے لئے اصول متفقہ ہیں، البتہ فروغ اور فقہی مسائل میں آراء کا اختلاف پایا جاتا ہے اور یہ اس وجہ سے کہ نصوص شرعی عام ہیں، جزئیات کو تعرض نہیں کرتے، اس لئے فروغ اور جزئیات میں اختلاف پایا جاتا ہے اور اس میں دوام وخلود ہے۔

۲۔ اصول دین روز اول سے ایک ہیں اور شرائع واحکام میں اختلاف ہے قرآن کریم میں آیا ہے:

> شَرَعَ لَكُمْ مِّنَ الدِّيْنِ مَا وَصّٰى بِهٖ نُوْحًا وَّالَّذِيْٓ اَوْحَيْنَآ اِلَيْكَ وَمَا وَصَّيْنَا بِهٖٓ اِبْرٰهِيْمَ وَمُوْسٰى وَعِيْسٰٓى اَنْ اَقِيْمُوا الدِّيْنَ وَلَا تَتَفَرَّقُوْا (شوریٰ:۱۳)
>
> مشروع کیا اللہ تعالیٰ نے دین سے آپ کیلئے وہ جسکی وصیت (اللہ تعالیٰ نے) نوح علیہ السلام کو کی تھی، اور وہ جو ہم نے آپ کو وحی کی ہے اور جس کی ہم نے وصیت کی تھی ابراہیم اور اسماعیل علیہم السلام کو کہ دین کو قائم کیجئے اور اس میں تفرق پیدا نہ کیجئے۔

اور فرمایا: لِكُلٍّ جَعَلْنَا مِنْكُمْ شِرْعَةً وَّ مِنْهَاجًا (المائدۃ:۴۸)

کہ آپ میں سے ہر ایک کیلئے ہم نے ایک شریعت اور منہاج مقرر کیا۔

مطلب یہ کہ دین سب کا ایک اور شرائع حالات و واقعات، ماحول اور طبائع و رواجات کے مطابق دیئے ہیں۔

حضرت شاہ ولی اللہؒ نے فرمایا:

ان اصل الدین واحد والشرائع مختلف

اصل دین ایک ہے اور شرائع مختلف ہیں۔

۳۔ شریعت محمدیہ ﷺ کے چند اُساسی اصول، مقاصد اور حکمتیں ہیں جنہیں ہر مجتہد ملحوظ رکھتا ہے اور وہ اُساسی اصول:

(i) انسانوں کو بلاوجہ مشقت اور حرج میں نہ ڈالا جائے۔

وَمَا جَعَلَ عَلَيْكُمْ فِي الدِّيْنِ مِنْ حَرَجٍ (الحج:۷۸)

(ii) انسانوں کو کم از کم واجبات پر مکلّف کیا جائے اور طاقت سے زیادہ کی تکلیف نہ دی جائے لَا يُكَلِّفُ اللّٰهُ نَفْسًا اِلَّا وُسْعَهَا (البقرۃ:۲۸۲)

(iii) احکام کا لزوم تدریجی انداز سے ہو۔ جیسا کہ بعض نامناسب اشیاء کی حرمت کا مسئلہ تھا، مثلاً شراب کو تدریجی انداز سے حرام قرار دیا گیا۔

(iv) انسانوں کی مصلحتوں کو ملحوظ رکھا گیا جبکہ وہ مقاصد اور حکمتیں بطور ذیل ہیں:

(i) تہذیب النفس:

یہ تہذیب عبادات کی ادائیگی سے ممکن ہے تاکہ اللہ تعالٰی اور بندے کے درمیان ایک تعلق پیدا ہو اور اس کی روح مادی آلائشوں کی تلویث و گندگی سے محفوظ رہے

اِنَّ الصَّلٰوةَ تَنْهٰى عَنِ الْفَحْشَآءِ وَ الْمُنْكَرِ (العنکبوت:۴۵)

(ii) **انسانیت کے درمیان عدل وانصاف کا قیام:**

تاکہ انسانی معاشرہ محفوظ اور سلامت رہے۔

اِعْدِلُوْا هُوَ اَقْرَبُ لِلتَّقْوٰی (المائدۃ:۸)

اور اِنَّ اللّٰهَ يَاْمُرُ بِالْعَدْلِ (النحل : ۹۰)

(iii) **پانچ اشیاء دقیقہ کا تحفظ:**

یعنی حفظ تن، حفظ مال، حفظ عزت ونسب، حفظ عقل اور حفظ دین وعقیدہ۔

فصل دوم

اسباب اختلاف

اختلاف صحابہ کرامؓ:

انہی امور کو ملحوظ رکھتے ہوئے یہ بات سمجھ میں آجاتی ہے کہ ائمہ کرام کا اختلاف معقول ہے کہ صحابہ کرامؓ جو حضور علیہ السلام سے بالمشافہ استفادہ کرتے رہے، ان کے درمیان بھی اختلاف ہوا کرتا تھا اور اس کے کچھ وجوہ تھے۔

۱: اختلاف معانی فی القرآن

(الف) آیات قرآنی اگرچہ قطعی الثبوت ہیں، لیکن بعض الفاظ قرآن کریم کی معانی پر دلالت ظنی ہوا کرتی تھی، مثلاً لفظ قرء کا معنیٰ کہ اس سے مراد حیض ہے یا طہر تا کہ اس پر طلاق کی عدت مقرر کی جائے۔

(ب) یہ کہ ان کا اختلاف کسی لفظ کے حقیقت شرعی اور مجاز لغوی کی وجہ سے ہوا کرتا تھا، مثلا لفظ ''اب'' کہ والد میں حقیقت ہے اور دادا کیلئے مجازاً استعمال ہوتا ہے۔ آیت کریمہ میں ہے: وَلَا تَنْكِحُوْا مَا نَكَحَ اٰبَآؤُكُمْ (النساء:۲۲) یہاں والد حقیقت شرعی کے سہارے مراد ہے جبکہ دادا مجاز لغوی کے حوالے سے۔

(ج) یہ کسی خاص معاملہ میں دو مقابل نص موجود تھے اور اس میں مقدم و مؤخر کا پتہ نہیں لگ رہا تھا کہ اول کو منسوخ قرار دیا جائے جیسا کہ:

وَ الَّذِيْنَ يُتَوَفَّوْنَ مِنْكُمْ وَ يَذَرُوْنَ اَزْوَاجًا يَّتَرَبَّصْنَ بِاَنْفُسِهِنَّ اَرْبَعَةَ اَشْهُرٍ وَّ عَشْرًا(البقرة:٢٣٤) کہ وہ عورت جس کا شوہر مر جائے وہ عدت وفات چار ماہ اور دس دن گذارے،

اور دوسری آیت وَاُولَاتُ الْاَحْمَالِ اَجَلُهُنَّ اَنْ يَّضَعْنَ حَمْلَهُنَّ (الطلاق:٤) کہ حاملہ عورتیں عدت کے حوالے سے وضع حمل یعنی بچے کے پیدا ہونے کا انتظار کریں گی لہٰذا یہاں دو آراء آئیں۔

۲: اختلاف فی السنۃ

چونکہ صحابہ کرامؓ کے ایمان لانے کے اوقات حضور علیہ السلام سے تعلق اور ان کا حفظ وغیرہ مختلف تھا، لہٰذا جس کو حضور علیہ السلام کا جو بھی قول معلوم ہوا اس نے اس پر عمل شروع کیا۔

۳: اختلاف رائی:

چونکہ وہ بھی انسان تھے اور مکمل ذی عقل تھے لہٰذا آپ کی بھی رائے ہوتی تھی اور ظاہر بات ہے کہ جہاں آراء کا استعمال ہوگا وہاں اختلاف ضرور ہوگا۔ پھر بعض صحابہ کرامؓ استعمال رائ کو مناسب تصور نہ کرتے تھے لہٰذا وہ رائے کا اظہار نہ کرتے تھے۔

بایں ہمہ ان کا اختلاف شمار کے چند مسائل میں تھا کیونکہ ان کے عصر میں اکثر اجماع کا انعقاد ہوا کرتا تھا اور اگر کہیں اختلاف ہوتا بھی تھا تو وہ بھی زیادہ سے زیادہ تین آراء تک محدود ہوتا تھا اور یہ اس لئے کہ وہ:

(i) ان میں مفتی کم ہوا کرتے تھے بلکہ چند قابل ذکر اصحاب کو رجوع کیا جاتا تھا۔

(ii) رائ میں شوریٰ کو زیادہ اہمیت دیتے تھے۔

(iii) وہ مسائل نہایت ہی قلیل تھے جن میں اظہار رائے کی ضرورت پڑتی تھی۔

(iv) اُس دور میں روایات حدیث کا سلسلہ نسبتاً کم تھا۔ لہٰذا تعارض ظاہری کم ہی پیدا ہوتا تھا۔

(v) وہ فتویٰ دینے میں جرأت و جسارت سے کتراتے تھے اور اپنے سے زیادہ علم رکھنے والے پر حوالہ دیتے تھے۔

اختلاف ائمہ کرام:

چونکہ ائمہ کرام اور کوئی بھی مجتہد قطعیات اور نصوص میں اجتہاد نہیں کر سکتے بلکہ غیر منصوص یا ظنی الدلالۃ میں اجتہاد کرتے ہیں لہٰذا اس میں اختلاف ایک فطری اور معقول بات ہے۔ اس اختلاف کے اسباب بطور ذیل ہیں:

ا۔ نصوص کے معانی میں اختلاف

یہ اختلاف لغت کے فہم، ثقافت اور استخراج احکام کے حوالہ سے کسی مجتہد کا استعداد کیسا اور کتنا ہے اس پر مبنی ہوتا ہے، یہ چیز کبھی اشتراک لفظی کی وجہ سے ہوتا ہے کہ ایک کلمہ دو یا اس سے زیادہ معانی کیلئے وضع کیا گیا ہو، مثلاً لفظ قرء جو حیض اور طہر دونوں کیلئے استعمال کیا گیا ہے۔ اب آیت وَ الْمُطَلَّقٰتُ یَتَرَبَّصْنَ بِاَنْفُسِهِنَّ ثَلٰثَةَ قُرُوْٓءٍ (البقرۃ ۲۲۸) کہ مطلقہ عورتیں تین قروء انتظار کریں گی عدت کے طور پر۔ اب یہ قروء امام شافعیؒ کے نزدیک تین طہر ہیں اور امام ابوحنیفہؒ کے نزدیک تین حیض ہیں۔ امام شافعیؒ سورہ طلاق کی آیت فَطَلِّقُوْهُنَّ لِعِدَّتِهِنَّ پر استدلال یوں فرماتے ہیں کہ لِعِدَّتِهِنَّ میں لام وقت کیلئے ہے یعنی وقت عِدَّتِهِنَّ ان کے عدت کے وقت۔ اب یہ تو تمام کے نزدیک مسلم ہے کہ طلاق طہر میں دینا سنت طریقہ ہے۔ حیض کے وقت طلاق دینا تو بدعت ہے۔ حضرت ابن عمرؓ کے حیض کے دوران طلاق پر حضور علیہ السلام نے ناپسندیگی کا اظہار فرمایا تھا۔ اور حضرت عمرؓ نے اپنے بعد خلافت کیلئے سات رکنی شوریٰ میں حضرت ابن عمرؓ کو نامزد کیا

تھا بحیثیت رکن، لیکن جب اہل شوریٰ نے آپ سے کہا کہ کیوں نہ آپ کے بیٹے ابن عمرؓ کو خلیفہ بنا دیں تو آپ نے اس پر ناراضگی کا اظہار کیا اور فرمایا کہ رجل لا یحسن طلاق امر أته یعنی ایک ایسے آدمی کو خلیفہ بنا رہے ہو جو اپنی بیوی کو طلاق دینے کا طریقہ بھی نہ جانتا ہو (میرے خیال میں شوریٰ کی رکنیت ابن عمرؓ کی اہلیت تھی، کیونکہ زیادہ متبع سنت، کثیر الروایۃ اور فقیہ قسم کے عالم تھے۔ لیکن حضرت عمرؓ نے اس چیز کو حیلہ بنایا اور شاید آپ کی اصل مدعا یہ تھی کہ اگرچہ حضرت ابن عمرؓ اہل ہوگا، لیکن بعد میں کوئی اس کو خلافت میں وراثت کا نظیر (Precedence) قرار دے کر مأخذ قانون نہ بنا دے کہ فساد عظیم بن جائے گا) بہرحال طلاق جو حیض میں دی جائے غیر مرضی اور ناپسندیدہ ہے۔ لیکن امام ابو حنیفہؒ نے قروء کو حیض قرار دیا ہے کہ طلاق تو ہوگا ہی طہر میں، لہٰذا اگر طہر کو عدت قرار دیا جائے وہ طہر جس میں طلاق دیا جائے اُسے عدت کے تین ماہ میں شمار کیا جائے جبکہ اس کا کچھ حصہ تو گذر چکا ہے یا شمار نہ کیا جائے جبکہ اس کا کچھ حصہ تو باقی ہے اور حالت حیض میں طلاق کی ناپسندیدگی ہی اس وجہ سے ہے کہ آیا اس حیض کو عدت میں شمار کیا جائے گا یا نہیں؟ لہٰذا آیت فطلقو هن لعد تهن میں لام عاقبت کے لئے ہے کہ نتیجہ عدت ہی ہوگا۔

دوسری مثال آیت محاربہ:

اِنَّمَا جَزٰٓؤُا الَّذِیْنَ یُحَارِبُوْنَ اللّٰہَ وَ رَسُوْلَہٗ وَ یَسْعَوْنَ فِی الْاَرْضِ فَسَادًا اَنْ یُّقَتَّلُوْٓا اَوْ یُصَلَّبُوْٓا اَوْ تُقَطَّعَ اَیْدِیْھِمْ وَ اَرْجُلُھُمْ مِّنْ خِلَافٍ اَوْ یُنْفَوْا مِنَ الْاَرْضِ ذٰلِکَ لَھُمْ خِزْیٌ فِی الدُّنْیَا وَ لَھُمْ فِی الْاٰخِرَۃِ عَذَابٌ عَظِیْمٌ (المائدۃ:۳۳)

اس میں کلمہ ''اوْ'' کے ساتھ باغی اور قاطع الطریق کے چار سزاؤں کا ذکر ہے۔

قتل، صلیب، ہاتھ پاؤں کاٹنا اور جلا وطن کرنا (یا جیل میں ڈالنا)

لہٰذا امام مالکؒ نے ان کے کسی بھی نوع کے جرم چاہے انہوں نے قتل کیا ہو، مال لیا ہو یا صرف لوگوں کو ڈرایا دھمکایا ہو، اس میں امام کو اختیار ہے کہ مذکورہ سزاؤں میں جو بھی سزا دے۔ جبکہ دیگر ائمہ کرام نے حکم ''او'' کو تخییر کیلئے نہیں بلکہ تنوع کیلئے قرار دیا ہے کہ جرائم مختلف النوع ہیں لہٰذا اگر قتل کیا ہو تو قتل، مال بھی ساتھ لیا ہو تو صلیب۔ صرف مال لیا ہو تو قطع ید اور فقط لوگوں کو ڈرایا ہو تو جلا وطنی۔ مختلف سزائیں ہیں۔

گویا یہاں اختلاف کلمہ ''او'' کے تخییر اور تنوع کے اختلاف پر مبنی ہے۔ لفظ مشترک کا یہ وقوع یا تو مختلف قبائل کے وضع کی وجہ سے ہوتا ہے یا پھر یہ کہ لفظ اصلاً تو ایک ہی معنی کے لئے وضع کیا گیا ہو لیکن وہ معنی دو مفاہیم کو شامل ہو، لہٰذا اسے بالعاقبت لفظ مشترک بنا دیا جاتا ہے اور یا پھر لفظ کا استعمال غیر موضوع کے لئے استعمال ہو جاتا ہے اور یہ معنی حقیقی اور دوسرے معنی کے کسی قدر مشترک کی وجہ سے، لیکن یہ استعمال اتنا مشہور ہو جاتا ہے کہ یہ لفظ اس دوسرے معنی کے لئے حقیقت عرفی بن جاتا ہے۔ لہٰذا پھر بالعاقبت اس لفظ کو اصلی معنی اور اس مشہور معنی کیلئے مشترک سمجھا جاتا ہے۔ شارع کے کلام میں بھی مشترک کا لفظ موجود ہے۔

علماء اصول اور لفظ مشترک:

بعض علماء اصول کے نزدیک لفظ مشترک کا استعمال جمیع معانی میں ایک ہی جگہ پر بھی جائز ہے جس طرح اِنَّ اللّٰہَ وَ مَلٰٓئِکَتَہٗ یُصَلُّوْنَ عَلَی النَّبِیِّ یٰٓاَیُّھَا الَّذِیْنَ اٰمَنُوْا صَلُّوْا عَلَیْہِ (الاحزاب: ٥٦) اب لفظ صلوٰۃ کو ایک ہی آیت میں اللہ تعالیٰ نے ملائکہ اور مسلمانوں کی طرف منسوب کیا ہے۔ لہٰذا اس کے تمام معانی مختلف نسبتوں کے حوالے مراد لئے جائیں گے یعنی اللہ تعالیٰ کی طرف سے نزول رحمت، فرشتوں کی طرف سے

دعائے خیر و برکت اور مسلمانوں کی طرف سے مصطلح درود شریف اور یہ عموم مشترک امام شافعیؒ کا مذہب ہے، جبکہ امام ابو حنیفہؒ ایسی صورت میں عموم مجاز کے قائل ہیں کہ ایک ایسا معنیٰ لیا جائے جو تمام کے انداز صلوٰۃ کو شامل ہو۔ لہٰذا وہ اس کا معنی ایصال الخیر سے کرتے ہیں، سو اللہ تعالیٰ کا ایصال خیر نزول رحمت، فرشتوں کا دعائے خیر و برکت اور مسلمانوں کا درود شریف ہوگا۔

ایک دوسرے فریق کے نزدیک اگر نفی میں واقع ہوگا تو پھر عام ہوگا۔ اور تیسرے فریق کا مذہب یہ ہے کہ ایک ہی جگہ پر لفظ مشترک صرف اور صرف ایک ہی معنی معین کیلئے استعمال ہوگا کیونکہ ایک ساتھ تو لفظ مشترک کئی سارے معانی کیلئے وضع نہیں کیا گیا بلکہ مختلف اوضاع کے حوالے سے ایسا کہا گیا ہے۔ لہٰذا ایک ہی موقع پر تمام معانی کا ارادہ کرنا اس اصل وضع کے خلاف ہے۔

۲۔ اختلاف بوجہ معنی حقیقی اور معنی مجازی

لفظ ایک ہی معنی کے لئے وضع کیا جاتا ہے اور وہ اس کا حقیقی معنی ہوا کرتا ہے جبکہ وہ کسی مناسبت کی وجہ سے کسی دوسرے معنی کے لئے ثانوی اعتبار سے استعمال ہوتا ہے، اسے معنی مجازی کہتے ہیں جیسا کہ حدیث شریف میں آیا ہے:

لا صلوٰۃ لمن لم یقرأ بفاتحۃ الکتاب

نہیں نماز اس کا جس نے سورہ فاتحہ نہ پڑھا۔

اب یہاں مسئلہ کلمہ لا کی وجہ سے ہے کہ لا کا حکم اصلاً اور حقیقۃً نفی ذات کے لئے وضع کیا گیا ہے اور استعمال ہوتا ہے نفی کمال کیلئے بھی، مثلاً ایک انسان یا آدمی نامناسب اور خلاف مروت کام کرے اور کوئی کہے یہ انسان نہیں یا آدمی نہیں۔ ظاہر بات ہے ذات کی نفی نہیں ہو رہی کسی صفت اور کمال کی نفی کی جا رہی ہے۔ لہٰذا اس استعمال کو

آپ مجاز ہی کہیں گے۔ یہی مسئلہ اب سورۂ فاتحہ میں بھی ہے یعنی نفی ذات کی، جیسا جمہور کا مذہب یا نفی کمال کی، جیسا امام ابوحنیفہؒ کا مذہب ہے۔

۳۔ صیغۂ امر کی دلالت

اگر صیغۂ امر کے بعد وجوب یا استحباب کا قرینہ موجود نہ ہوتو مجرد صیغۂ امر کس معنی کے لئے آئے گا؟ کسی کے نزدیک وجوب کیلئے ہے کسی کے ہاں استحباب کیلئے اور کسی کے ہاں دونوں کے درمیان قدر مشترک کیلئے جبکہ بعض کے بقول اظہار مراد تک توقف کیا جائے گا۔

وجوب والوں نے کہا ہے کہ فرشتوں کو اللہ تعالیٰ نے سجدہ کرنے کا حکم دیا۔ ابلیس نے نہیں کیا اس کو سرزنش کی کہ مَا مَنَعَكَ اَلَّا تَسْجُدَ اِذْ اَمَرْتُكَ (الاعراف:۱۲) اب امر سجدہ تو مجرد بلا قرینہ تھا اور یہ توبیخ اور پھر اخراج دلیل ہے اس بات کا کہ امر وجوب کیلئے ہے۔

اہل استحباب کا استدلال یہ ہے کہ اہل لغت کے نزدیک سوال اور امر میں باعتبار صیغہ کوئی فرق نہیں الا اینکہ سوال والا مسوؤل منہ سے اعلیٰ نہیں ہوتا جبکہ آمر کا رتبہ اعلیٰ ہوتا ہے، لیکن چونکہ سوال استحباب کا افادہ کرتا ہے لہٰذا امر بھی ویسا ہی ہوگا۔

جبکہ اہل قدر مشترک کہتے ہیں کہ چونکہ صیغہ امر وجوب اور ندب و استحباب دونوں میں مستعمل ہے، لہٰذا ایجاب و استحباب کے درمیان جو قدر مشترک ہے وہ مراد لیا جائے گا اور جن کا موقف وقف کا ہے وہ کہتے ہیں کہ بغیر قرینہ کے وجوب یا استحباب میں سے کسی ایک کا ارادہ کرنا ترجیح بلا مرجح ہے اور یہ ناجائز ہے۔

۴۔ مبادیات اور اصول کا اختلاف

نصوص کے مفاہیم و معانی کے تعین کے لئے کچھ اصول و مبادی ہیں جن کا

تعلق دلالت الفاظ اور ترکیب سے ہے، مثلاً یہ کہ اگر عام کا اطلاق ہو اور تخصیص نہ کیا گیا ہو تو کیا عام کی یہ دلالت قطعی ہوگی یا ظنی، لہٰذا جن کا موقف یہ ہے کہ یہ دلالت قطعی ہے تو وہ اس عام کی تخصیص ایک دوسرے نص سے جو اس کے ساتھ متصل نہ ہو نہیں کرتا اور جن کے ہاں دلالت ظنی ہے وہ دوسری جگہ کے نص سے بھی اس عام کی تخصیص کے قائل ہیں۔ دلالت قطعی والے ایسی تخصیص کو نسخ کہتے ہیں۔ جس طرح مطلق اور مقید کا اختلاف ہے کہ امام ابو حنیفہؒ مطلق کو اطلاق پر اور مقید کو تقید پر حمل کرتے ہیں جبکہ امام شافعیؒ مقید کی تقید کو مطلق کا قید مانتے ہیں، مثلاً کفارۂ قتل میں ذکر ہے فتحرير رقبة مؤمنة کہ اس میں مومن غلام یا کنیز کو آزاد کیا جائے لیکن کفارۂ یمین و ظہار میں ایسا نہیں۔ لیکن امام شافعیؒ وہاں بھی قید ایمان لگا دیتے ہیں۔ یا متعدد جملوں کے بعد جب استثناء وارد ہو تو کیا استثناء کا تعلق آخری جملہ سے ہوگا؟ یا سابق جملوں سے بھی ہوگا۔ امام ابو حنیفہؒ کے نزدیک اس کا تعلق اور مرجع صرف آخری جملہ ہوگا۔ جبکہ امام شافعیؒ کے نزدیک پہلے والا بھی ہوگا مثلاً

> وَالَّذِيْنَ يَرْمُوْنَ الْمُحْصَنٰتِ ثُمَّ لَمْ يَأْتُوْا بِاَرْبَعَةِ شُهَدَآءَ فَاجْلِدُوْهُمْ ثَمٰنِيْنَ جَلْدَةً وَّلَا تَقْبَلُوْا لَهُمْ شَهَادَةً اَبَدًا وَاُولٰٓئِكَ هُمُ الْفٰسِقُوْنَ ○ اِلَّا الَّذِيْنَ تَابُوْا مِنْۢ بَعْدِ ذٰلِكَ وَاَصْلَحُوْا فَاِنَّ اللّٰهَ غَفُوْرٌ رَّحِيْمٌ (النور: ٤-٥)

یہاں تین جملے ایک دوسرے پر عطف ہیں ایک فَاجْلِدُوْهُمْ دوسرا وَّلَا تَقْبَلُوْا اور تیسرا وَاُولٰٓئِكَ هُمُ الْفٰسِقُوْنَ اب استثناء امام ابو حنیفہؒ کے نزدیک آخری جملہ وَاُولٰٓئِكَ سے ہے جبکہ امام شافعیؒ کے نزدیک وَّلَا تَقْبَلُوْا سے ہے سو اگر کوئی حد قذف کے طور پر مارا جائے اور توبہ کرے تو کیا اس کی شہادت مقبول ہے۔ امام شافعیؒ کے نزدیک استثناء کی وجہ

سے مقبول ہے جبکہ امام ابوحنیفہؒ کے نزدیک قبول نہیں، البتہ وہ فاسق شمار نہیں ہوگا۔

عام اور اس کا استعمال

پھر عام کا مفہوم کیا ہے؟ یہ وہ لفظ ہے جو اپنے مفہوم کے جملہ افراد کو شامل ہو، ویسے تو عموم کے کثیر صیغے ہیں:

(i) اسم شرط (ii) استفہام (iii) المحلی باللام (iv) نکرہ منفیہ

(v) اسم موصول (vi) جمع محلی باللام (vii) اضافت

یہ وہ بعض صیغے ہیں جو عموم کے لئے استعمال ہوتے ہیں، لیکن پھر اس سے مراد کیا ہوتا ہے؟

ا۔ بعض علماء کی رائے ہے کہ یہ اقل الجمع کیلئے استعمال ہوتا ہے۔ یہ علماء ارباب خصوص کہلاتے ہیں اور یہ اسلئے کہ اقل الجمع یقینی ہے اور اس سے زیادہ مشکوک ہے لہٰذا متیقن ہی کا ارادہ کرنا یقینی ہے۔

دوسری رائے یہ ہے کہ یہ استغراق کیلئے ہے الا آنکہ اس میں مجاز کا ارادہ ہو، انہیں عموم کہتے ہیں۔

تیسری رائے یہ ہے کہ اس کے مراد میں توقف کیا جائے۔

پھر عام کے تین انواع ہوتے ہیں

(i) وہ جس سے قطعاً عموم ہی مراد لیا جائے اور تخصیص کے کسی احتمال کا قرینہ نہ ہو مثلاً وَمَا مِنْ دَآبَّةٍ فِي الْاَرْضِ اِلَّا عَلَى اللّٰهِ رِزْقُهَا (ھود:٦) یہ آیت ہر ایک زندہ شی کو شامل ہے۔

(ii) وہ عام جس سے قطعی طور پر خصوصی ہی مراد ہو اور یہ اس وقت جب خصوص پر کوئی قرینہ دال نہ ہو، مثلاً وَ لِلّٰهِ عَلَى النَّاسِ حِجُّ الْبَيْتِ مَنِ اسْتَطَاعَ اِلَيْهِ سَبِيْلًا (العمران:٩٧) اب پہلے لفظ ناس عام اور جملہ لوگوں کو شامل ہے لیکن استطاعت

کے قرینہ نے اس کی تخصیص کر دی۔

(iii) عام مطلق

یہ وہ عام ہے جہاں نہ تخصیص کے احتمال کو نفی کرنے کا کوئی قرینہ ہو اور نہ ایسا قرینہ جو دلالت علی العموم کی نفی کرتا ہو۔ پھر عام کی یہ تخصیص اس صورت میں ہو گی جب مخصص اس عام کیساتھ مقارن اور متصل ہو، یہ حنفیہ کا مذہب ہے، جبکہ جمہور کے نزدیک مخصص کی تاخیر جائز ہے لیکن شرط یہ ہے کہ وقت عمل سے متأخر نہ ہو، ورنہ پھر تو یہ نسخ ہو گا اور اگر عمل سے قبل لیکن تاخیر سے مخصص وارد ہو تو یہ نسخ جزئی ہو گا۔ پھر تخصیص کے ادوات استثناء، شرط وصف اور غایہ متصل دلائل تخصیص ہیں کہ مفصل دلائل عقل، عرف اور نص ہوں گے۔

ترجیح میں اختلاف:

جب نصوص میں تضاد ہو تو یا تو مجتہد ان دونوں کے درمیان توفیق پیدا کرے تا کہ دونوں پر ممکنہ طریقے سے عمل کیا جائے اور اگر ایسا ممکن نہ ہو سکا تو پھر ترجیح دے دی جائے۔

اب یہ ترجیح اس صورت میں دی جائے گی جب دونوں نصوص ایک ہی قبیل کے ہوں یعنی دونوں مماثل ہوں۔ اگر ایسا نہیں تو نص قرآنی اور خبر واحد میں تو ترجیح کا تصور نہیں، پھر ترجیح احد المتماثلین کی دوسرے پر زیادت ہے اور تعارض یہ ہے کہ ہر ایک دلیل دوسرے دلیل کے مقابل کا تقاضا کرتا ہو اور ترجیح کی بہترین مثال امام اوزاعیؒ اور امام ابوحنیفہؒ کا وہ مباحثہ ہے کہ اوزاعیؒ نے ابوحنیفہؒ سے کہا کہ:-

لوگ رکوع میں آتے جاتے وقت رفع الیدین کیوں نہیں کرتے؟

امام ابوحنیفہؒ نے کہا کہ یہ حضور علیہ السلام سے ثابت نہیں۔

امام اوزاعیؒ نے کہا کہ مجھے زہریؒ نے اور زہری نے سالمؒ سے اور سالمؒ نے

ابن عمرؓ سے روایت کی ہے کہ رسول اللہ صلی اللہ علیہ وسلم نے رکوع میں آتے جاتے ہاتھ اٹھائے، تو امام ابوحنیفہؒ نے کہا کہ مجھے حمادؒ نے، اُسے ابراہیم نخعیؒ نے اُسے علقمہ اور اسود نے اور انہیں ابن مسعودؓ نے روایت کی کہ حضور علیہ السلام تحریمہ وافتتاح کے علاوہ کہیں بھی ہاتھ نہ اٹھاتے تھے، تو اوزاعیؒ نے کہا کہ میں زھری عن سالم عن ان عمر کہہ رہا ہوں تو ابوحنیفہؒ نے جواب دیا کہ حماد زہری سے زیادہ فقیہہ ہے اور ابراہیم سالم سے زیادہ فقیہ ہے اور علقمہ تو ابن عمرؓ سے کم تر نہیں اور ابن مسعودؓ تو ابن مسعودؓ ہے۔ گویا امام ابو حنیفہؒ نے رواۃ کے فقاہت پر ترجیح دی۔

پھر یہ ترجیح دلائل ظنیہ میں خاص ہے قطعیات میں نہیں چاہے عقلی ہو یا نقلی۔ کیونکہ دو معیار ہیں۔ اگر قوۃ وعموم میں مساوی ہوں یعنی معلوم ہوں یا مظنون ہوں یا یہ کہ ایک کا حمل بعینہ دوسرے والے پر ہو تو پھر اس کے تین احوال ہیں:

(i) یہ معلوم ہو کہ اس میں ایک دوسرے سے متأخر ہے تو پہلا منسوخ ہوگا۔

(ii) اگر کسی ایک کا متأخر ہونا معلوم نہ ہو اور دونوں نصوص از قبیل مظنون نہ ہوں بلکہ از قبیل معلوم ہوں تو دونوں ساقط ہوں گے اذا تعارض تساقط اور کسی تیسرے کو رجوع کیا جائے گا، کیونکہ دونوں میں ناسخ ومنسوخ کا احتمال ہوسکتا ہے اور اگر دونوں مظنون ہوں تو پھر ترجیح کو رجوع کیا جائے گا اور اقوی پر عمل کیا جائے گا اور اگر دونوں برابر ہوں تو پھر مجتہد کا اختیار ہے کہ کسی پر عمل کرتا ہے؟

(iii) یہ کہ دونوں کا مقارنہ معلوم ہو لہٰذا اگر جمع متعذر ہو دونوں کے درمیان تو سوائے تخییر کے اور کوئی چارہ ہے ہی نہیں اور اگر دونوں مظنون ہوں تو پھر ترجیح کو رجوع کرنا واجب ہے اور اقوی پر عمل کیا جائے گا۔ اگر قوت میں مساوی ہوں تو پھر تخییر ہوگا اور اگر قوت اور عموم دونوں میں مساوی نہ ہوں تو اس کے لئے تین احوال ہیں:

(i) یہ کہ ایک قطعی ہو اور دوسرا ظنی ہو تو قطعی کو ترجیح دی جائے گی اور اس پر عمل کیا جائے گا چاہے دونوں عام ہوں یا خاص ہوں یا یہ کہ قطعی خاص ہو اور ظنی عام ہو اور اگر ظنی خاص ہو اور قطعی عام ہو تو اس صورت میں ظنی پر عمل ہو گا کہ وہ اس قطعی کے عموم میں بھی شامل ہے۔

(ii) یہ کہ ایک دوسرے سے مطلقاً خاص ہوں تو خاص کو عام پر ترجیح دی جائیگی اور دونوں پر عمل کیا جائے گا تا کہ دونوں کے درمیان جمع ہو جائے عام سے اس کا متأخر ہونا معلوم ہو یا نہ ہو۔

(iii) یہ کہ ان دونوں کے درمیان عموم خصوص من وجہ ہو۔ اس صورت میں کسی دوسرے طریق سے ترجیح دی جائے گی کیونکہ دونوں میں من وجہ خصوص ہے۔

ترجیح اور اس کے طرق:

پھر ترجیح کے لئے مختلف ائمہ کرام کے نزدیک مختلف طریقے ہیں۔ امام شافعیؒ کثرت ادلہ کو ترجیح کا ذریعہ سمجھتے ہیں کیونکہ اُن کا مؤقف یہ ہے کہ اگر ہر ایک دلیل ظن بھی افادہ کرے تو دو ظن بہرصورت ایک ظن سے راجح ہوں گے۔

دوسری رائے یہ ہے کہ کثرت ادلہ سبب ترجیح نہیں کیونکہ اس طرح وہ قیاسات جو کسی خبر کے معارض ہوں وہ جز پر مقدم ہو جائیں گے حالانکہ جز تو اتفاقاً قیاسات پر مقدم ہے۔

(۱) ترجیح فی الخبر

پھر ترجیح خبر ذیل کے وجوہ پر ہوگا۔

(i) راوی خبر کے حال کو پرکھا جائے گا وہ کثیر الروایت ہو، سند روایت میں واسطے کم ہوں، یعنی سند عالی ہو، راوی فقاہت اور عربیت میں مقدم ہو، عقیدہ کا صالح ہو، صاحب واقعہ ہو، محدثین کا ہم مجلس ہو، آزمودہ شدہ ہو، تعدیل شدہ ہو، زیادہ مزکین میں اس کا تزکیہ ہو، حافظہ قوی ہو، ضبط قوی ہو، عقل دائم رہا ہو، شہرت رکھتا ہو، اس کا اسلام دوسرے سے متأخر نہ ہو، کسب حدیث کرتا ہو۔

(ii) کسی راوی کی روایات وقت بلوغ کے بعد ہوں۔ وہ اس کے روایات سے راجح ہوگا جو حالت صبی (عدم بلوغ) کے زمانے سے روایات کر رہا ہو۔

(iii) روایت کی کیفیت یہ ہو کہ سبب نزول اور بیان واقعہ کر رہا ہو وہ صرف مرفوع پر راجح ہوگا۔

(iv) **وقت خبر**

اخبار و آیات مدنی اخبار مکی اور روایات مکی پر راجح ہوں گی کیونکہ مدنی کا وقت مکی سے یقیناً مؤخر ہے۔

(v) **ترجیح بوجہ لفظ**

اس کا معنی یہ ہے کہ ایک خبر کا لفظ فصیح بہ نسبت دوسرے کے زیادہ فصیح ہو یا یہ کہ ایک خبر کا لفظ خاص ہو جبکہ دوسرے کا عام ہو، یا یہ کہ ایک خبر کا لفظ حقیقت کے اعتبار سے مستعمل ہو اور دوسرے کا مجازاً مستعمل ہو۔ انہی صورتوں میں فصیح، خاص اور حقیقت کو دوسرے پر ترجیح دی جائے گی۔

۷۔ ترجیح بوجہ حکمت

بعض اوقات ایک مسئلہ میں مختلف قیاس پائے جاتے ہیں اور ایک قیاس کو دوسرے پر ترجیح دی جاتی ہے اس کے کئی اسباب ہیں:

(i) کبھی یہ ترجیح اس وجہ سے ہوتی ہے کہ اس قیاس کیلئے وصف حقیقی کو علت قرار دیا گیا ہو۔

(ii) ترجیح کسی قیاس کو اس وجہ سے دی جاتی ہے کہ یہ حکمت کا تقاضا ہوتا ہے۔

(iii) یا تعلیل عدمی کی وجہ سے ترجیح دی جاتی ہے۔

(iv) یا وصف مرکب کو علت بنانے والے قیاس پر اس قیاس کو ترجیح دی جاتی ہے جس کے لئے وصف بسیط کو علت قرار دیا گیا ہو۔

(v) ترجیح اس دلیل پر دی جاتی ہے جس کے لئے نص قاطع کی وجہ سے وصف ثابت ہوتا ہے۔

سنت میں اختلاف

(i) اس اختلاف کا معنی یہ ہے کہ مختلف ائمہ کرام مختلف انواع حدیث کے حوالے سے ایک کو دوسرے پر ترجیح دیتے ہیں اور چونکہ حدیث کی کما حقہ تدوین حضور علیہ اسلام کے زمانے میں نہیں ہوئی تھی لہٰذا بعض فقہاء کرام کو ایک حدیث نہ پہنچی ہو جبکہ دوسرے کو پہنچی ہو۔ حضرت شاہ ولی اللہ رحمہ اللہ نے یہی بات لکھی ہے کہ بعض احادیث کو ایک یا دو نفر نے نقل کیا ہو اور بعض فقہاء کو پہنچی نہ ہوں تو وہ وہاں اپنے اجتہاد کو دلیل قرار دیتے ہیں اور ان کی رائے اس حدیث سے مخالف آجاتی ہے۔

(ii) بعض فقہاء کرام خبر واحد کی وجہ سے کتاب اللہ پر زیادت کو صحیح نہیں سمجھتے، یہ ان کے نزدیک نسخ کے مترادف ہے اور خبر واحد جو ظنی ہے اس کی وجہ سے کتاب اللہ جو

قطعی ہے کا نسخ جائز نہیں۔ یہ مذہب امام ابوحنیفہؒ کا ہے جبکہ جمہور اس زیادت کو جائز قرار دیتے ہیں۔ کیونکہ ان کے نزدیک یہ زیادت کسی صورت بھی نسخ نہیں۔ اس کی مثال کتاب اللہ کی آیت شہادت: وَاسْتَشْهِدُوْا شَهِيْدَيْنِ مِنْ رِّجَالِكُمْ فَإِنْ لَّمْ يَكُوْنَا رَجُلَيْنِ فَرَجُلٌ وَّ امْرَاَتٰنِ مِمَّنْ تَرْضَوْنَ مِنَ الشُّهَدَآءِ (البقرة: ۲۸۲) یعنی دو مرد شاہد یا پھر ایک مرد اور دو عورتیں۔ اب امام ابوحنیفہؒ ایک شاہد اور اس کے ساتھ مدعی کا حلف کافی نہیں سمجھتا، جبکہ ابن عباسؓ کی روایت جو امام مسلمؒ نے نقل کی ہے کہ رسول اللہ صلی اللہ علیہ وسلم نے ایک شاہد اور ایک قسم پر فیصلہ کیا۔ اور یہ جمہور کا مسلک ہے۔ اب حنفیہ کو یا تو روایت پہنچی نہیں تھی یا پھر جب پہنچی تو انہوں نے قسم کو مدعی علیہ منکر کا قسم کہا اور یا پھر یہ کہ یہ خبر واحد ہے، کتاب اللہ پر اس کی زیادت نسخ کے مترادف ہے جو کہ ان کے نزدیک جائز نہیں۔

(iii) حدیث کے متعلق صحت اور ضعف کا اختلاف

بعض اوقات ایک حدیث شریف کے متعلق رائے میں اختلاف آجاتا ہے بعض اسے صحیح قرار دیتے ہیں اور بعض اسے ضعیف قرار دیتے ہیں اور یہ اس لئے کہ سلسلہ سند میں ایسا کوئی راوی موجود ہوتا ہے جس کے متعلق اصول حدیث اور علم اسماء الرجال کے علماء کا اختلاف پایا جاتا ہے۔

(iv) حدیث مرسل کی وجہ سے اختلاف

حدیث مرسل وہ حدیث ہے جس میں کوئی تابعی کسی صحابیؓ کا واسطہ چھوڑ جاتا ہے اور خود یہ حضور علیہ السلام سے بلاواسطہ نقل کر لیتا ہے۔ یا بعض اوقات کم سن صحابیؓ جو اس حدیث کے کہتے ہوئے حضور علیہ السلام کے پاس ایک بالغ صحابیؓ (یا بعض اوقات اس زمانے میں مسلمان نہیں ہوا تھا) کی حیثیت سے موجود نہیں تھا، اس نے ضرور کسی

دوسرے صحابیؓ سے سنا ہوگا لیکن روایت کرتے وقت اس نے بلا واسطہ رسول اللہ صلی اللہ علیہ وسلم سے نقل کیا اور واسطہ کو ترک کر دیا۔

اب مراسیل کے بارے میں علماء کی رائے مختلف ہے۔ بعض علماء کرام فرماتے ہیں کہ قرون ثلاثہ یعنی صحابہؓ، تابعین اور اتباع التابعین کے مراسیل مقبول ہیں۔ جبکہ بعض کے نزدیک مطلقاً حجت نہیں۔ بعض علماء اشخاص کے حوالے سے استثناء کرتے ہیں، تو سعید بن المسیب کے مراسیل کو حجت مانتے ہیں کہ اس کے متعلق جستجو سے معلوم ہو چکا ہے کہ وہ صرف صحیح ہی روایت کرتے ہیں جس طرح کبار تابعین کے وہ مراسیل حجت مانے جاتے ہیں جب اس کی کسی دوسری روایت یا کسی دوسرے طریق سے تائید وتقویت ہو جائے۔ جبکہ صحابہ کرامؓ کے مراسیل جمہور کے نزدیک متفقہ قبول ہیں کہ صحابہ کرامؓ تمام عدل اور ثقہ ہیں۔ اسی اختلاف کی وجہ سے عمل بالمرسل میں بھی اختلاف واقع ہے۔

۷۔ بعض ادلہ پر عمل کا اختلاف

شرع کے بعض ادلہ وہ ہیں جس کی حجیت پر اختلاف ہے یا قول صحابیؓ پر عمل کرنے پر اختلاف ہے۔

اختلاف زمان ومکان کی وجہ سے حکم کا اختلاف:

جب مسئلہ میں کوئی واضح نص موجود نہ ہو تو اجتہاد کے حوالے سے مجتہد تو چونکہ اپنے ماحول اور عرف ورواج سے متاثر ہوتا ہے، لہٰذا ایک عصر، ایک ماحول کے کسی مجتہد کا قول ایک اور دوسرے کا اس سے مختلف ہوتا ہے۔ یہ اختلاف کوئی اُساسی اختلاف نہیں ہوتا بلکہ مصلحت پر مبنی ہوتا ہے جیسا کہ گم شدہ اونٹ کے متعلق مسئلہ حضور علیہ السلام نے فرمایا کہ ضالة المسلم حرق النار

یعنی کسی مسلمان کی گمشدہ چیز اٹھا کر اُسے اپنا بنائے یہ بہت بڑی آگ ہے

اب پھر جب کسی کو ملے تو اُسے اٹھائے؟ حضور علیہ السلام نے فرمایا کہ وہ آپ کا یا آپ کے بھائی کا یا پھر بھیڑیئے کا۔ مقصد یہ ہے کہ اسے محفوظ کریں کہ ضائع نہ ہو جائے پھر اونٹ کا سوال کیا گیا آپ نے فرمایا:

معها و كاء ها وسقاء ها

کہ وہ بھوک اور پیاس سے نہیں مرتا۔

یعنی اُسے چھوڑ یئے کہ مالک اس کو ملے، اب ابوبکرؓ وعمرؓ دونوں نے اپنے دور میں اونٹ کو اس طرح چھوڑنا واجب قرار دیا تھا کہ اگر آپ کو بلا مالک ملے تو اسے چھوڑے رکھیں، کہ حدیث نے منع فرمایا ہے لیکن حضرت عثمانؓ کے زمانے میں پھر مصلحت کا تقاضا تھا کہ اس قسم کے اونٹ کو ایک خاص مقررہ جگہ پر لے جا کر جمع کرتے تھے، یا طلاق ثلاثہ کا مسئلہ کہ پہلے اس سے تاکید مراد لیتے تھے، لیکن جب حضرت عمرؓ نے دیکھا کہ وضع بدل گیا ہے تو آپ نے ایک لفظ سے تین طلاق کو تین ہی قرار دیا۔

۸۔ رسول اللہ ✓ کے بعض افعال میں اختلاف:

بعض فقہاء کرام سعی میں رمل کو سنت قرار دیتے ہیں جبکہ بعض دیگر اسے سنت نہیں کہتے ان کا موقف ہے کہ مشرکین کے اس قول کو رد کرنے کے لئے تھا جس میں انہوں نے کہہ دیا تھا کہ مسلمانوں کو بخار نے کمزور کر دیا ہے تو حضور صلی اللہ علیہ وسلم نے رمل کرنے کا حکم دیا۔

۲۔ نسخ اور اس کے وقوع میں اختلاف

اُساسی طور پر نسخ کے منکر صرف یہود ہیں، انہوں نے نسخ کو اس لئے تسلیم نہ کیا کہ ان کا مذہب منسوخ نہ ہو جائے، مسلمانوں نے تو نسخ کو تسلیم کیا، تبھی تو سابقہ ادیان کو منسوخ مانتے ہیں، جبکہ موجودہ قرآن میں منسوخ ہیں کہ نہیں؟ علماء امت کا اس

میں اختلاف ہے۔ بعض علماء کرام نے نفس تغیر حکم کو نسخ قرار دے کر تقریبا پانچ سو آیات کو منسوخ قرار دیا ہے جبکہ امام السیوطیؒ نے باقی آیات میں تطبیق کر کے صرف بیس آیات کو منسوخ قرار دیا۔ جبکہ امام ولی اللہ الدہلوی نے صرف پانچ اور بالعاقبت چار آیات کو منسوخ قرار دیا۔ جب کہ ہمارے شیخ الشیخ حضرت مولانا حسین علی رحمہ اللہ نے ان آیات کے درمیان بھی تطبیق اور جمع کر دیا ہے کہ اعمال اہمال سے اولیٰ ہے۔

مقصد یہ کہ نسخ کے ان تصورات کی وجہ سے فقہاء کرام کے درمیان اختلافات ہوئے۔ لیکن یہ اختلافات جھگڑوں، اختلافات سیاسی اور اختلافات گروہی کے باعث نہ تھے، بلکہ ان مجتہدین میں ایک کی رائے دوسرے پر لازم نہ تھی اور ان مجتہدین کا آپس میں علمی اختلاف کے بجائے احترام اور ادب مثالی تھا۔

تقلید

اس کی لغوی تعریف تو ''بغیر نظر و تأمل کے کسی کا اتباع کرنا ہے''۔ قاموس نے لکھا ہے ''گردن میں طوق ڈالنا'' اور اصطلاح میں آمدی اور محبّ اللہ بہاری نے اس کی تعریف یوں کی ہے کہ کسی کے قول پر عمل کرنا جبکہ اس کا قول بغیر کسی حجت معلومہ کے حجت شرعی نہیں۔ یہی تعریف تین قسم کے تقلید کو شامل ہے۔

(۱) عامی کی تقلید عامی کیلئے۔

(۲) عامی کی تقلید کسی زندہ یا مردہ عالم کی تقلید۔

(۳) کسی عالم کی تقلید عالم کیلئے۔

علماء امت میں بعض نے تقلید کو ممنوع قرار دیا ہے کیونکہ مشرکین مکہ بھی تقلید کرتے تھے۔ اِنَّا وَجَدْنَآ اٰبَآءَنَا عَلٰٓی اُمَّةٍ (زخرف: ۲۲)

ہم نے اپنے بڑوں کو اس کام کے تابع پایا اور اللہ تعالیٰ نے ان کے اس اتباع کو اس

انداز سے رد کیا کہ اَوَلَوْ كَانَ اٰبَآؤُهُمْ لَا يَعْقِلُوْنَ شَيْئًا وَّ لَا يَهْتَدُوْنَ (البقرة: ١٧٠) کہ چاہے وہ بے عقل اور بے ہدایت ہوں (پھر بھی وہ اتباع کریں گے)۔

بعض علماء کرام نے اس کو جائز قرار دیا ہے، کیونکہ حضور علیہ السلام نے صحابہ کرامؓ کو تقلید کرنے کا حکم نہیں دیا اور جمہور کا مسلک یہ ہے کہ تقلید واجب ہے، کیونکہ اللہ تعالیٰ نے مختلف انسانوں کو مختلف صلاحیتوں سے نوازا ہے۔ ان میں اہل ایجاد پیدا کئے ہیں جو کوئی فکر و مسئلہ ایجاد کر جاتے ہیں اور جس طرح مادی دنیا کے موجدین کے ایجادات کی عوام تقلید کرتے ہیں اور سائنسی ایجادات کو تسلیم نہ کرنے والے احمق تصور کئے جاتے ہیں اسی طرح فکر و نظر کے میدان کے موجدین کی تقلید نہ کرنے والوں پر انگلی اٹھائی جائے گی اور پھر حصول علم کے حوالے سے ایک تو مبادیات کا علم ہے جو امت پر فرض عین ہے، جبکہ علم پر عبور حاصل کرنا فرض کفایہ ہے، قرآن کریم نے بھی

فَلَوْ لَا نَفَرَ مِنْ كُلِّ فِرْقَةٍ مِّنْهُمْ طَآئِفَةٌ لِّيَتَفَقَّهُوْا فِي الدِّيْنِ (التوبة: ١٢٢)

کہ ہر طائفہ سے ایک فرقہ حصول علم کیلئے نکلے اور فرقہ تین بلکہ ایک اور دو پر بھی اس کا اطلاق ہوتا ہے۔ اب لازمی بات ہے کہ عالم تو چند ایک ہوں گے باقیوں نے ان کو رجوع کرنا ہوگا گویا دلالۃً تقلید ہی واجب ٹھہری اور قرآن کریم نے فرمایا:

فَسْئَلُوْٓا اَهْلَ الذِّكْرِ اِنْ كُنْتُمْ لَا تَعْلَمُوْنَ (النحل: ٤٣)

اہل ذکر (فہم و دانش اور علم) سے پوچھو اگر خود نہیں سمجھتے۔

اب دنیوی امور کو نہ جاننے والا اس میدان کے ماہر سے پوچھتا ہے اگر نہ پوچھے تو تباہی کا سامنا کرے گا یا کم از کم حصول مقصد میں ناکام ہوگا۔ اس طرح دینی میدان میں بھی وجوباً کسی ذی علم سے پوچھنا ہوگا۔

گویا احکام قرآنی تقلید میں صریح ہیں کہ ایک عامی نے عالم ہی کی تقلید کرنی

ہے جہاں تک ممنوع ہونے کے حوالے سے آیت اِنَّا وَجَدْنَآ اٰبَآءَنَا تو وہاں تو لَا یَعْقِلُوْنَ اور لَا یَھْتَدُوْنَ کی تقلید پر انکار کیا گیا جبکہ دلالۃً یا بطور مفہوم مخالف تو یعقل اور مہتد کی تقلید واجب ہو گئی۔

اگر مجتہدین میں افضل، فاضل اور مفضول قسم کے لوگ ہوں تو اولیٰ تو یہ ہے کہ افضل کی تقلید کی جائے لیکن ایک فاضل یا مفضول اگر درجہ اجتہاد تک پہنچا ہو اس کی تقلید بھی جائز ہے، کیونکہ صحابہ کرامؓ کے زمانہ میں ایک عام آدمی ابوبکرؓ و عمرؓ کے ہوتے ہوئے بھی دوسرے صحابیؓ سے پوچھا کرتے تھے، جبکہ امام غزالیؒ افضل کی تقلید کو لازم قرار دیتے ہیں۔ لیکن ایک مسئلہ میں ایک مجتہد کی تقلید اور دوسرے مسئلہ میں کسی دوسرے مجتہد کی تقلید اگر خواہشات کی اُساس پر ہو تو ابن الہمامؒ نے اسے تشہی کا نام دے کر اسے ناجائز قرار دیا ہے، جبکہ بعض علماء نے اسے جائز قرار دیا ہے جبکہ اس میں خواہش کا دخل نہ ہو صرف سہولت مطلوب ہو۔ لیکن ان کے نزدیک بھی جب دو ائمہ کرام کا قول موجود ہو تو کسی ایک کا اتباع کرے تیسرا قول نہ نکالے، ورنہ یہ قول باطل ہو گا۔

باب نہم

اجتہاد اور ترویج فقہ

فصل اول

اجتہاد اور مجتہد کے شرائط

شرعی اعتبار سے اجتہاد کا معنیٰ

دلائل شریعت سے فرعی احکام کے استخراج کے اس کوشش کا نام ہے جو فقیہ کرے علماء کرام نے اجتہاد کیلئے ارکان اور ہر رکن کیلئے شرائط کا تذکرہ کیا ہے:

۱۔ ارکان اجتہاد

(i) مجتہد

(ii) مجتہد فیہ (یعنی وہ معاملہ جس میں اجتہاد کیا جائے)

(iii) دلیل شرعی

مجہد کی اہلیت اور شرائط

(۱) شخص عادل ہو، چاہے مرد ہو یا عورت، کیونکہ حضرت عائشہ رضی اللہ عنہا اجتہادات کرتی رہتیں اور صحابہ کرامؓ آپ سے استفسارات کرتے رہتے اور معاصی وفسق سے مجتنب ہو۔

(۲) شخص عالم ہو اس انداز کا کہ علوم عقلیہ میں بھی دسترس رکھتا ہو اور علوم نقلیہ میں بھی دسترس کا مالک ہو۔ یعنی قرآن وسنت اور اس کے متعلقات یعنی اصول تفسیر اور

اصول حدیث اور ساتھ ساتھ صرف ونحو، ادب ولغت عرب اور معانی، بیان و بدیع کا عالم ہو اور مجتہدین کے وضع کردہ اصول فقہ سے واقفیت تامہ رکھتا ہو۔

(۳) مواضع اجماع اور مواضع اختلاف سے واقف ہو اور مدرسۃ اہل الحدیث یعنی مدنی فقہ اور مدرسۃ اہل الرای یعنی عراقی فقہ کے خصوصیات سے بھی واقف ہو۔

(۴) قیاس و استدلال کا ملکہ رکھتا ہو۔ امام ابو زہرہؒ نے کہا ہے کہ اجتہاد نام ہے وجود قیاس کے علم کا اور قیاس کے تین اساسی شرائط درج ذیل ہیں:

(i) یہ کہ اصل (مقیس علیہ) کا حکم مخصوص نہ ہو، ورنہ اس پر قیاس نہیں ہو سکتا جیسا حضرت خزیمہؓ نے ایک واقعہ میں حضور علیہ السلام کیلئے تنہا شہادت دی۔ حضور علیہ السلام نے آپ پر خود جرح کی کہ آپ کیسے شہادت دے رہے ہیں جبکہ آپ موجود بھی نہ تھے؟ تو خزیمہؓ نے جواب دیا کہ آپ آسمان کی باتیں سنا رہے ہیں تو ہم تصدیق کر جاتے ہیں، تو ایک یہودی کے پاس رہن شدہ مال کے فک الرہن کی معمولی سی بات کی تصدیق میں کیا رکاوٹ ہے؟ آپ صلی اللہ علیہ وسلم نے فرمایا:

من شهدله خزيمة فهو كافيه

کہ جن کیلئے خزیمہؓ شہادت دے تو وہ کافی شہادت ہے اگرچہ ایک ہے۔

اب یہ مسئلہ مخصوص ہے خزیمہؓ کے ساتھ، اس پر حضرت ابوبکرؓ و عمرؓ اور عثمانؓ و علیؓ جیسے بڑے صحابہ کرامؓ کا قیاس نہیں کیا جا سکتا کہ ان کی بھی تنہا شہادت کافی شمار کیا جائے۔

(ii) یہ کہ اصل کا حکم ایسا ہو جو عقل سے معلوم نہ ہو سکے جیسا کہ مقادیر شرعیہ مثلاً نماز کے مختلف اوقات کے رکعت، ایک وقت کی نماز کی تعداد رکعات پر کسی

دوسرے وقت کا قیاس نہیں کیا جا سکتا۔ یا نصاب زکوٰۃ جو مختلف انواع اموال کیلئے نقل اور شریعت نے متعین کئے ہیں اس میں عمل کا کوئی دخل نہیں کہ اس پر قیاس کیا جا سکے۔

(iii) یہ کہ قیاس سے اصل (مقیس علیہ) کے حکم میں قیاس کرتے وقت تغیر نہ آئے جیسا کہ کفارہ یمین میں اطعام کی صورت میں اباحت کا حکم ہے۔ اور لباس میں تملیک کا حکم ہے۔ لہٰذا اگر کوئی طعام میں بھی اباحت کی جگہ تملیک کو واجب و لازم قرار دے اور لباس پر قیاس کرے تو اصل کا تغیر ہے جو ناجائز ہے۔

علامہ انور شاہ کشمیریؒ نے قیاس کے درج ذیل تین طریقے بیان فرمائے ہیں:

(i) تحقیق کی علت

یعنی یہ کہ کسی حکم کیساتھ علت حکم بھی نص میں مذکور ہو جیسا کہ آیت میں ہے

وَ السَّارِقُ وَ السَّارِقَةُ فَاقْطَعُوْۤا اَيْدِيَهُمَا (المائدۃ:۳۸)

چور مرد اور چور عورت کے ہاتھ کاٹ دیں۔

اب ہاتھ کاٹنا حکم ہے اور اس کی علت چوری ہے جو آیت میں مذکور ہے۔ اب سرقہ اور چوری کی تعریف کیا ہے؟ یہ کہ اخذ مال الغیر المتقوم المحرز فی خفیۃ لہٰذا حکم قطع وہاں لازم آئے گا جہاں سرقہ کی تعریف صادق ہو۔ سو کفن کش اور غاصب میں قطع ید لازم نہیں کہ پہلے میں احراز نہیں اور دوسرے میں خفیہ نہیں۔

(ii) تنقیح علت

یہ کہ مذکورہ حکم کیساتھ چند صفات و اوصاف ہوں۔ تو مجتہد کوشش کرتا ہے کہ ان اوصاف میں سے ایسا وصف بطور علت لے لے جو اس کے تحقیق کے مطابق جامع مانع علت ہو اور جہاں جہاں وہ علت موجود ہو وہاں پر حکم مرتب ہو، یا دوسری صورت یہ

کہ مجتہد یہ معلوم کرے کہ جو علت حکم ہے اس میں خصوص کا ارادہ مناسب ہے یا عموم و شمول کا، جیسا کہ رمضان کے مہینہ میں دن کے وقت مفطرات سے بچنا لازم ہے کہ روزہ کی تعریف یہی ہے۔

حضور علیہ السلام نے ایک صحابیؓ پر کفارہ لازم کیا کیونکہ وہ دن کے وقت اپنی بیوی سے جماع کر چکے تھے۔ اب کفارہ کی علت جو اس حکم میں ہے وہ ہے جماع۔ اب یہی علت خاص لیا جائے اور حکم کا ترتب کیا جائے یا عام کہ تمام مفطرات کو شامل ہو۔ حضرت امام شافعی رحمہ اللہ اس میں خصوص کو مؤثر قرار دیتا ہے اور امام ابوحنیفہ رحمہ اللہ اس میں عموم کو مؤثر قرار دیتا ہے، سو امام شافعیؒ کے نزدیک اگر کوئی قصداً بدون عذر کے دن کے وقت رمضان کے روزہ کی حالت میں جماع کرے تو کفارہ لازم ہے اور اگر کھائے پیئے تو قضاء لازم ہے کفارہ نہیں۔ جبکہ امام ابوحنیفہؒ کے نزدیک جماع اور اکل و شرب تینوں میں کفارہ لازم ہے کیونکہ تینوں مفطرات ہیں۔

(iii) تخریج علت

یہ کہ حکم تو نص میں وارد نہ ہو لیکن علت کی تصریح نہ ہو، جس طرح حدیث التفاضل والربوا میں حضور ✓ نے فرمایا:

> الحنطة بالحنطة يداً بيدٍ مثلا بمثل والفضل ربوا والشعير بالشعير والفضل ربوا، والتمر بالتمر والفضل ربوا، والملح بالملح والفضل ربوا، والذهب بالذهب والفضل ربو، والفضة بالفضة والفضل ربوا

اب حدیث میں چھ چیزیں مذکور ہیں۔ اہل ظواہر تو ان مخصوص چھ چیزوں میں سود کے قائل ہیں باقی میں نہیں۔ جبکہ باقی ائمہ کرام حدیث میں علت معلوم کرنے میں

لگے ہوئے ہیں، تو امام شافعیؒ نے فرمایا کہ اس میں چار چیزیں از قبیل مأکولات ہیں اور دو اثمان ہیں لہٰذا حکم کیلئے علت طعم اور ثمنیت ہے۔ سو جو چیزیں یا کھائی جاتی ہیں یا مبادلات میں، وضع و اصطلاح کے حوالے سے ان میں ثمنیت کی صفت موجود ہو، ان کے معاملہ میں بصورت اضافہ و زیادتی سود ہی کا تصور ہوگا۔ امام مالک رحمہ اللہ فرماتے ہیں کہ ان اشیاء میں سے پہلی والی چار اشیاء میں ادخار کی صفت ہے کہ اسے ذخیرہ کیا جا سکتا ہے اور باقی دو میں ثمنیت ہے لہٰذا جو چیز ذخیرہ نہیں کی جا سکتی اس میں سود کا تصور نہیں۔ امام ابو حنیفہؒ نے فرمایا کہ حدیث میں ایک تو لفظ مثلاً بمثلٍ آیا، اور مماثلت یا تو وزن سے ہوتی ہے یا پیمانہ سے۔ ان دو چیزوں سے امام صاحبؒ نے تعبیر کیا لفظ قدر پر یعنی اس کا حد و تخمینہ، اور دوسرا اس میں بالحنطة اور بالشعیر وغیرہ آیا تو اس نے مجانست کا فائدہ کیا کہ دونوں ایک جنس ہوں، لہٰذا جہاں مجانست اور مماثلت ہو، وہاں پر اضافہ سود ہوگا۔ لہٰذا امام شافعیؒ کے نزدیک اگر کوئی چونے کا چونے سے تبادلہ کرے اضافہ کی صورت میں تو سود کا تصور نہیں کہ یہ مأکولات (یعنی کھائے جانے والے اشیاء) میں سے نہیں۔ امام مالک رحمہ اللہ کے نزدیک سبزی اور پھلوں میں مجانست بھی ہو اور اضافہ بھی تو سود کا تصور پیدا نہیں ہوتا کیونکہ اس کا ذخیرہ نہیں کیا جا سکتا۔ جبکہ امام ابو حنیفہؒ کے نزدیک ان تمام چیزوں میں سود کا تصور موجود ہے جبکہ امام ابو حنیفہؒ یداً بیدٍ سے ایک ہی جنس کے اشیاء کا ایسا تبادلہ بھی سود ہی ہے جس میں فاضل و اضافہ تو نہ ہو، لیکن ایک معجّل ہو اور دوسرا مؤجل اور اسے ربوا النسیہ کا نام دیا ہے۔

فقہاء کرام کے نزدیک جب قیاس کا مطلق ذکر آئے تو یہ تیسری قسم مراد ہوگا یعنی تخریج علت اور پھر اس پر قیاس کرنا، اور قیاس کا معنی

تعدیة حکم الاصل الی الفرع لاجل علة منصوصه کانت او

مستنبطة یعنی کسی منصوص حکم کے منصوص یا مستخرج علت کے اُساس ایک غیر منصوص شے کے لئے وہ حکم ثابت کرنا کہ اس میں وہ علت پائی جاتی ہے۔

(۵) سلف صالحین کے وضع کردہ قواعد اجتہاد و قیاس کا حکم

یعنی اجتہاد کرتے وقت اسلاف کے طریقے کو مدنظر رکھا جائے گا۔

(۶) علم منطق کا ادراک

امام غزالیؒ نے المتصفی میں مجتہد کے لئے لازم قرار دیا ہے کہ قیاس منطقی کے اقسام اور اشکال و شروط سے واقف ہو۔ امام رازیؒ، امام بیضاویؒ اور امام نوویؒ نے بھی یہ شرط لگائی ہے لیکن اصل بات یہ ہے کہ منطق بطور ایک خاص فن کے اجتہاد کے لئے شرط نہیں، بلکہ قوت استدلال ہی کافی ہے۔

(۷) مراءۃ اصلیہ کا علم

اس کا حاصل یہ ہے کہ معتزلہ کے بقول کسی چیز کے حسن و قبح کا اصل معیار عقل ہے۔ یعنی عقل نے کسی چیز کو حسن جانا وہ حسن ٹھہرا اور کسی چیز پر قباحت کا حکم صادر کیا وہ قبیح ٹھہرا۔ پھر شریعت نے عقل کے حسن جانے ہوئے چیز کے کرنے اور قبیح کے نہ کرنے کا حکم دیا، جبکہ حسن و قبح کا معیار اہل سنت کے ہاں شریعت ہے۔ کیونکہ عقل تو رواج اور توہمات سے متأثر ہوتی ہے۔ اگرچہ فی الجملہ سبب علم ضرور ہے، لیکن یہ شرط لگانا کوئی ضروری نہیں، کیونکہ جب مجتہد اہل سنت ہی سے تعلق رکھتا ہو تو خواہ مخواہ یہ چیز اس کے نوٹس میں ہوگی۔

(۸) کتاب وسنت کا علم

چونکہ کتاب وسنت ہی شریعت کے بنیادی اصول ہیں اور اس علم کا حاصل یہ ہے کہ وہ کتاب اللہ کے آیات الاحکام کے خاص و عام، مجمل متشابہ، حقیقت مجاز، مشترک

مؤول، مجمل مفصل، مطلق مقید، عبارۃ النص، دلالۃ النص، اشارۃ النص او اقتضاء النص وغیرہ پر عبور رکھتا ہو۔ ناسخ منسوخ کو جانتا ہو۔ جبکہ سنت پر علم کا حاصل یہ ہے کہ سنت قرآن کریم کی تفسیر اور شرح ہے۔ لہٰذا قرآن کریم اپنے مفاہم و معانی اور تفصیل مجملات کیلئے سنت کا محتاج ہے۔ لہٰذا مجتہد انواع احادیث اور مصطلح الحدیث سے کما حقہ واقف ہو اور اجتہاد کرتے وقت سنداً ثابت احادیث اس کے ذہن میں ہوں تاکہ ان میں تطبیق کی جا سکے۔

(۹) مقاصد شریعت اور مقاصد احکام کا علم

یہ اس وجہ سے کہ شریعت میں بندوں کے جملہ مصالح کا خیال رکھا گیا ہے ان کے شخصی اور اجتماعی تقاضے، جان، مال، عزت، عقیدہ اور عقل کے تحفظ اور ضروریات، حاجیات اور تحسینات کا پورا پورا لحاظ ظاہر کیا ہے۔ پھر شریعت نے کسی چیز کے کثرت فوائد کی وجہ سے اس کے کرنے کا حکم دیا ہے اگرچہ کچھ اس میں مفاسد بھی ہوں اور کثرت مفاسد کی وجہ سے اُسے حرام گردانا ہے، چاہے اس میں معدودے چند فوائد بھی ہوں اور حرج و تنگی کو دفع کیا ہے۔

يُرِيْدُ اللّٰهُ بِكُمُ الْيُسْرَ وَلَا يُرِيْدُ بِكُمُ الْعُسْرَ (البقرة:١٨٥)

امام شاطبیؒ نے موافقات میں اس کا تفصیلی ذکر کیا ہے حتیٰ کہ اس نے اجتہاد کے لئے موافقات میں دو اصل وضع کئے ہیں:

(i) مقاصد شریعت کا فہم

اس میں کسی کام کے نافع یا مضرت رساں ہونے کو دیکھا گیا ہے نہ اس چیز کو کہ یہ مکلّف بندے کی رغبت ہے۔

(ii) **استنباط کی قوت وقدرت**

کہ وہ عربیت، قرآن وسنت کے فہم، اجماع کے علم اور وجوہ وقیاس واختلاف الفقہاء کے معرفت کا حامل ہو۔

(۱۰) **نیت کی صحت اور اعتقاد سلیم**

کیونکہ اگر نیت صحیح نہ ہو اور عقیدہ صحیح وسالم نہ ہو تو پھر تو وہ قرآن وسنت نبویہ کو وہ رخ دے گا جو گمراہی کا ذریعہ بنے یُضِلُّ بِهٖ كَثِيْرًا وَّ يَهْدِيْ بِهٖ كَثِيْرًا (البقرة:٢٦) مخلصانہ اور صحیح نیت کے ذریعے اللہ تعالیٰ فہم و دانش کا نور عطا فرماتا ہے اور سلامت اعتقاد کے ذریعے وہ بدعات وضلال سے محفوظ اور ورع وتقوی پر متصف ہوگا۔

(۱۱) **کسی کی تقلید نہ کر رہا ہو**

کیونکہ اگر کوئی شخص اجتہاد کی صفت سے متصف ہو تو وہ مکلّف بالاجتہاد ہے لہٰذا اس کے لئے غیر کی تقلید ناجائز ہے۔

بعض علماء نے ان جملہ صفات کو جمع کر کے دو شرائط بیان کی ہیں:

(۱) صحت اعتقاد وعمل

(۲) یہ کہ وہ احکام شرعیہ، اس کے اقسام، طرق اثبات، طرق دلالت، اختلاف مراتب، وجوہ الترجیح، استنباط احکام، طریق استدلال اور طرق معارضہ ووضع مخالف کا دقیق علم رکھتا ہو۔

یہ مجتہد مطلق کیلئے شرط ہیں جبکہ کسی خاص مسئلہ کے اجتہاد کیلئے اس مسئلہ کی حد تک معرفت دقیق شرط ہے اور پھر اجتہاد کا میدان وہاں ہے جہاں دلیل ظنی موجود ہو کیونکہ قطعیات شرع میں اجتہاد کی گنجائش نہیں، سو یہاں چار انواع اور حالات پیدا ہوئے۔

(i) وہ احکام جن کا مصدر وہ نصوص ہوں جو قطعی الثبوت اور قطعی الدلالہ ہوں تو وہ

احکام لازم ہیں اور اس میں اجتہاد کی کوئی گنجائش نہیں، جیسے فرضیت نماز و روزہ۔

(ii) وہ احکام جن کا مصدر وہ نصوص ہوں جو ظنی الدلالت ہوں، ان میں اس نص کے فہم کی حد تک اجتہاد کی مجال موجود ہے کہ مجتہدین اپنے فہم کی اُساس پر اس دلالت اور مدلول کو ترجیح دے جو وہ معلوم کر چکے ہیں۔

(iii) وہ احکام جن کا مصدر کوئی نص قطعی یا ظنی نہ ہو، بلکہ اس پر کسی زمانے میں مجتہدین کا اجماع ہو چکا ہو، جیسا جدہ کے لئے میراث میں چھٹا حصہ کہ مجتہدین نے اسے امہات میں شامل کر لیا اور اس کیلئے چھٹے حصے کا تعین کیا اس قسم کے مسئلے میں صرف یہ تحقیق کرنا ہے کہ واقعی اس پر اجماع کا انعقاد ہو چکا ہے اور جب ثابت ہو جائے تو پھر مزید اجتہاد کی گنجائش باقی نہیں رہتی۔

(iv) وہ احکام جن میں نہ نص موجود ہو اور نہ اجماع کا انعقاد تو اس میں اجتہاد کی گنجائش موجود ہے اور اس کے کسی جزوی مسئلہ میں اسلاف کے مجتہدین کے ساتھ اختلاف کرنا بھی جائز ہے۔

اجتہاد کے مراتب

اس تحقیق کے تناظر میں اب اجتہادات کے چند مراتب پیدا ہوں گے:

(i) مجتہد مطلق

یہ وہ مجتہد ہے جو اصول شریعت سے استنباط احکام کر سکتا ہو اور اس کا مجتہد ہونا کسی اور کے تقلید کے ساتھ منافی نہیں۔

(ii) مجتہد منتسب

یہ وہ مجتہد ہے جو اپنے امام کے ساتھ اصول میں متفق ہو اور فروع میں مخالفت کرتا ہو۔ حافظ ابن قیمؒ نے اسے مجتہد مقید کا نام دیا ہے۔

ابن عابدین شامیؒ نے امام ابو حنیفہؒ کے شاگردوں امام محمدؒ اور امام ابو یوسفؒ وغیرہ کا اور امام ابوزہرہؒ نے امام شافعیؒ کے ساتھی امام مزنیؒ کی اور امام مالکؒ کے مقلد عبدالرحمٰن بن القاسمؒ کی مثال دی ہے۔ یہ لوگ اپنے لئے مستقل مذہب نہیں بناتے۔

(iii) **مجتہد فی المذہب:**

یہ وہ علماء ہیں جو اصول میں بھی اپنے امام کے مقلد ہوتے ہیں اور فروع میں بھی ان کی مخالفت نہیں کرتے، البتہ وہ مسائل جن میں ان کے امام کا قول موجود نہیں ہوتا وہ اس کے لئے اپنے امام کے وضع کردہ قواعد کی روشنی میں اجتہاد کرتے ہیں۔ مالکیہ کے نزدیک کوئی زمانہ ان لوگوں سے خالی نہیں ہوا کرتا۔ اور ان کے عمل اجتہاد کو انہوں نے تحقیق مناط/ تحقیق علت تک محصور کیا ہے ان کا یہ عمل اس دائرے تک محدود ہوتا ہے کہ اگر ان کے امام اس حالت کو دیکھ لیتے تو وہ بھی یہی قول کرتے۔

اس قسم کے مجتہد کی عملیت کا خلاصہ درج ذیل دو امور ہیں:

(۱) سابق ائمہ کرام کے وضع کردہ قواعد استخراج جن کا انہوں نے التزام کیا اور فقہ کے عام قواعد کو مدنظر رکھنا۔

(۲) ان احکام کا استنباط جن کا ان قواعد کی رو سے استخراج نہ کیا گیا ہو۔ فقہ مذہبی کی تدوین اس طبقہ کے ہاتھوں ہوئی اور اس قسم کے مجتہدین دو انواع کے ہیں:

(ا) ایک وہ جو ایک خاص امام کے اصول تثبیت کرتا ہے البتہ وہ کبھی کبھار اجتہاد میں ان اصولوں سے تجاوز بھی کرتا ہے اور اس میں ایک مجتہد کے جملہ صفات موجود ہوتے ہیں۔ امام نوویؒ نے اس طبقہ کو اصحاب الوجوہ کہا ہے اور امام سیوطیؒ نے ان کو مجتہد التخریج کا نام دیا ہے۔

(ب) دوسرا وہ گروہ جو اس مرتبہ تک جا پہنچا ہو، فقیہ النفس ہو، حافظ مذہب ہو،

اصول امام کا عالم ہو، تحریر و تقریر کی قدرت رکھتا ہو، مذہب کے جملہ مطلقات کی تقلید پر علم رکھتا ہو، اپنے امام کے مستندات سے واقف ہو لیکن ان کا میدان عمل ایک خاص مذہب میں حصہ نہ ہو۔

(iv) مجتہد مرجع

یہ طبقہ اور سابق قسمِ ثالث تقریباً ایک جیسے ہیں لیکن یہ طبقہ سابق ائمہ کرام کے وضع کردہ وسائل ترجیح کے اُساس پر مختلف روایت شدہ آراء میں کسی ایک کو دوسری پر ترجیح دیتا ہے۔

(v) طبقۃ الحافظین

انہیں مقلدین بھی کہا جاتا ہے اور ان کو ترجیحات میں سند مانا جاتا ہے۔ ابن عابدینؒ کے بقول یہ لوگ ضعیف، قوی اور اقویٰ، ظاہر الروایۃ، مذہب اور نوادر کا فرق ظاہر کرنے پر قادر ہوتے ہیں۔ اقوال مردودہ نقل نہیں کرتے، اسلاف کے فقہی متون کی تدوین کرنے والے ان میں سے ہیں۔

(vi) طبقۃ المقلدین

یہ لوگ کتابوں کا فہم رکھتے ہیں لیکن ترجیح کی قوت نہیں رکھتے تو فربہ اور لاغر میں بھی فرق نہیں کر سکتے۔ ابن عابدینؒ نے ان لوگوں کو اخطر الناس علی الامۃ کہا ہے کہ امت کے لئے سب سے زیادہ خطرناک ہیں کیونکہ ہر خواہش کیلئے قول پیدا کرنے کی استطاعت رکھتے ہیں۔ لہٰذا یہ خود بھی اور اوروں کو بھی اپنی اتباع کی صورت میں ہلاک کرنے والے ہیں۔ طبقات الاحناف میں اجتہاد کے سات مراتب بیان کئے گئے ہیں:

(i) مجتہد فی الشرع: جو کسی کی تقلید نہیں کرتا۔

(ii) مجتہد فی المذہب: جو امام کے وضع کردہ اصول و قواعد کے اُساس پر اجتہاد

کی قدرت رکھتا ہو۔

(iii) مجتہد فی المسائل: جو ان مسائل میں امام کے اصول وقواعد کے مطابق استنباط کرتا ہو جن میں امام کی روایت موجود نہ ہو۔

(iv) اصحاب التخریج:

(v) اصحاب الترجیح:

(vi) المقلد القادر: جو ضعیف وقوی کے امتیاز پر قادر ہو۔

(vii) مقلد:

فصل دوم

تجزیۂ اجتہاد اور حکم اجتہاد

(۱) تجزیہ کا معنی یہ ہے کہ ایک مجتہد اگر کسی خاص بات کا ماہر ہو تو اس کے لئے اس بات میں اجتہاد کرنا لازمی ہے، کیونکہ اسی خاص باب میں اس کے لئے تقلید غیر کی وجہ سے ترک اجتہاد مناسب نہیں۔

حافظ ابن قیمؒ نے اعلام الموقعین میں بیان فرمایا ہے کہ وہ شخص عالم جو کسی خاص مسئلہ میں اپنی مکمل کوشش کرے تو اس کیلئے اس خاص باب میں فتویٰ دینا جائز ہے۔

(۲) پھر حضور ﷺ کا قول کہ استفت نفسك ولو افتاك المفتون حدیث میں جملہ ابواب کے مجتہد اور خاص باب کے مجتہد کا فرق نہیں کیا گیا بلکہ کہا گیا کہ اپنے سے فتویٰ مانگو اگرچہ مفتیوں نے فتویٰ دیا ہی ہو۔

(۳) پھر یہ کہ اگر قدرت اجتہاد کے لئے جملہ ابواب و مسائل میں اجتہادی مہارت کی شرط لگائی گئی تو پھر تو پیشوا قسم کے مجتہدین کا اجتہاد بھی محل نظر ہے کیونکہ صاحب تلویح علامہ تفتازانیؒ نے نقل کیا ہے کہ امام مالکؒ سے ایک مجلس میں چالیس مسائل کے متعلق پوچھا گیا، آپ نے چار کا جواب دیا اور چھتیس میں توقف کر گیا۔ یہی استدلال امام غزالیؒ نے مستصفیٰ، حافظ ابن قیمؒ نے اعلام الموقعین، محب اللہ بہاری نے مسلم الثبوت اور آمدی نے الاحکام میں پیش کیا کہ جملہ مسائل کا علم و اجتہاد شرط نہیں۔ جبکہ ایک دوسرے گروہ کی رائے یہ ہے کہ مجتہد کا تجزیہ جائز نہیں، کیونکہ کسی بھی مجتہد کے لئے کسی مسئلہ میں بھی

اجتہاد کے لئے احاطہ بالا بواب لازم ہے کیونکہ بغیر اس کے اسکے اجتہاد کے متعلق کہا جا سکتا ہے کہ ممکن ہے مجتہد فیہ باب کا کسی مسئلہ اس اجتہاد سے متصادم ہے۔

ایک تیسرے گروہ کی رائے یہ ہے کہ مسائل میراث میں تجزیہ اجتہاد جائز ہے باقی میں نہیں۔ ہماری رائے یہ ہے کہ پہلے والا قول معقول اور مستدل ہے کہ تجزیہ اجتہاد جائز ہے۔

حکم اجتہاد

یہ تو ایک معقول مسئلہ ہے کہ کسی بھی مشکل کے حل کیلئے کوئی راہ ڈھونڈ نا پڑتا ہے کیونکہ دنیا میں کوئی بھی مسئلہ لاینحل تو ہے نہیں ماانزل اللہ داء الا وقد انزل لہ دواء یعنی جو بھی بیماری ہے اس کا کوئی علاج ضرور ہوگا۔

اب جب بھی کوئی مسئلہ پیش آئے اس کیلئے منزل شریعت یا پھر مستنبط فقہ کی صورت میں کوئی حل ضرور ہوگا۔ اگر قرآن و سنت اور اجماع کی صورت میں اس کا حل موجود نہ ہو تو پھر ضرور اجتہاد ہی کیا جائے گا اور چونکہ فطرت ارتقائی ہے اور زمانہ متغیر و حادث ہے لہذا نت نئے مسائل پیدا ہونگے اور اس کا حل ڈھونڈنا امت کا فریضہ ہے۔

اب اگر مسئلہ پیش آئے اور کئی سارے مجتہدین موجود ہوں تو اس صورت میں اجتہاد فرض کفایہ ہے اور اگر کسی ماحول میں ایک ہی مجتہد ہو اور فوری نوعیت کا مسئلہ درپیش ہو، تو اس پر اجتہاد فرض عین ہے۔ جبکہ وقوع حادثہ سے قبل اجتہاد کرنا مندوب ہے اور کسی نص یا اجماع کے مقابلہ میں اجتہاد کرنا حرام ہے۔

(۴) کیا ہر مجتہد مصیب ہوتا ہے

چونکہ امور مجتہدہ دو قسم کے ہیں ایک عقلی اور دوسرا شرعی۔ عقلی امور کے اجتہاد کے حوالے سے دو رائے ہیں:

(i) کہ حق کو پہنچنے والا ایک ہوگا اور اگر عقلیات میں کسی کا اجتہاد اس کو ملت اسلامی کی مخالفت کو پہنچائے تو وہ گناہ گار اور کافر ہے ورنہ مبتدع و فاسق ہوگا۔ اس طبقہ نے استدلال میں قرآنی آیات کا سہارا لیا ہے:-

ذٰلِكَ ظَنُّ الَّذِيْنَ كَفَرُوْا فَوَيْلٌ لِّلَّذِيْنَ كَفَرُوْا مِنَ النَّارِ (ص:۲۷)
وَذٰلِكُمْ ظَنُّكُمُ الَّذِيْ ظَنَنْتُمْ بِرَبِّكُمْ اَرْدٰكُمْ فَاَصْبَحْتُمْ مِّنَ الْخٰسِرِيْنَ (حم سجدہ:۲۳)

اور یحبون انهم علی شی الا انهم هم الکاذبون

انہی آیات سے واضح ہوا کہ اللہ تعالیٰ نے ان کی اس عقیدے پر مذمت کی اور انہیں عذاب سے ڈرایا۔ اگر وہ اس چیز میں معذور ہوتے تو ایسا نہ ہوتا، اور کفار کے ساتھ قتال و جہاد کی اُساسی وجہ بھی یہی ہے کہ ان کا عقیدہ مذموم ہے اور ان کا عذر قبول نہیں۔

جبکہ جاحظ اور عنبری کے نزدیک عقلیات میں اجتہاد موجب گناہ نہیں جب تک وہ مجتہد عناد کی حد تک نہ پہنچا ہو۔ لیکن اصل مذہب جمہور والا ہے۔ اور اگر اجتہاد شرعیات میں ہو تو قطعیات میں اجتہاد جائز نہیں جیسے فرضیت زکاۃ اور حرمت زنا وغیرہ، لہٰذا اس صورت میں اجتہاد کا خطا کار گناہ گار اور منکر کافر ہے اور اگر اجتہاد غیر قطعی الدلالۃ میں ہو تو جائز ہے لیکن کیا اس میں ہر ایک مصیب ہوگا؟

یہ اختلاف ایک دوسرے اختلاف پر مبنی ہے اور وہ یہ کہ ہر ایک مسئلہ میں اجتہاد سے قبل اللہ تعالیٰ کے ہاں سے اس مسئلہ میں حکم معین ہے یا نہیں؟ یا یہ کہ مجتہد جس جگہ تک پہنچا وہ حکم ہوگا؟ لہٰذا جنہوں نے یہ رائے اپنائی کہ قبل از اجتہاد حکم معین ہے، تو جو مجتہد اس حکم تک جا پہنچا وہ حق تک پہنچنے والا ہے اور جو نہ پہنچ سکا وہ خطا کار ہے لیکن گناہ گار نہیں اور وہ طبقہ جن کی رائے یہ ہے کہ قبل از اجتہاد اللہ تعالیٰ کی طرف سے حکم

معین نہیں، لہٰذا ہر مجتہد حق تک پہنچنے والا ہے کیونکہ وہ اپنی استعداد اور استفراغ و کوشش کے سہارے ایک حکم تک جا پہنچا۔

پہلے طبقہ نے استدلال پیش کیا ہے کہ اگر حکم معین نہ ہو تو اس طرح تو کسی مسئلہ کے دو متضاد احکام کے حوالے سے اجتماع الضدین لازم آئے گا، دوسرا یہ کہ مجتہد کا طلب ہی اس کا مقتضی ہے کہ مطلوب ایک ہوگا، تیسرا یہ کہ حدیث شریف میں ہے:

من اجتهد فاصاب له اجر ان وان اخطأ فله اجر واحد

مجتہد اگر حق تک پہنچے تو اس کے دو اجر ورنہ ایک اجر ثابت ہے۔

لہٰذا اگر حق متعدد ہوتا تو ہر مجتہد حق تک پہنچنے والا ہوتا۔ چوتھا صحابہؓ کا اطلاق خطاء کہ وہ مجتہد کے قول کو خطا کہتے تھے۔ حضرت ابو بکرؓ نے کلالہ (وہ شخص جس کا اولاد اور والدین موجود نہ ہوں اور وہ مرے تو میراث کا مسئلہ کیسے ہوگا؟) کے متعلق کہا کہ اس میں اپنی رائے سے بات کرتا ہوں اگر صحیح ہوا تو الحمد للہ اور اگر خطاء ٹھہرا تو وہ مجھ سے اور شیطان سے منسوب ہے اور حضرت عمرؓ نے فرمایا کہ عمر کو پتہ نہیں کہ حق کو پہنچا ہے یا نہیں؟ لیکن اس نے تحقیق میں کوتاہی نہیں کی اور یہ مسئلہ معقول بھی ہے کہ مصیب ایک ہی ہوگا، کیونکہ اقامۃ الدلائل ہی حق تک رسائی کیلئے ہوتے ہیں۔

اور حضرت داؤد و حضرت سلیمان علیہما السلام کے قضا کے بارے میں فَفَهَّمْنٰهَا سُلَيْمٰنَ کہ تفہیم سلیمان اجتہاد میں اس کی اصابت اور حق تک رسائی کی دلیل ہے۔

جبکہ دوسرے گروہ نے اپنے موقف کے لئے استدلال کیا ہے کہ:

(۱) اگر ایک مسئلہ میں حکم متعدد نہ ہو بلکہ متعین ہو، تو اس کے حکم والا مجتہد فاسق ہو گا یا ظالم یا کافر و مَنْ لَّمْ يَحْكُمْ بِمَآ اَنْزَلَ اللّٰهُ فَاُولٰٓئِكَ هُمُ الْفٰسِقُوْنَ (المائدة:٤٧) فَاُولٰٓئِكَ هُمُ الظّٰلِمُوْنَ (المائدة:٤٥) فَاُولٰٓئِكَ هُمُ الْكٰفِرُوْنَ (المائدة:٤٤)

اور یہ ثابت ہے کہ مخالف مجتہد بھی کافر ہے نہ فاسق وظالم بلکہ اس کیلئے اجر ثابت ہے۔

(۲) پھر حضور علیہ السلام نے اپنے صحابہ کرامؓ کو مینار ہدایت قرار دیا ہے اور ظاہر ہے کہ جس بھی صحابیؓ کی اتباع کی جائے وہ جائز ہے حالانکہ صحابہ کرامؓ اجتہادات میں مختلف ہوتے ۔ لہٰذا یہ امر ثابت ہوا کہ حکم متعدد ہے۔ تیسری بات یہ کہ یقین حکم کا قول ضیق تنگی اور حرج کا باعث ہے اور وہ شرعاً مدفوع ہیں وَ مَا جَعَلَ عَلَيْكُمْ فِي الدِّيْنِ مِنْ حَرَجٍ (الحج:۷۸) لیکن دلائل کی روشنی میں پہلے والا قول صحیح ہے کہ حق تو عنداللہ ایک ہی ہوگا متعدد نہیں۔

اجتہاد کے بعد اس کی حیثیت

چونکہ اجتہاد میں مجتہد اپنی بھرپور مساعی سے کوئی حل نکال لیتا ہے، لہٰذا یہ ایک قوی حل ہے لیکن جب کسی خاص مسئلہ میں مجتہد کوئی حل نکال لائے اور بعد ازاں اس کی رائے تبدیل ہو جائے۔ سو اگر پہلے والا اجتہاد اس کی اپنی ذات کے لئے ہو اور اس پر عمل بھی کیا ہو تو اب دوسرے اجتہاد پر عمل کرنا اس پر لازمی ہے اور اگر یہ مجتہد حاکم بن کر کسی مسئلہ میں فیصلہ دے چکا ہو اور بعد ازاں اس کی رائے تبدیل ہو جائے تو پہلے والے مسئلہ کے فیصلے میں تبدیلی نہیں کرے گا۔ البتہ بعد میں آنے والے اس قسم کے قضایا کا فیصلہ دوسرے اجتہاد کے اُساس پر کرے گا، کیونکہ حضرت عمرؓ نے اولاد آدم کے حق میں سگے بہن بھائیوں کو ایک بار شریک نہیں ٹھہرایا اور پھر دوسرے اجتہاد کے اُساس پر اس قسم کے قضایا میں ان کو شریک ٹھہرایا، البتہ پہلے والے کو بحال رکھا۔ معلوم ہوا کہ مجتہد حاکم پہلے والے مسئلہ پر اجتہادی فیصلہ کو قائم رکھیں گے۔ البتہ آئندہ اس قسم کے مسائل کے لئے نئے اجتہاد کو اُساس بنائیں گے۔ اس طرح کوئی حاکم کسی دوسرے حاکم کے اجتہادی فیصلہ کو کالعدم نہیں قرار دے سکتا البتہ اپنا فیصلہ دے سکتا ہے۔

ایک شخص پر حضرت زیدؓ و علیؓ دونوں نے فیصلہ صادر کیا۔ حضرت عمرؓ خلیفہ تھے آپ نے اس شخص سے پوچھا اور پھر کہا کہ اگر میں ہوتا تو اس طرح فیصلہ دیتا یعنی ان کی رائے کے خلاف کیا۔ اس شخص نے کہا آپ تو خلیفہ ہیں اپنا فیصلہ دیدیں حضرت عمرؓ نے جواب دیا کہ اگر میں آپ کیلئے قرآن وسنت کا فیصلہ سناتا تو کر دیتا لیکن میں نے بھی اپنی رائے سے فیصلہ دینا ہے اور رائے مشترک ہے۔ اس سے معلوم ہوا کہ اگر قانون میں صراحتاً پہلے والے حاکم کے خلاف فیصلہ موجود ہو تو ٹھیک ہے پہلے والے کو نقض کرنا چاہئے لیکن جب پہلے والا بھی رائی سے ہے تو اس کا نقض جائز نہیں۔ الا شباہ والنظائر للسیوطیؒ، الاحکام للآمدی اور الجوامع للسبکیؒ میں تفصیلات درج ہیں۔

کیا اجتہاد کو اجتہاد کے علاوہ کسی دوسرے وسیلہ سے نقض کیا جا سکتا ہے؟

علامہ تفتازانیؒ کتاب العضد کے شرح میں امام غزالیؒ نے المستصفیٰ میں اور آمدی نے الاحکام میں لکھا ہے کہ نقض اجتہاد لازم ہے۔ جب وہ نص قطعی یا اجماع کے مخالف ہو۔ یعنی وہ قرآن کریم اور سنت متواتر یا مشہور کے خلاف ہو۔ جہاں تک خبر واحد کا تعلق ہے تو اس میں دو رائے ہیں ایک نقض کا اور دوسرا عدم نقض کا اور علامہ قرافی کے نزدیک جب اجتہاد قواعد شرعیہ کے خلاف ہو وہ بھی منقوض ہوگا۔

مجتہد اور تقلیدِ غیر

جب ایک شخص اجتہادی صفت کا حامل ہو اور کسی مسئلہ میں اجتہاد کر چکا ہو تو اس کے لئے اپنے اجتہاد پر عمل کرنا لازم ہے، کسی دوسرے مجتہد کی تقلید جائز نہیں اور اگر ابھی تک اس خاص مسئلہ میں اجتہاد نہ کر چکا ہو اور مسئلہ فوری نوعیت کا نہ ہو اس مجتہد کے لئے اجتہاد کا مجال موجود ہو، تو اس صورت میں دو رائے موجود ہیں:

(۱) ایک رائے یہ ہے کہ وہ کسی اور کی تقلید نہ کرے، کیونکہ اللہ تعالیٰ نے تدبر اور

تفکر کی دعوت دی ہے۔فرمایا:

فَاعْتَبِرُوْا يٰۤاُولِي الْاَبْصَارِ (الحشر:۲)

لَعَلِمَهُ الَّذِيْنَ يَسْتَنْۢبِطُوْنَهٗ مِنْهُمْ (النساء:۸۳)

اَفَلَا يَتَدَبَّرُوْنَ الْقُرْاٰنَ اَمْ عَلٰى قُلُوْبٍ اَقْفَالُهَا (محمد:۲۴)

اور وَمَا اخْتَلَفْتُمْ فِيْهِ مِنْ شَيْءٍ فَحُكْمُهٗۤ اِلَى اللّٰهِ (الشوریٰ:۱۰)

یہ تمام آیات استنباط تدبر اور قیاس کا حکم دیا کرتے ہیں اور ممکن ہے اس مجتہد کا اجتہاد دوسرے مجتہد کے رائے کے مقابل رخ کو چلا جائے، صحابہؓ کرام نے دادی کی میراث میں اپنی رائے دے دی کسی نے دوسرے کی تقلید نہیں کی۔ ہاں البتہ اگر مسئلہ فوری نوعیت کا ہو اور وقت میں تاخیر کی گنجائش نہ ہو تو پھر تقلید کے بغیر چارہ نہیں جبکہ:

(ii) دوسری رائے یہ ہے کہ اس مجتہد کے لئے دوسرے مجتہد کی تقلید جائز ہے لیکن اس مجتہد کی تقلید کرے جس کی رائے اس کی نظر میں راجح ہو اور اگر ترجیح کی صورت نہ ہو تو پھر جس کی چاہے تقلید کرے، یہ اس صورت میں جب مجتہدین صحابہ کرامؓ میں سے ہوں اور بعض نے کہا ہے کہ اپنے سے زیادہ عالم کی تقلید جائز ہے لیکن اپنے مساوی یا کم درجے کے عالم کی تقلید جائز نہیں۔ کسی نے مطلقاً جائز گردانا ہے۔ لیکن اصل بات پہلے والی ہے کہ جب صفات اجتہاد موجود ہوں تو تفکر اور تدبر کو مہمل رکھنا جائز نہیں۔

باب دہم

اسلامی قانون کے مأخذ

یہ مأخذ ووسائل یا اصول دوانواع کے ہیں: مأخذ أساسی و ماخذ ثانوی

(۱) مأخذ أساسی

یہ چار ہیں: کتاب اللہ، سنت الرسول ﷺ، اجماع امت اور قیاس۔

(۲) مأخذ ثانوی

یہ چھ ہیں: عرف و عادت، استحسان، مصالح المرسلہ، استصحاب الحال، آثار الصحابہؓ اور شریعت من قبلنا۔

اس میں اول مأخذ کی تفصیل بیان کریں گے، جبکہ ثانوی کا تذکرہ پہلے گذر چکا ہے۔

فصل اول

کتاب اللہ

اللہ تعالیٰ کائنات کا خالق ہے اور اس عظیم کارخانے کا بنانے والا ہے اور کسی بھی کارخانے کے بنائے ہوئے مشین کے صحیح طور پر چلانے کیلئے وہی کارخانہ ایک کتابچہ (Booklet) دے دیتا ہے کہ اس پر عمل کر کے آپ اس مشین کے عمل کو صحیح اور دیر پا بنا سکتے ہیں۔ بصورت دیگر یا تو اس سے وہ متوقع فائدہ حاصل نہ ہو سکے گا یا پھر مشین ہی سے ہاتھ دھونا پڑے گا، چونکہ اس کارخانہ اور مشین کو بنانے والا اللہ تعالیٰ ہے اب انسان کس انداز سے چلے گا تو ٹھیک رہے گا، یہ علم اس کے خالق کا ہے اور انسان تو حضرت آدم کے زمانے سے پیدا ہو رہے ہیں۔ اللہ تعالیٰ نے وقتاً فوقتاً کتب و رسل اور شرائع بھجوا کر ان کے لئے رشد و ہدایت کا راستہ متعین کر دیا۔ اور رسول اللہ صلی اللہ علیہ وسلم کے آنے سے تو بعد میں کسی نبی، کتاب یا شریعت کے آنے احتمال ہی ختم ہو گیا اور انسان تو پیدا ہوتے رہیں گے، فطرت ارتقائی ہے۔ تغیرات رونما ہوں گے، حالات بدلتے جائیں گے۔ لہٰذا اللہ تعالیٰ نے کتاب کی شکل میں راہنما اصول نازل فرمائے اور ظاہر بات ہے کہ انسان کیلئے ایک بہتر قسم کے اصول وقوانین ایک ایسی ذات دے سکتا ہے۔ جس میں درج ذیل اوصاف موجود ہوں۔

(۱) علم محیط

وہ تا قیامت آنے والے انسانوں اور ان کو درپیش معاملات پر علمی احاطہ رکھتا

ہو اور کوئی چیز اس کے علم سے باہر نہ ہو۔

(۲) قدرت تامہ

اصول و قوانین دینے والی ذات تام و مکمل قدرت کا مالک ہو کیونکہ قانون کے پیچھے اگر گرفت و مواٗخذہ کا تصور نہ ہو تو قانون کس کام کا؟ اور گرفت تب ہو گا جب قانون دینے والے کی قدرت سے کوئی باہر نہ ہو۔

(۳) رحمت کاملہ

اب گرفت بصورت مخالفت تو قانون کیلئے لازمی ہے لیکن سزا ہی قانون کا تصور نہیں بلکہ قوانین اصلاح کیلئے وضع کئے جاتے ہیں تا کہ انسانی معاشرہ امن و سلامتی کا گہوارہ بنے، یعنی قانون دینے والے کا مطمح نظر انسانوں پر شفقت و رحمت ہو اور رحمت بھی کامل و اتم۔

(۴) غیر جانبداری

قانون دینے والا قانون دیتے وقت کسی فریق کے ساتھ جانبداری کا مرتکب نہ ہو، انسان حکمران جب مخالف کو ذلیل کرنا چاہتا ہے تو اختراعی قوانین کا کوئی ایسا ضابطہ تیار کرتا ہے جو اس کے مخالف پر تطبیق (Apply) ہو بلکہ اگر مخالف کا جرم ذرا آگے ہو چکا ہو تو (Retrospective Effect) کیساتھ اُسے نافذ کرنے کا فرمان صادر کرتا ہے کہ قانون آج بنایا گیا ہے لیکن اسے چار مہینے پہلے سے نافذ تصور کیا جائے (تا کہ اسکی زد سے وہ مخالف نہ بچ سکے)۔

اس کا حاصل یہ ہے کہ قانون دیتے وقت وہ ماحول سے متأثر نہ ہو کہ کسی کو خواہ مخواہ گرفت میں لانا مقصود ہو یا پھر اسے بلاوجہ ناجائز طریقہ سے کوئی فائدہ دینا مقصود ہو، تبھی تو قانون کی روح کا جنازہ نکل جاتا ہے۔

اب ظاہر بات ہے کہ یہ صفات اللہ تعالیٰ ہی کی ذات کا خاصہ ہیں کسی اور میں نہیں ہوسکتیں، لہٰذا اللہ تعالیٰ نے رسول اللہ صلی اللہ علیہ وسلم کو قرآن کریم کی شکل میں راہنما اصول عطا فرمائے هُدًى لِلنَّاسِ (البقرۃ: ۱۸۵) جو پوری انسانیت کے لئے رشد و ہدایت ہے اور زندگی کے ہر شعبہ میں ہدایت دیتا ہے اور قرآن کریم نے فرمایا کہ:

لَقَدْ اَرْسَلْنَا رُسُلَنَا بِالْبَيِّنٰتِ وَاَنْزَلْنَا مَعَهُمُ الْكِتٰبَ وَالْمِيْزَانَ لِيَقُوْمَ النَّاسُ بِالْقِسْطِ (الحدید: ۲۵)

کہ انبیاء ورسل کو ہم نے شرائع دیئے اور ان کو کتاب اور میزان (نظام عدل وتوازن) دے دیا تاکہ انسان قسط (عدل وانصاف) پر قائم رہیں۔

اور قرآن کریم نے فرمایا

ثُمَّ جَعَلْنٰكَ عَلٰى شَرِيْعَةٍ مِّنَ الْاَمْرِ فَاتَّبِعْهَا وَلَا تَتَّبِعْ اَهْوَآءَ الَّذِيْنَ لَا يَعْلَمُوْنَ (الجاثیہ: ۱۸)

کہ ہم نے آپ کو شریعت دے دی تو آپ اس کی اتباع کریں اور جاہل لوگوں کی خواہشات کی اتباع نہ کریں۔

حضور ﷺ نے فرمایا:

کتاب اللّٰہ فیه نبأ من قبلکم وخبر من بعد کم وحکم بینکم وهو فصل ولیس بالهزل من اخذبه نجاومن حکم به عدل ومن عصم به فقد هدی الی صراط مستقیم

کہ اللہ کی کتاب اس میں آپ سے پہلے والوں کی خبر ہے، بعد میں آنے والوں کی خبر ہے، آپ کیلئے نظام الحکم ہے، یہ قول فیصل ہے، مسخرہ نہیں جس نے اس پر عمل کیا نجات پالیا، جس نے اس پر فیصلہ کیا عدل کو جا پہنچا اور جس نے اس کو مضبوطی سے پکڑا سواسے صراط مستقیم کی طرف ہدایت دیدی گئی۔

فصل دوم

سنۃ الرسول ﷺ

سنت کے معنی قدیم کے ہیں، یعنی قدیم طریقہ
وَلَن تَجِدَ لِسُنَّتِ اللہِ تَبْدِیْلًا (الاحزاب:۶۲)
آپ اللہ تعالیٰ کے قدیم طریقوں میں تبدیلی نہیں پاؤ گے۔

پھر علماء کرام کے نزدیک اس کا متبادر اطلاق حضور ﷺ کی سنت پر ہوتا ہے اور سنت الرسول ﷺ اور حدیث الرسول ﷺ کسی کے نزدیک تو مترادف ہیں اور کسی نے حدیث کو قول الرسول اور سنت کو عمل الرسول پر حمل کیا اور بعض کے نزدیک سنت کا اطلاق رسول کریم ﷺ کے قول و عمل اور آپ ﷺ کے صحابہ کرامؓ کے قول و عمل پر بھی ہوتا ہے۔

سو قولی حدیث کے الفاظ و کلمات اللہ تعالیٰ کی جانب سے نازل شدہ نہیں بلکہ حضور علیہ السلام کے اپنے الفاظ و کلمات ہیں جبکہ اس کے معانی اللہ تعالیٰ کی طرف سے القا شدہ ہیں جبکہ فعلی و عملی حدیث آپ ﷺ کے وہ اعمال ہیں اور وہ آپ اللہ تعالیٰ کے فرمان اور رضا کے مطابق ہی کرتے ہیں:

وَمَا یَنْطِقُ عَنِ الْهَوٰی ۞ اِنْ هُوَ اِلَّا وَحْیٌ یُّوْحٰی (النجم:۵۳۔۵۴)

یعنی یہ پیغمبر خواہش کے تقاضا پر بات نہیں کرتا بلکہ وہ وحی ہے جو آپ کو القا کی جاتی ہے۔

اور آپ ﷺ کا یہ قول و عمل قرآن کریم کی عملی تفسیر و تشریح ہے، حضرت عائشہؓ نے فرمایا: کان خلقه القرآن (شمائل ترمذی)

آپ کے اخلاق کریم قرآن کریم ہی ہے۔

اور چونکہ قرآن کریم اپنی تشریحات میں حدیث رسولؐ کا محتاج ہے۔ لہٰذا متن وشرح ایک جیسے ضروری ہیں۔

حجیت کے اعتبار سے کوئی بھی حدیث اجماعاً حجت شرع ہے لیکن اس کے سنداً ثابت کرنے کے لئے علماء کرام اور محدثین نے کڑی شرائط رکھی ہیں اور ہزاروں، لاکھوں راویان حدیث کی زندگی کو مکمل محفوظ کیا ہے۔ جس کی مثال کسی دوسری قوم کے ہاں نہیں ملتی۔ قرآن کریم نے فرمایا:

وَمَآ اٰتٰكُمُ الرَّسُوْلُ فَخُذُوْهُ وَمَا نَهٰكُمْ عَنْهُ فَانْتَهُوْا (الحشر: ۷)

جو کچھ آپ کو رسول لا کے دے اس پر عمل کریں اور جس سے منع کریں منع ہو جاؤ

مَنْ يُّطِعِ الرَّسُوْلَ فَقَدْ اَطَاعَ اللّٰهَ (النساء: ۸۰)

جس نے رسول اللہ کی اطاعت کی تحقیق اطاعت کی اللہ تعالیٰ کی۔

قُلْ اِنْ كُنْتُمْ تُحِبُّوْنَ اللّٰهَ فَاتَّبِعُوْنِيْ يُحْبِبْكُمُ اللّٰهُ (ال عمران: ۳۱)

کہہ دیجئے اگر آپ محبوب رکھتے ہیں اللہ کو تو میری اتباع کرو، اللہ تعالیٰ آپ کو اپنا محبوب بنائے گا۔

وَ مَا كَانَ لِمُؤْمِنٍ وَّ لَا مُؤْمِنَةٍ اِذَا قَضَى اللّٰهُ وَ رَسُوْلُهٗٓ اَمْرًا اَنْ يَّكُوْنَ لَهُمُ الْخِيَرَةُ مِنْ اَمْرِهِمْ (الاحزاب: ۳۶)

اور نہیں کسی مومن مرد و عورت کے لئے جب اللہ اور رسول کسی معاملہ کا فیصلہ کردے کہ اس کے بعد انہیں اپنے معاملہ کا اختیار ہو۔

یہ دو اُساسی اصول نقل ہیں، اور یہ ایک مسلمہ امر ہے کہ عقول سلیمہ کے ساتھ ان کا تناقض ہے اور نہ تعارض۔ کیونکہ اللہ تعالیٰ تو عقول کا خالق ہے اور رسول اللہ ﷺ جملہ انسانوں سے زیادہ عقلمند ہیں اور یہ اصول تو نازل ہی اس انداز سے کئے گئے کہ

عقول اسے تسلیم کرے اور عقلمند اس کے مقتضیات پر عمل پیرا ہوں۔

لِّيَدَّبَّرُوٓا اٰيٰتِهٖ وَلِيَتَذَكَّرَ اُولُوا الْاَلْبَابِ (ص:۲۹)

کہ اس کے آیات میں تدبر کرے اور اصحاب عقول اس سے تذکیر حاصل کرے۔

اور اگر عقل سے تناقض و تضاد ہوتا تو پھر اس کے تقاضوں پر عمل کرنا تکلیف بالمحال یا تکلیف بما لا یطاق ہوتا جو اتفاقاً محال واقعی ہے، یعنی اللہ تعالیٰ مالا یطاق (جس پر بس نہ چلے) انسان کو مکلّف نہیں کرتا (المستصفی للغزالی)

لَا يُكَلِّفُ اللّٰهُ نَفْسًا اِلَّا وُسْعَهَا (البقرة:۲۸۵)

اللہ تعالیٰ کسی کو طاقت سے ماوراء چیز پر مکلّف نہیں کرتا اور یہ شریعت کے اساسی تقاضے یعنی یسر وسہولت کے بھی منافی ہوتا۔

فصل سوم

اجماع

اس کے علاوہ جو دیگر اصول شریعت ہیں وہ راجع الی العقل ہیں لیکن یہ رائے بھی خالی رائے نہیں ہوگی ورنہ پھر تو

اَفَرَءَیۡتَ مَنِ اتَّخَذَ اِلٰـهَهٗ هَوٰٮهُ وَاَضَلَّهُ اللّٰهُ عَلٰى عِلۡمٍ (الجاثیة:۲۳)

کیا تم نے دیکھا ہے اس آدمی کو جس نے اپنی خواہش کو معبود بنا رکھا ہو اور اللہ نے اسے علم (عقل وبصیرت) کے باوجود گمراہ کر دیا ہو۔

لہٰذا یہ رائے بھی ضرور بالضرور کچھ سند رکھے گی جو کسی طرح سے قرآن وسنت کو منسوب ہوگا، اجماع اور قیاس اس کے ذیل میں آتے ہیں، اور جس طرح سنت توضیح وتشریح کے حوالے سے قرآن کے ساتھ ملحق ہے اس طرح اجماع بھی اس کے ساتھ ملحق ہے۔ قرآن کریم میں ہے:

كُنۡتُمۡ خَيۡرَ اُمَّةٍ اُخۡرِجَتۡ لِلنَّاسِ (العمران: ۱۱۰)

وَ مَنۡ يُّشَاقِقِ الرَّسُوۡلَ مِنۡۢ بَعۡدِ مَا تَبَيَّنَ لَهُ الۡهُدٰى وَ يَتَّبِعۡ غَيۡرَ سَبِيۡلِ الۡمُؤۡمِنِيۡنَ نُوَلِّهٖ مَا تَوَلّٰى وَ نُصۡلِهٖ جَهَنَّمَ (النساء: ۱۱۵)

پہلی آیت میں اللہ تعالیٰ نے اس امت کو خیر الامم کے لقب سے نوازا، اور ان کی ذمہ داری انسانوں کے لئے خیر دریافت کرنا جو امر بالمعروف کرے اور نہی عن المنکر کرے اور دوسری آیت کریمہ میں ہے کہ جس نے رسولؐ کے ساتھ شقاق (خلاف و

عناد) کیا بعداس کے کہ ہدایت اس پر واضح ہوگئی اور مومنوں کی راہ کی بجائے کوئی دوسرا راستہ اختیار کیا تو ہم اسے اس کے اختیار کردہ راہ کے حوالے کر دیتے ہیں۔ اور سے جہنم میں داخل کر دیتے ہیں حضورؐ نے فرمایا:

لا تجتمع امتی علی الضلالة فان اجتمعت فانا بری منهم وهم بریئون منی

کہ میری امت ضلالت اور گمراہی پر اجتماع نہیں کرے گی اور اگر کرے گی تو میں ان سے بیزار ہوں گا اور وہ مجھ سے۔

اب حدیث مبارک سے معلوم ہوا کہ ان کا اجماع (اجماع) صادر ہوگا اور حضورؐ نے توثیق بصورت خبر کی کہ یہ اجتماع بصورت گمراہی نہیں ہدایت پر ہوگا۔ (یعنی جب استناد ہو قرآن وسنت کی طرف) ہاں کبھی ان کا اجتماع خواہشات پر بھی ہوگا، اس کا حضورؐ (دین) سے کوئی تعلق نہیں ہوگا، اور جس طرح قرآن وسنت نے اجماع کی توثیق کی، اس طرح قیاس کی بھی توثیق ہوئی، ایک تو اس لئے کہ اجماع کی توثیق ہی دلالۃً قیاس کی توثیق ہے، کیونکہ اجماع تو اس قیاس قسم کے آرا کے مجموعے کا نام ہے، گویا آراء کے اجتماع کی توثیق اصلاً اس کے افراد کی توثیق ہے کیونکہ اگر رائے کی توثیق نہ ہو تو یہ تو پھر بناء علی الفاسد ہوگا جو فاسد ہی ٹھہرے گا۔ اور دوسرا یہ کہ قرآن کریم نے فرمایا کہ اللہ تعالیٰ نے یہود و بنی نضیر کو ان کے مضبوط مکانات و باغات اور معاشی استحکام کے بغیر جنگ و جدل کے مدینہ منورہ سے نکال دیا جو آپ کے خواب و خیال میں بھی نہیں آتا تھا سو فَاعْتَبِرُوْا يٰۤاُولِي الْاَبْصَارِ (الحشر: ۲) اے ارباب عقل اعتبار یعنی قیاس کیجئے۔

اور قرآن کریم نے مزید فرمایا:

فَاِنْ تَنَازَعْتُمْ فِيْ شَيْءٍ فَرُدُّوْهُ اِلَى اللّٰهِ وَ الرَّسُوْلِ (النساء: ۵۹)

اگر آپ کو کسی چیز میں تنازعہ پیدا ہو جائے تو آپ اسے اللہ اور رسول کی

طرف لے جائیں۔

علماء کرام نے رد الی اللہ والرسول کو نص کے علت کو غیر منصوص حکم کیلئے علت گردان کر منصوص کے حکم کو اس کی جانب بھی منسوب کر دیا جسے قیاس کا نام دیا جاتا ہے۔

یہ الگ بات ہے کہ عقل شریعت کی رو سے تکالیف شرعیہ وضع نہیں کرتا تبھی تو اہل سنت کے نزدیک حسن و قبح شریعت پر موقوف ہے نہ کہ عقل پر جس طرح معتزلہ کہہ دیتے ہیں لیکن عقل مکمل مہمل بھی نہیں کہ قرآن وسنت اس کو چھیڑتا ہے اَفَلَا تَعْقِلُوْنَ، افلا تعلمون، اَفَلَا يَتَدَبَّرُوْنَ وغیرہ کہ کیا آپ عقل نہیں کرتے، معلوم نہیں کرتے، تدبر نہیں کرتے اور یہ اس لئے بھی کہ تکلیف کا دارومدار تو عقل پر ہے اور وہ علم کے دو اسباب میں سے دوسرا سبب ہے اور پھر یہ بھی کہ قرآن کریم بخلاف سابقہ کتابوں کے جزئیات کا احاطہ نہیں کرتا کیونکہ سابقہ کتب تو ایک خاص قوم اور خاص وقت کے لئے ہوتے، لہٰذا وہاں جزئیات کا تذکرہ ہوتا جبکہ اس کتاب کے مخاطب و مکلّف تو جملہ انسان ہیں اور تا قیامت ہیں، لہٰذا اس کی دعوت وتعلیم کو عام و شامل بنانے کے لئے ان سے صرف اصول وضع کئے۔ حضور ﷺ نے اس کی تشریح وتفصیل کی۔

وَ اَنْزَلْنَآ اِلَيْكَ الذِّكْرَ لِتُبَيِّنَ لِلنَّاسِ مَا نُزِّلَ اِلَيْهِمْ وَ لَعَلَّهُمْ يَتَفَكَّرُوْنَ (النحل: ٤٤)

ہم نے آپ کی طرف ذکر نازل فرمایا تا کہ آپ انسانوں کے سامنے اس (قرآن کریم) کی تبیین وتشریح کریں، جو ان کی طرف نازل کیا گیا ہے۔

اور پھر یہ کہ ادلہ شرعیہ دو قسم کے ہیں، ایک وہ جو برہان عقلی کی صورت میں ہیں، جیسا:

لَوْ كَانَ فِيْهِمَآ اٰلِهَةٌ اِلَّا اللّٰهُ لَفَسَدَتَا (الانبیاء: ٢١)

اگر آسمان وزمین میں کئی الٰہ ہوتے سوائے اللہ کے تو وہ دونوں فاسد ہوجاتے۔

علماء معانی نے اس کو برہان تمانع کا نام دیا ہے کیونکہ فساد مفقود ہے لہٰذا تعدد بھی موجود نہیں، اور یہ کہ تعدد الٰہ نہیں اس لئے فساد بھی نہیں، اس طرح قرآن کریم نے طریق استدلال بھی بتادیا ہے۔

اور دوسری قسم وہ جس کے اصول میں تو موافقت ہوتی ہے یعنی مسلم ہوتا ہے، لہٰذا وہاں استدلال اور برہان نہیں لایا جاتا۔ پہلی والی نوع کو متبادر اصطلاح میں دلیل اور دوسرے کو قول مقبول کہا جاتا ہے۔ پھر حضور ﷺ کے زمانے میں اجماع کا تصور نہیں ہوا، اگرچہ وہاں آپ ﷺ بھی اور صحابہ کرامؓ بھی قیاس کرتے رہتے لیکن آپ کو وحی آنے سے اس کی توثیق ہوجاتی، لہٰذا عمومی حالات میں اجماع کی ضرورت ہی پیش نہ آتی تھی، البتہ آپ ﷺ کے بعد صحابہؓ کرام نے اجماع کو رواج دیا اور یہ قطعی حجت بن گیا۔ یعنی اعمال الرائے کو حضور ﷺ نے بھی مستحسن قرار دیا اور صحابہ کرامؓ نے اسکو جاری رکھا (اعلام الموقعین)

حضرت معاذ بن جبلؓ کی مشہور حدیث کو قرآن وسنت میں حکم نہ پانے کی صورت میں اجتہاد کروں گا۔

حضرت عمرؓ نے قاضی شریح کو ہدایات جاری کیں کہ قرآن وسنت میں حکم نہ ملنے کی صورت میں اجتہاد کیجئے اور حضرت عمرؓ ہی کا خط حضرت ابوموسیٰ اشعریؓ کے نام، کہ اجتہاد کیجئے، آپ سے قبل حضرت ابوبکرؓ اور آپ کے بعد حضرت عثمانؓ اور حضرت علیؓ نے بھی اس طریق کو قائم رکھا۔

تفصیلی بحث اجماع

(۱) اجماع تو لغۃً عزم اور اتفاق دو معنوں میں آتا ہے۔

فَاَجْمِعُوْا كَيْدَكُمْ (طٰہٰ : ۶۳) اپنی تدبیر کا عزم کرو

اور اجمعوا علی کذا اس چیز پر انہوں نے اتفاق کیا۔

اور اصطلاحاً امام غزالیؒ نے کسی امر دینی پر امت محمدیؐ کے اتفاق کو اجماع کا نام دیا ہے، (المستصفی للعزالی) لیکن آمدی نے الاحکام (الاحکام ج ۲) میں امام غزالیؒ کی تعریف پر رد کیا ہے کہ اس طرح تو

۱: تا قیامت اجماع کا تصور پیدا نہیں ہو سکے گا کیونکہ پوری امت تو ایک امر پر اتفاق نہیں کر سکتی کہ وہ تو مختلف اوقات اور امصار میں ہوتے ہیں۔

۲: اگر ایک خاص زمانے کی امت مراد ہو تو اگر اس زمانہ میں اہل حل وعقد موجود نہ ہوں اور عوام نے کسی امر دینی پر اتفاق کیا تو پھر اس اجماع کی کیا حقیقت ہوگی کیونکہ وہ امت تو ہے۔

۳: تیسرا یہ کہ عقلی یا عرفی امر پر اجماع، شرعی حجت متصور نہیں ہوگا حالانکہ معاملہ اس کے برعکس ہے۔

لہٰذا آمدی نے اس کی تعریف میں کہا ہے کہ اجماع:

''امت محمدیہؐ کے کسی بھی زمانے کے حل وعقد کا کسی بھی واقعہ کے متعلق اتفاق کرنے کا نام ہے''

یہ تعریف اس رائے پر کہ عوام اہل اجماع نہیں جبکہ دوسری تعریف فقہاء کے دوسرے گروہ کے رائے کے مطابق کیا ہے کہ اجماع:

''امت محمدیہؐ کے مکلفین کے کسی واقعہ پر کسی زمانے میں حکم کرنے کا نام ہے۔''

علامہ اسنویؒ نے بھی الجمع الجوامع میں آمدیؒ جیسی تعریف لکھی ہے لیکن ذرا الفاظ کے تغیر واختصار کے ساتھ (الجوامع، ج ۲)

اور اتفاق نام ہے اشتراک قولی، عملی اور اعتقادی کا، حتیٰ کہ سکوتی کو بھی شامل ہے کہ کوئی مجتہد اس حکم پر سکوت اختیار کرے تو وہ بھی اجماع میں شامل ہے، اہل حل

وعقد ارباب اجتہاد ہیں۔ اور پھر یہی اجماع باستثنائے ابی اسحٰق اسفرانی کے جملہ علماء کے نزدیک امت محمدیہ ؐ کی خصوصیت ہے کہ حجت ہے، یہود ونصاریٰ کے لئے یہ حجت نہیں تھی۔ (الاسنوی)

صحابہ کرامؓ آپؐ کے دور میں اہل حق وعقد نہیں کہے جاتے کہ تحصیل وتحریم کا جملہ معاملہ آپ کے سپرد تھا، تبھی تو ہم نے آگے ذکر کیا کہ آپ کے حیات مبارکہ میں اجماع کا تصور نہیں تھا۔

یہ اجماع پھر ممکن بھی ہے اور واقع بھی اور حجت بھی۔ نظام معتزلی اور شیعہ حضرات نے اسے محال قرار دیا ہے، اور اس کی حجیت سے بھی انکار کیا ہے۔

(۲) اجماع اور شرط تواتر

اس کا معنی یہ ہے کہ علماء کرام نے تواتر کو قطعیت کا لازمی مقدمہ قرار دیا ہے کہ روایت متواتر بھی وہ یہ جو اتنے افراد سے مروی ہو کہ ان کا اتفاق کسی امر کذب پر محال ہو، اگرچہ تعداد میں اقوال مختلف ہیں، لہٰذا بعض علماء کرام نے اجماع کے حجت ماننے کیلئے بھی تواتر کی شرط لگائی ہے جبکہ دیگران نے تواتر کی شرط نہیں لگائی (المتصفی)

کیونکہ ممکن عصر میں اس خاص تعداد کے مجتہدین ہی موجود نہ ہوں لہٰذا خلاصہ یہ ہے کہ اجماع کیلئے

۱: شرط یہ ہے کہ ایسے امر میں قیاس اجتہاد کیا گیا ہو جو نص میں موجود نہ ہو۔

۲: اس اجتہاد قیاس کا استناد الی القرآن والسنہ معلوم ہو۔

۳: عصر میں موجود مجتہدین جن کا ایک جگہ جمع ہونا ممکن ہو، ان کا اتفاق ہو چکا ہو۔

(۳) اجماع اورعوام

جمہور کا مسلک یہ ہے کہ عوام کا اجماع میں شریک ہونا کوئی معنی نہیں رکھتا اس لئے کہ اس میں تو اعمال رائے ہے اور علماء دینی معاملات میں عامی کی رائے ہوتی ہیں کیونکہ وہ اہلیت اجتہاد کا حامل نہیں۔

(۴) کافر، فاسق، مبتدع اور اجماع

چونکہ اجتہاد کیلئے اسلام اور عدل شرط ہے لہٰذا کافر اور فاسق اہل اجماع میں داخل نہیں، جہاں تک مبتدع کی بات ہے تو اگر وہ اپنی بدعت کے سہارے حد کفر تک جا پہنچا ہو، تو پھر اہل اجماع میں نہیں اور اگر فسق کی حد تک ہو تو بھی جمہور کے نزدیک اس کا اجماع میں کوئی دخل نہیں اور مجتہدین کا اجماع اس پر بھی حجت ہے جس طرح غیروں پر ہے، جبکہ بعض علماء کے نزدیک غیروں پر حجت ہے اس پر نہیں، اور بعض دیگر تو کہتے ہیں کہ نہ اس پر حجت ہے نہ غیر پر اور جب اس پر حجت نہیں تو اسے مخالفت کا حق ہے، یہ جمہور کا قول معقول ہے۔

(۵) اجماع میں ایک خاص عصر کا دخل

اس کا مطلب یہ ہے کہ صحابہ کرامؓ کا زمانہ ایک عصر نما ہوتا ہے جبکہ تابعین کا دوسرا۔ لہٰذا اگر صحابہ کرامؓ کسی چیز پر اجماع کر گئے، تو تابعی کو مخالفت کرنے کا حق نہیں، لیکن اگر صحابہ کرامؓ کے اجماع سے قبل ایک تابعی مجتہد اپنی رائے دے تو اس کی رائے معتبر بھی ہے اور وہ اہل اجماع میں سے ہے اور یہ اس لئے کہ صحابہ کرامؓ تابعین کے لئے رائے کا حق دیتے تھے، جیسے قاضی شریحؒ، سعید بن المسیبؒ سعید بن جبیرؒ، مسروقؒ، حسن بصریؒ، ابووائلؒ اور شعبیؒ تھے بلکہ قاضی شریحؒ تو حضرت عمرؓ اور حضرت علیؓ کے دور میں

قاضی تھے اور قاضی شریحؒ نے تو حضرت علیؓ کے خلاف ایک قضیہ میں فیصلہ بھی دیا تھا اور ابن عمرؓ جیسے صحابیؓ سے کسی نے مسئلہ پوچھا تو آپ نے حضرت سعیدؓ بن جبیر کا حوالہ دیا جبکہ ابویعلیؒ اجماع کے لئے عصر کا شرط لگاتے ہیں اور عصر کے اختتام کو شرط قرار دیتے ہیں لیکن جمہور کا مذہب قرین عقل ہے۔

(۶) کثرت رائے اور اجماع

یہ صحیح ہے کہ جب تمام لوگ ایک چیز کا فیصلہ کرنے پر اتفاق نہ کرسکیں تو وہاں کثرت رائے سے فیصلہ کیا جاتا ہے لیکن امور دینیہ کا معاملہ الگ ہے یہاں پر حجت اصلی تو قرآن وسنت ہے پھر اجتہاد شرعی کی رو سے عصر کے مجتہدین کا اجماع ہے یعنی ان تمام متفقہ کا فیصلہ ،بصورت دیگر وہ مسئلہ مجتہد فیہ اس طرح ظنی رہے گا، قطعی نہ بن سکے گا، اگرچہ اکثریت نے ایک رائے دی ہو،بصورت دیگر مخالفت کرنے والے مجتہد پر کرایا جانا کہ وہ اکثریت کا فیصلہ مانے حالانکہ ایسا نہیں جب تک وہ انہیں دلائل سے قائل کر کے اپنا ساتھی نہ بنائیں (المستصفی للغزالی الاحکام الترمذی)

حضرت ابوبکرؓ نے مانعین زکاۃ سے جب جہاد شروع کرنے کا ارادہ کیا تو حضرت عمرؓ سمیت اکثر صحابہ نے کہا کہ اتقاتل قوما یشھدون ان لا الہ الا اللّٰہ کہ آپ لا الہ الا اللہ والوں سے قتال چاہتے ہیں جبکہ حضور علیہ السلام نے منع فرمایا ہے؟ تو آپ نے فرمایا کہ اگر وہ ایک اونٹ کا مہار بکری کا بچہ بطور زکوٰۃ رسول اللہ کو دیا کرتے تھے اب منع کریں تو ان سے قتال کروں گا، (صحیح مسلم کتاب الایمان) گویا ابوبکرؓ نے اکثریتی رائے کو مسترد کردیا۔ جبکہ امام رازیؒ، طبریؒ اور معتزلہ ایسی رائے کو حجت قرار دیتے ہیں یعنی اختلاف کا اعتبار نہیں کرتے لیکن اصل رائے جمہور والی ہے۔

(۷) خلفاء راشدین (خلفاء اربعہ) اور اجماع

اگر کسی مسئلہ پر حضرت ابو بکرؓ، حضرت عمرؓ، حضرت عثمانؓ، حضرت علی رضوان اللہ علیہم اتفاق کر جائیں تو کیا یہ اجماع ہے؟

جمہور کے نزدیک یہ اجماع نہیں کیونکہ ان کی تخصیص برائے اجماع کے لئے کوئی دلیل موجود نہیں، اور حضرت ابن عباسؓ اور دیگر صحابہ کرامؓ اکثر مسائل میں ان سے اختلاف کرتے، لہٰذا اگر ان کا اتفاق اجماع ہوتا تو پھر کسی کے لئے مخالفت جائز نہ ہوتی۔

حنابلہ میں ابن البناء اور حنفیہ میں ابو حازم مخالفت کے باوجود بھی ان کے اجماع کو حجت قرار دیتے ہیں لیکن جمہور کی رائے قرین عقل ہے۔

اجماع اور انقراض عصر

انقراض عصر کا معنی یہ ہے کہ متفق ہونے والے مجتہدین کی وفات سے اجماع قطعی حجت بن جاتی ہے۔ یہ رائے امام احمد بن حنبلؒ اور ابن فوارک کی ہے لیکن جمہور کے نزدیک اجماع انعقاد کے بعد حجت بن جاتی ہے نیز اجماع کیلئے عصر صحابہؓ شرط نہیں، داؤد ظاہری نے صحابہ کرامؓ کے علاوہ دیگر علماء کے اجماع کو حجت نہیں کہا۔

(۸) اختلاف صحابہؓ

جب صحابہ کرامؓ کے دو اقوال ثابت ہو جائیں تو جمہور کے نزدیک تیسرے قول کی گنجائش نہیں جبکہ بعض علماء کے نزدیک ایسا قول ثالث جائز ہے، جس میں ایک بار ایک قول کو اور دوسری بار دوسرے قول کو اختیار کیا گیا۔ مثلاً وہ ذبیحہ جس پر تسمیہ کہنا ترک کیا جائے اس میں ایک قول ہے کہ اگر عمداً ترک کیا ہو تو نہ کھایا جائے اور اگر سہواً ترک

کیا ہو تو کھایا جائے، جبکہ دوسرا قول ہے مطلقاً کھانے کا، چاہے عمداً ترک کیا ہو یا سہواً کیا ہو، اب پہلے والے قول کو امام ابوحنیفہؒ نے لیا ہے اور دوسرے کو امام شافعیؒ نے، لہٰذا اگر کوئی مجتہد کبھی ایک قول پر فتویٰ دے اور کبھی دوسرے پر تو یہ جائز ہے۔ اور اسی میں دین کا فلسفہ سیر وسہولت بھی موجود ہے۔ لیکن فتویٰ دینے والا اجتہادی صفات سے متصف ہو ورنہ پھر تو تشہی ہوگی، یعنی خواہش پرستی، جہاں دینی اتباع مقصود نہ ہوگا، اور وہ ابن الھمامؒ کے نزدیک ناجائز ہے۔ اور صحابہ کرامؓ کے دو اقوال کے بعد تابعین ایک قول پر اتفاق کر جائیں تو یہ اجماع متصور ہوگا جبکہ بعض دیگر علماء اسے فتوی کا نام دیتے ہیں، اجماع کا نہیں، لہٰذا ان کا اجماع قطعی حجت تو نہیں ہوگا بلکہ فی الجملہ حجت ہے لیکن قریب عقل قول پہلے والا ہے کیونکہ اجماع کی عصر کے ساتھ خصوصیت نہیں اور نہ ایک طبقہ کے ساتھ خاص ہے۔

(۹) اجماع السکوتی

جب کوئی مجتہد ایک حکم اور قول کر جائے اور معاصر مجتہدین تک وہ بات پہنچے اور وہ اس پر انکار نہ کریں تو کیا یہ اجماع ہے؟

ایک فرقہ کا قول ہے کہ یہ اجماع نہیں اور نہ حجت ہے، یہ مذہب رازیؒ بیضاویؒ اور داؤد ظاہریؒ کا ہے کیونکہ شاید سکوت والے نے مجتہد کے اجتہاد پر انکار نہ کیا ہو یا کسی عذر یا مصلحت کی وجہ سے سکوت کر چکا ہو۔

عام علماء کا قول یہ ہے کہ سکوت دال علی الرضا یا تقریر وتثبیت ہے، کیونکہ اگر ایسا نہ ہو تو پھر تو ہر مجتہد پر صراحتاً قبول یا انکار لازم ہوگا، حالانکہ علماء کرام کے ہاں خلاف کی صورت میں مناظرہ اور اتفاق کی صورت میں سکوت ایک عادی طریقہ ہے۔ (اصول السرخسی ج۱، المستصفی)

کیونکہ اگر مسئلہ اعتقادی ہو تو اس میں سکوت رضا ہے تو فروع میں تو بطریق اولی رضا ہی

ہے کیونکہ اعتقادی میں اگر سکوت کرے اور وہ مسئلہ حقیقت کے خلاف ہوتو وہ مکفر ہے، جبکہ امور فرعیہ کا خلاف حقیقت ہونے کی صورت میں سکوت تو مکفر بھی نہیں۔

(۱۰) شرائط اجماع سکوتی

اجماع سکوتی کے لئے درج ذیل شرائط ہیں۔

۱: مجتہد وہ قول/فعل اتنا واضح کرے کہ وہ نشر ہوکر کسی پر مخفی نہ رہے۔

۲: اس معاملہ پر فکر کرنے کے لئے مناسب مدت بھی گزر جائے۔

۳: مجتہد ساکت سے انکار کا کوئی علامت صادر نہ ہو جبکہ وہ اس کے اظہار پر قدرت رکھتا ہو

۴: یہ سکوت استقرار مذہب سے قبل ہو۔

(۱۱) اجماع کا استناد/سند

پہلے گزر گیا کہ عقل شریعت اوراس کے امور کے لئے اُساسی وسیلہ نہیں، لیکن چونکہ فی الجملہ وسیلہ علم ہے اوراس کو استعمال کرنے کا حکم بھی دیا گیا ہے، لہٰذا جہاں نص موجود نہ ہو وہاں اجتہاد و قیاس کی صورت میں قرآن وسنت اورا سکے حکم و علت کو مدنظر رکھتے ہوئے اہل اجتہاد عقل کا وسیلہ استعمال کرے، گویا اجتہاد قیاس اور اتفاق کی صورت میں اجماع کا استناد لازماً اُساسی اصولی شریعت یعنی قرآن وسنت کی طرف ہو۔

(مسلم الثبوت، الاحکام ج:۲، جمع الجوامع ج:۲)

اور یہ اس لئے کہ اگر کوئی مسئلہ ابہام کی بنیاد پر حل کیا جائے تو وہ حجت نہیں اور پھر اجماع تو بنی ہے اجتہاد پر اور اجتہاد کے اپنے شرائط ہیں اور ان کا حاصل استناد ہے ورنہ پھر تو عوام کا اجماع بھی قابل اعتبار ہوتا، جو معقول نہیں اور نہ کسی نے یہ قول کیا ہے، پھر اجماع کا سند جمہور کے نزدیک خبر واحد بھی ہوسکتا ہے کیونکہ خبر واحد ظنی خبر تو ہے

اجماع اس کو قطعی بنا دیتا ہے جیسے کہ قبل از قبض منقولات/مطعومات کا فروخت ناجائز ہے۔ اولاً یہ بات ابن عمرؓ کے خبر واحد میں آیا ہے اور پھر اس پر اجماع ہو چکا اسی طرح پوتی کے لئے میت کے اپنے بہن کیساتھ ترکہ/میراث کا بڑا حصہ خبر واحد میں وارد ہے، بعد ازاں اس پر اجماع ہو چکا ہے یا التقاء الختانین یعنی جب مرد و عورت کے خاص اعضا باہم گرمل جائیں اگرچہ نزول منی نہ ہو چکا ہو خبر واحد میں اس پر غسل کا وجوب ثابت ہے جو بعد ازاں اجماع کے اُساس پر قطعی حکم بن چکا ہے جبکہ بعض علماء کے نزدیک کتاب وسنت کی کوئی قطعی دلیل اوراس کی طرف اجماع کا استناد لازمی ہے کیونکہ بصورت دیگر خبر واحد جو اصل ہوگا وہ ظنی ہے اور اجماع جو اس کا فرع ہے وہ قطعی ٹھہرے گا۔

(الاحکام للآمدی، کشف الاسرار لبزدوی ج ۳)

جبکہ ایک تیسری رائے یہ ہے کہ اجماع تو ہوگا ہی دلیل ظنی کو استناد کی شکل میں کیونکہ قطعی اور متواتر دلیل اگر موجود ہو تو وہاں تو اعمال الرائی اور اجماع کی ضرورت ہی نہیں۔

جہاں تک قیاس واجتہاد کے استناد پر اجماع کا تعلق ہے، جمہور کے نزدیک قیاس واجتہاد اجماع کا سند ہوسکتا ہے، کیونکہ خبر واحد اور قیاس دونوں ظنی ہیں، لہٰذا جب خبر واحد کو استناد جائز ہے تو پھر قیاس کو بھی سند قرار دیا جا سکتا ہے۔

صحابہ کرامؓ کا حضرت ابوبکرؓ کی خلافت پر اجماع بھی قیاس ہی کی وجہ سے ہوئی، جب حضرت عمرؓ اور دیگر صحابہؓ نے کہا:

رضیہ رسول اللہ لدیننا افلا نرضاہ لدنیانا

اور کہا کہ

ایکم یطیب نفسا ان یتقدم قدمین قدمھا رسول اللہ

یعنی رسول اللہ نے ابوبکرؓ کو ہماری دین کے لئے جب آپ کو بیماری کی حالت

میں رسول اللہ ﷺ نے امامت نماز کے لئے آگے کیا تھا) پسند کیا تو ہم اسے اپنی دنیا کے لئے پسند نہیں کریں گے، اور کسی کی ضمیر اجازت دے گا کہ وہ ان قدموں سے آگے بڑھے جن قدموں کو حضورؐ نے آگیا کیا تھا۔

اسی طرح صحابہ کرامؓ کا اجماع روغن زیتون کی نجاست پر جب اس میں چوہا گر جائے، انہوں نے اسے گھی پر قیاس کیا، یا انکا اجماع خنزیر کے جملہ اعضاء کی حرمت پر کہ انہوں نے اسے گوشت پر قیاس کیا جبکہ ایک رائے یہ ہے کہ اگر قیاس جلی ہو تو اس صورت میں عادۃً اتفاق ہوتا نہیں (التقریر والتعبیر ج ۳) لیکن یہ سوال تو خبر واحد میں بھی ہے۔

(۱۲) اقسام اجماع

اجماع کے دو انواع ہیں ایک مقطوع اور دوسرا مظنون اور دونوں کا فرق صرف نقل ہونے کے طریق میں ہے۔ اگر نقل تواتر سے ہو تو مقطوع اور اگر نقل متواتر نہ ہو تو مظنون یا اس میں اختلاف موجود ہو۔ باقی شرائط دونوں کے ایک جیسے ہیں اور وہ درج ذیل ہیں:

۱: اہل اجماع کا اتفاق

۲: اجماع قولی ہو

۳: اجماع ایک زمانہ میں ہو

۴: ایک ہی قول پر اتفاق کیا گیا ہے

پھر خبر واحد سے اجماع ثابت ہوتا ہے، یہ حنابلہ اور حنفیہ کے ایک معتد بہ گروہ کا مسلک ہے۔ ابو عبیدہ السلمانی نے فرمایا کہ

"ما اجتمع اصحاب رسول اللہعلی شئی کاجتماعھم علی محافظة الا ربع قبل الظھر و الاسفار بالفجر،وتحريم نكاح

"الاخت فی عدۃ الاخت"

ابوعبیدہ السلمانی نے صحابہ کرامؓ کا اجماع نقل کیا تین چیزوں پر ایک ظہر کی پہلی چار سنتوں پر، دوسرا فجر مکمل روشنی کے آنے کے بعد پڑھ لینے پر، تیسری بہن مطلقہ کی عدت میں دوسری بہن کی نکاح کی حرمت پر۔

جبکہ دیگر علماء نے خبر واحد کو اجماع کے لئے کافی نہیں سمجھا۔ گویا ان کے نزدیک اجماع مظنون اجماع نہیں۔

_____

فصل چہارم

قیاس

قیاس کا لغوی معنی تقدیر اور اندازہ کرنا

فن کے حوالے سے ایک مناطقہ (Logical) کا قیاس ہے اور دوسرا اہل شرع کا۔ قیاس منطقی میں عقلی تلازم ہوتا ہے جبکہ قیاس شرعی اثبات حکم کے لئے ہے، قیاس منطقی میں اجتہاد نہیں، جبکہ قیاس شرعی میں اجتہاد ہوتا ہے، قیاس منطقی میں کلی سے جزوی پر استدلال کیا جاتا ہے، جبکہ قیاس شرعی میں جزئی سے جزئی پر استدلال ہوتا ہے۔ مناطقہ قیاس شرعی کو قیاس تمثیل کہتے ہیں جو ظن کا ذریعہ ہوتا ہے جبکہ قیاس منطقی یقین کا ذریعہ ہوتا ہے۔

قیاس کے کئی انواع ہیں لیکن ہم قیاس طرد کا تذکرہ کرتے ہیں لیکن چونکہ علماء امت اس میں مختلف ہیں کہ کیا یہ قیاس طرد معرفت احکام کیلئے شارع کی طرف سے حجت الٰہی ہے (مسلم الثبوت، التحریر لابن الھمام ج۳) یا یہ مجتہد کا عمل ہے جس نے پہلی والی رائے اختیار کی، وہ کہتے ہیں کہ قیاس طرد فرع کا اصل کے ساتھ علت حکم یا اس کے قریبی چیز کی مساوات کا نام ہے۔ اور جس نے دوسرا قول کیا ہے تو ان میں سے بیضاوی نے تعریف یوں کی کہ علت مثبتہ میں اشتراک کی وجہ سے ایک معلوم حکم کا اثبات ہے دوسرے معدوم میں۔ اس سے معلوم ہوا کہ

(۱) قیاس کے چار ارکان ہیں:

۱: اصل ۲: حکم ۳: فرع ۴: علۃ مشترکہ

(۲) یہ قیاس وہاں ہوگا جہاں نص والا حکم عقل سے معلوم ہوسکتا ہوتا کہ اس کی علت ومعنی عقل کے سہارے معلوم ہو سکے اور حکم کی جو شرعی مصلحت ہے وہ بھی معلوم ہو سکے۔

(۳) یہ کہ قیاس حکم کا مثبت نہیں بلکہ مظہر ہے۔

ارکان قیاس اور اس کی تفصیل

۱) اصلی:

وہ صورت محتاج الیہ جس میں حکم اولاً ثابت ہو، جبکہ متکلمین اس کی تعریف میں کہتے ہیں کہ اصل اس صورت کے حکم کی دلیل ہے کیونکہ پہلے والا حکم جو نص میں ہے وہ بھی دلیل کا محتاج ہے، پھر اس اصل کی چند شرائط ہیں۔

۱: یہ کہ اصل والا حکم شرعی ہے کیونکہ عقلی اور لغوی حکم کے قیاس کا تعلق نہیں ہے۔

۲: حکم الاصل منسوخ نہ ہو۔

۳: حکم الاصل دلیل شرعی سے ثابت ہو۔

۴: حکم الاصل نص یا اجماع سے ثابت ہو اور کسی دوسرے اصل پر متفرع نہ ہو کیونکہ اس طرح قیاس برقیاس سے اور قیاس درقیاس سے علۃ مشترکہ کے وصف کی تطویل ہو جائے گی۔

۵: یہ کہ حکم الاصل معدول عن القیاس/عن العقل نہ ہو، پہلے کا یعنی معدول عن القیاس کا معنی یہ ہے کہ جو ابتداءً مشروع کیا گیا ہو اور اس کا نظریہ موجود نہ ہو اگرچہ

معنی معقول ہو مثلاً مسح علی الحفین اور رخصۃ الصلوۃ وصوم فی السفر(۱) یا غیر معقول المعنی جیسے قسامہ اور عاقلہ پر دیت کا لزوم۔ اور معدوم عن العقل کا مفہوم یہ ہے جیسے شہادۃ خزیمہ حضور علیہ السلام کا ایک یہودی سے تنازعہ ہوا، یہودی انکاری تھا، حضور علیہ السلام نے سوال کیا'من یشھدلی بکذا اس پر میری گواہی کون کرے گا۔ حضرت خزیمہؓ نے کہا میں۔ حضورؐ نے اس سے پوچھا کہ آپ کیسے شہادت دینگے جبکہ آپ موجود ہی نہیں تھے؟ حضرت خزیمہؓ نے کہا آپ ہمارے پاس آسمان کی خبریں لاتے ہیں، تو ہم تصدیق کرجاتے ہیں، ایک ذرہ کے معاملہ میں آپکو جھوٹا سمجھیں معاذ اللہ

---

(۱) مسح علی الخفین کہ مسافر تین دن رات تک اور مقیم ایک دن رات تک جب موزے طہارت سے پہن چکے ہوں، شرعی شرائط کو ملحوظ رکھتے ہوئے وہ اتنی مدت وضو کرتے وقت پاؤں پر مسح کرتے جائیں، وہ بھی ظاہری سطح پر۔ حضرت علیؓ نے فرمایا اگر مسح عقل کی اساس پر ہوتا تو میں کہتا کہ قدموں کے نیچے والے سطح پر مسح کریں، اور رخصت صلوۃ وصوم جب سفر میں تین فراسخ یعنی ۴۸ میل یا ۷۶ کلو میٹر ہو، اب چاہے سفر میں مشقت ہو یا نہ ہو، یہ رخصت ثابت ہے لیکن چونکہ یہ خلاف القیاس حکم ہے لہذا اس پر کسی دوسری مشقت کا قیاس نہیں کیا جاسکتا کہ وہاں بھی رخصت پر عمل کیا جائے۔

(۲) قسامہ کا معنی یہ ہے کہ اگر کسی ماحول میں کوئی مقتول ملے، قاتل معلوم نہ ہو تو وارث ماحول کے جتنے آدمیوں پر قتل کا شبہ ظاہر کرے حاکم ان میں سے پچاس افراد کو حلف دے دے گا اگر وہ لوگ پچاس سے کم ہوں تو قسم اور حلف کا تکرار کرایا جائے گا لیکن پچاس حلف پورے کرانا ضروری ہیں۔ یہ مذہب امام ابوحنیفہؒ کا ہے جبکہ امام شافعیؒ ان تمام کے حلف کے قائل ہیں۔ ۵۰ حلف پورے کرنے کے نہیں، لیکن چونکہ حضورؐ سے ۵۰ ہی منقول ہیں لہذا اس میں کمی بیشی نہیں ہوسکتی، کہ یہ عمل ہی خلاف القیاس ہے، لہذا اسے اصل صورت میں برقرار رکھنا لازم ہے اور اس پر قیاس بھی نہیں کیا جاسکتا۔

اور عاقلہ وہ لوگ ہیں جو آدمی (قاتل) کے اہل دیوان ہیں، دیت ان پر لازم ہے لیکن اس پر کسی اور کا قیاس نہیں کیا جاسکتا، نہ عاقلہ پر کسی آدمی کی دوسری ذمہ درای ڈالی جاسکتی ہے۔

فقه کی تاریخ و ارتقاء ۱۷۹

حضور علیہ السلام نے فرمایا کہ من شهدله خزيمة فهو كافيه جس کیلئے خزیمہ شہادت دے وہ کافی ہے حالانکہ شریعت میں کم از کم دو شاہد لازم ہیں لیکن یہ حکم خلاف القیاس آیا ہے، اس پر کسی دوسرے جلیل القدر صحابی کا قیاس نہیں کیا جاسکتا کہ اس کی تنہا شہادت کافی سمجھا جائے، چاہے وہ خلفاء اربعہ یا عشرہ مبشرہ ہی کیوں نہ ہوں گویا یہ حکم عام قاعدہ سے مستثنیٰ ہے یا عدد رکعات یا زکوٰۃ کے نصاب اور شرح کا حکم یہ اگرچہ غیر معقول المعین ہے لیکن کسی عام قاعدہ سے مستثنیٰ نہیں اور اس پر قیاس نہیں کیا جاسکتا۔

۶: حکم الاصل

یہ کہ قیاس مرکب الاصل کے ذریعے یا قیاس مرکب الوصف کے ذریعے ثابت نہ ہو۔

ا: مرکب الاصل وہ جو معارض کے ساتھ ثابت ہو لیکن استدلال کرنے والے نے استدلال میں جس وصف کا ذکر کیا ہو وہ وصف اس پر صادق نہ ہو اور کسی دوسرے علت کا تعین ہوگا، اس بناء پر کہ اگر حکم الاصل مثلاً امام شافعیؒ نے استدلال کیا ہے کہ حُر کو عبد کے بدلے قصاصاً قتل نہیں کیا جائے گا اور آیت پیش کی ہے:

اَلْحُرُّ بِالْحُرِّ وَ الْعَبْدُ بِالْعَبْدِ وَ الْاُنْثٰى بِالْاُنْثٰى (البقرة:۱۷۷)

چاہے یہ مقتول خالص عبد ہو، مکاتب ہو یا اس کا بعض حصہ آزاد کیا گیا ہو اور اس عبد کیلئے اپنے آقا کے علاوہ دوسرا وارث بھی موجود ہو۔ اس مسئلہ مکاتب میں اس کے ساتھ حنفیہ شامل ہیں لیکن اس صورت میں عبدیت ہی علت ہے عدم قصاص کا شافعیؒ کے نزدیک، جبکہ حنفیہ کے نزدیک قصاص کے مستحق کی جہالت اور عدم یقین عدم قصاص کی علت ہے اور یہ اس لئے کہ مکاتب اپنی رقبہ (ذات کے اعتبار سے عبد ہے جبکہ ید (تصرفات) کے حوالے سے عبد نہیں ہے۔

المكاتب عبدمابقي عليه درهم

مکاتب پر جب تک ایک روپیہ بھی باقی ہو وہ عبد ہی رہے گا، لیکن مقتول ہونے کی صورت میں کیا آقا وارث ہوگا؟ اس حوالے سے کہ مکاتب کو عبد کہا جائے یا اس کے نسبی وارث مستحق ورثہ ہوں گے اگر اس کے ترکہ سے باقی اقساط ادا کئے جائیں سو اگر علت صحیح ہوگیا تو الحاق ممنوع ہے اس لئے کہ فرع اس علت سے خالی ہے اور اگر علت صحیح نہ ہوگا تو حکم الاصل ممنوع ثابت ہوا، لہٰذا اسے قیاس مرکب کہتے ہیں کہ یہاں دو علتوں کا ذکر ایک مستدل کے لئے اور دوسرا معارض کے لئے۔

۲) مرکب الوصف کا معنیٰ یہ ہے کہ استدلال کرنے والے کے نزدیک اصل کا حکم ایک علت کی وجہ سے ثابت ہو جو علت مخالف کے نزدیک اصل میں موجود ہی نہیں۔ مثلاً امام شافعیؒ فرماتے ہیں کہ اگر کوئی کہے کہ اگر میں نے فلاں عورت سے نکاح کیا تو وہ طلاق ہو، یہ صحیح نہیں۔ کیونکہ اس نے طلاق کو نکاح کے ساتھ معلق/مشروط کیا۔ حالانکہ ابھی نکاح نہیں ہوا، سو یہ اس طرح ہے کہ وہ کہے کہ فلاں عورت جسے میں نکاح کروں، وہ طلاق ہو، یہ طلاق منجز (غیر معلق) ہے اور واقع نہیں تو اس طرح پہلے والا بھی واقع نہیں لیکن حنفیہ نے کہا کہ سرے سے یہ علت اصل میں موجود نہیں بلکہ انہوں نے کہا کہ

ولا يعدل لعلة اختلف في وجودها في الفرع والاصل

کہ اس علت پر تعلیل (استدلال کرنا) جائز نہیں جسکے وجود پر اصل وفرع کے حوالے سے اختلاف ہو (الآمدی ،المستصفی)

یہ مذکورہ شرائط تو متفقہ ہیں جبکہ اب شرائط مختلفہ کا ذکر ہے۔

۷: یہ حکم الاصل اصول اور شریعت کے قواعد معلوم کے خلاف ہوا گر ایسا ہے تو پھر قیاس صحیح نہیں، الا آنکہ درج ذیل تین امور میں سے کوئی امر ثابت ہو۔

۱: یہ کہ شارع نے نص ہی میں علت پر تصریح کی ہو۔

۲: یہ کہ امت کا اس بات پر اتفاق ہو کہ یہ حکم تعبدی نہیں بلکہ معقول ہے چاہے وہ خصوص علت پر متفق ہوں یا مختلف۔

۳: یہ کہ قیاس اصول شرعیہ کے موافق ہو، سوائے ان اصول کے جن کا حکم الاصل نے خلاف کیا ہو۔ جبکہ بعض شافعیہ کے نزدیک اگر قیاس بعض اصول کے مخالف ہوتو پھر جائز ہے اگر معقول المعنی ہو چاہے وہ دوسرے اصل کے ساتھ موافق ہو یا نہ ہو، جبکہ بعض دیگر شوافع اس قسم کے قیاس کو جائز نہیں کہتے چاہے معقول المعنی ہو یا تعبدی ہو اور چاہے نص میں حکم کے علت پر تصریح کی گئی ہو یا نہیں اور چاہے کسی دوسرے اصل کے ساتھ موافقت ہو یا نہ ہو۔

تحقیق کے بعد معلوم ہوتا ہے کہ حکم الاصل اگر معقول ہو اور شارع کی طرف سے کسی دوسری جگہ اس حکم کے اثبات سے منع نہ کیا گیا ہو تو قیاس صحیح ہے اور اگر حکم الاصل بعض اصول کے موافق اور بعض دیگر کے خلاف ہو اور حکم الاصل کا دلیل ایسا قطعی ہو جو فی نفسہ اصل قرار دیا جائے تو مجتہد ہی قیاس کی صورت میں ترجیح وضع کرے اور اگر دلیل ظنی ہو اور علت منصوص ہو تو بھی قیاس جائز ہے۔

جیسے کہ دیگر اصول پر لیکن مجتہد تعارض قیاسین کی صورت میں ترجیح وضع کرے کیونکہ دیگر اصول پر قیاس معلوم الحکم پر قیاس ہے اور یہاں معلوم العلۃ پر۔ ہاں اگر قیاس کی دلیل ظنی ہو اور علت بھی منصوص نہ ہو تو دیگر اصول پر قیاس اس کے مقابلہ میں راجح ہے۔

۸: یہ کہ وہ خاص باب جس میں قیاس کیا جارہا ہے اس خاص باب میں قیاس کے جواز کی دلیل بھی موجود ہو، لیکن یہ آخری شرط یعنی خاص باب میں قیاس کا جواز اور اس

کی معلومیت معقول معلوم نہیں ہوتا، کیونکہ شریعت میں قیاس بحیثیت اصل رابع عمومی انداز سے ثابت ہے۔

۹: یہ کہ جس اجماعی مسئلہ پر قیاس کیا جارہا ہو،یعنی قیاس کا استناد سند اجماع ہوتو وہ مجمع علیہ حکم علت کے بناء پر ثابت ہو کیونکہ قیاس تو اشتراک علت کی وجہ سے ہوتا ہے اور جب علت نہ ہوتو قیاس کیسے؟

۱۰: یہ کہ خصوص العلۃ فی الحکم پر نص موجود ہوتو قیاس صحیح ہوگا لیکن یہ دونوں شرائط بشر المدلسی کے نزدیک ہیں کیونکہ جواز قیاس کے لئے حکم الاصل کا ہونا شرط ہے اوراس پر عمل صحیح ہو بس۔

(ب) فرع:

اس سے مراد وہ معاملہ ہے جس کے لئے قیاس کے سہارے حکم الاصل کا اثبات اشتراک علت کی وجہ سے مقصود ہو۔

شرائط:

۱: جو لوگ تخصیص علت کے جواز کے قائل ہیں ان کی رائے یہ ہے کہ فرع کسی معارض ومقابل مقتضی سے خالی ہو، یعنی علت قیاس جس چیز کا مقتضی ہواس کا مقابلہ فرع میں موجود نہ ہو۔

۲: یہ کہ فرع میں موجود علت اور اصل میں موجود علت آپس میں مشارک ہوں، یعنی وہ علت بعینہ مشترک ہو یا پھر دونوں ایک جنس سے ہوں، پہلے کی مثال مثلاً نبیذ التمر یعنی کھجور کا رس اور شراب کے درمیان مستی اور طرب پیدا کرنے کی علت کا اشتراک۔ اور دوسرے کی مثال مثلاً اعضا وجوارح کے قطع وجرح میں قصاص کا وجوب قتل کے قصاص پر قیاس کرنا اس علت کے جنسی اشتراک کی وجہ سے کہ جنایت موجود ہے۔

۳: یہ کہ فرع کی علت اصل کی علت کے بعینہ مشابہ ہو جیسا کہ قتل میں کسی ثقیل چیز سے قتل کو کسی جارح اور تیز دھارے دار آلہ کے قتل پر قیاس کرنا، یا پھر جنس میں علت فروع اور علت اصل مماثل ہو، جیسا کہ کسی چھوٹی بچی کی ماں پر اس کے شرعی ولی کی ولایت ثابت ہے اور اس پر نکاح والی ولایت بھی قیاس کی گئی، کیونکہ چھوٹی بچی کی نکاح کی ولایت اس کے شرعی ولی کو حاصل ہے اور یہ اس لئے کہ جنس ولدیت تو موجود ہے۔

۴: یہ کہ فرع کا حکم نص میں موجود نہ ہو کیونکہ پھر تو وہ نص کی وجہ سے ثابت ہوگا قیاس سے نہیں (المستصفی ، الاحکام ج۳)

۵: یہ کہ فرع کا حکم اصل پر مقدم نہ ہو مثلاً امام شافعیؒ وضو کے لئے نیت کو تیمّم کے واجب نیت پر قیاس کر کے لازم قرار دیتے ہیں، حالانکہ وضو اصل ہے اور تیمّم بدل و فرع کیونکہ اس طرح تو فرع میں حکم علت سے قبل ثابت ہونا لازم آئیگا، کیونکہ وہ ایک متاخر حکم سے مستنبط کیا گیا، لیکن امام غزالیؒ نے فرمایا کہ جب یہ بطریق دلیل ہو تو دلیل کبھی کبھار مدلول پر متاخر ہوتی ہے مثلاً حدوث عالم جو صانع قدیم پر دال ہے، لیکن یہ اگر بطریق علت لیا جائے تو علت نے تو معلول پر مقدم ہونا ہے جبکہ عالم تو صانع سے متاخر ہوتا ہے، اور حکم حدوث علت کی وجہ سے حادث ہی ہوگا، اور اگر تیمّم کے علاوہ علت کیلئے دوسری دلیل ہو تو پھر سابق وضو کیلئے تنہا تیمّم دلیل نہیں ہوگا۔ (المستصفی ، الاحکام)

(ج) حکم

ا: تعریف حکم

وہ چیز ہے جو دلیل نے اصل کے لئے ثابت کیا ہو، مثلاً شراب کی حرمت کے لئے سورہ مائدہ کی آیت:

إِنَّمَا الْخَمْرُ وَ الْمَيْسِرُ وَ الْاَنْصَابُ وَ الْاَزْلَامُ رِجْسٌ مِّنْ عَمَلِ

الشَّیْطٰنِ فَاجْتَنِبُوْهُ لَعَلَّكُمْ تُفْلِحُوْنَ (المائدة: ۹۰)

۲: یہ کہ حکم شرعی بھی ہو اور عملی بھی ہو کیونکہ فقہی قیاس کا تصور صرف احکام عملیہ میں ہے

۳: یہ کہ حکم معقول المعنی ہو کہ نص نے اس کے سبب شرعی کی طرف اشارہ کیا ہو یا عقل اس کا سبب شرعی معلوم کرسکتا ہو۔ مثلاً مردار کے کھانے کی حرمت کہ عقل اس کی حرمت کا سبب معلوم کرسکتا ہے کہ رگوں کا خون نہ بہہ سکا لہٰذا اس کا کھانا مضر ہے۔ اس لئے علماء کرام نے شرعی احکام کے دو انواع ذکر کئے ہیں۔

الف: احکام تعبدیہ

جس کا عقل ادراک نہ کرسکتا ہو نہ اسے اس کا سبب معلوم ہو اور نہ حکمت لیکن چونکہ شارع کا حکم ہے لہٰذا ماننے اور کرنے کے بغیر چارہ نہیں جس طرح فوجی/عسکری کیلئے اپنے کمانڈر کا آرڈر کہ (To obey) ان احکام میں قیاس نہیں کیا جاسکتا (الاحکام۔ المستصفی) اس کی مثال جیسے تعداد رکعات اور نصاب زکوٰۃ وغیرہ۔

ب: احکام معقولة المعنی

وہ احکام جن کے سبب وحکمت کا عقل ادارک کرسکتا ہو، اس میں قیاس کیا جائیگا۔

یہ کہ حکم الاصل خلاف القیاس نہ ہو جیسا کہ سفر کی وجہ سے قصر فی الصلوٰۃ یا رخصت روزہ کہ اس میں مشقت ہے لیکن اس پر دیگر مشقت والے اعمال کا قیاس نہیں کیا جاسکتا کیونکہ یہ حکم خلاف القیاس ہے، یا روزہ میں نسیان سے خوراک کرنا جس سے روزہ نہیں ٹوٹتا لیکن اس پر خطا سے خوراک کرنا قیاس نہیں کیا جاسکتا کہ پہلے والا حکم خلاف القیاس ہے کیونکہ قیاس یہ ہے کہ کھانا پینا جس بھی انداز سے ہو روزہ ٹوٹنے کا ذریعہ ہوگا لیکن بعض احکام استثنائیہ میں قیاس کیا جاتا ہے یا مثلاً کسی آسمانی آفت کی وجہ سے فصل کا تباہ ہونا کہ اس صورت میں مستاجر پر اجرت ثابت نہیں ہوتا اور یہ قیاساً ثابت

ہے اصل حکم اس صورت میں ہے جب مالک زمین مستاجر کو وہ زمین استفادہ کے لئے فارغ کر کے نہ دے تو اجرت ساقط ہو جاتی ہے لہٰذا یہ مسئلہ اس پر قیاس کیا گیا۔

۶: یہ کہ حکم الاصل خاص نہ ہو جیسا کہ حضرت خزیمہؓ کی شہادت اور آپ نے جواب دیا کہ جب آپ آسمان کی خبریں لے آتے ہیں تو ہم تسلیم کرتے ہیں تو اس معمولی تصفیہ میں آپ کو سچا نہ مانیں، حضورؐ نے فرمایا کہ جس کیلئے خزیمہؓ نے شہادت دی وہ اس کیلئے کافی ہے، (صحیح بخاری) اب تنہا خزیمہؓ کی شہادت اس کی خصوصیت ہے۔ اس پر خلفاء اربعہ، عشرہ مبشرہ اور دیگر اصحابؓ بدر کو بھی قیاس نہیں کئے جا سکتے۔

د: علت

یہ وہ وصف ہے جو حکم کے اثبات میں موثر ہو بلکہ شارع نے اسے اس کے لئے علت قرار دیا ہو۔ یہ تعریف اہل سنت کے نزدیک ہے جبکہ معتزلہ نے اس کی تعریف میں یوں کہا ہے کہ

''علت وہ وصف ہے جو حکم میں بذاتہ موثر ہو، اور یہ تعریف ان کے ایک عقیدہ کی اساس پر ہے کہ عقل حسن و قبح کا معیار ہے لہٰذا اگر عقل کسی چیز کا حسن معلوم کرے تو وہ حسن اور واجب یا مستحب ہے اور اگر عقل کسی چیز کا قبح معلوم کرے تو وہ قبیح اور مکروہ یا حرام ہوگا، ورنہ بصورت دیگر مباح (منتهى السوول ،ج: ٤) کیونکہ اصل اشیاء میں اباحت ہے۔ (القواعد الفقیهه)

اور عام احکام میں علت اس لئے موجود ہوتا ہے کیونکہ شارع صاحب حکمت ہے، لغو کام نہیں کرتا اور آپ کا حکم و عمل کسی حکمت سے خالی نہیں ہوتا کیونکہ اس میں بندوں کے مصالح موجود ہوتے ہیں، البتہ امور تعبدیہ میں ہمیں وہ حکمت معلوم نہیں لہٰذا وہاں قیاس کو ممنوع قرار دیا گیا۔ محبّ اللہ بہاری نے اس وجہ سے علت کی تعریف یوں

کی ہے۔

ھی ماشرع الحکم عندہ تحصیلا للمصلحۃ

کہ یہ وہ چیز ہے کہ حکم کو حصول مصلحت کیلئے اس کے موجود ہونے کیساتھ مشروع کیا ہے۔

اور یہ اس لئے کہ انسان کے کچھ تقاضے ہیں اور کچھ ان پر لوازمات ہیں لہٰذا ان سب کو ملحوظ رکھتے ہوئے علماء کرام نے چند تقسیمات کئے ہیں:

مقاصد ضروریہ

انسان کے پانچ نہایت ہی وقیع اور ضروری چیزیں ہیں:

جان، مال، عزت وآبرو، عقل اور دین اور یہ پانچ اشیاء جملہ ادیان وافکار میں قابل احترام سمجھے جاتے ہیں، لہٰذا جان کے اتلاف اور اعضاء کے اتلاف میں قصاص اور دیت کا تصور دیا گیا ہے، مال کے تحفظ کے لئے حد سرقہ اور حد قطع الطریق لازم کیا گیا ہے۔ عزت وآبرو اور نسب کے تحفظ کے لئے حد قذف اور حد زنا مقرر کیا گیا ہے، عقل کے تحفظ کے لئے شراب نوشی کی حد جبکہ دین کے تحفظ کے لئے یہ تصور دیا گیا ہے کہ بجبر واکراہ کسی کے دین کو تبدیل کرنے کی کوشش نہیں کی جائے گی۔ اور نہ ہی دین کے اُساس پر کسی کو قتل کیا جائے گا۔ یہی وجہ ہے کہ امام ابوحنیفہؒ نے جہاد جیسی اہم عبادت کے لئے محاربت کو علت قرار دیا ہے کہ جو محارب ہو اس کافر کو قتل کیا جائے۔ حتیٰ کہ اگر مسلمان بھی دارالاسلام میں محارب (باغی) بن جائے اسے بھی قتل کیا جائے اور امام شافعیؒ نے کفر کو علت قرار دیا ہے۔ لیکن سوال یہ ہے کہ دارالاسلام میں رہنے والے کافر کو تو قتل نہیں کیا جاسکتا اور نہ کفار کے بوڑھوں، بچوں اور راہبوں کو جو قتال میں حصہ نہ لے رہے ہوں انہیں بھی قتل نہیں کیا جاسکتا۔

اب کچھ ان کے مکملات ہیں جیسا کہ تھوڑے شراب پینے کو بھی موجب حد

قرار دیا گیا ہے کیونکہ یہ بعد میں کثیر شراب کا سبب بنتا ہے، گویا حرام کے مقدمات، دواعی اور بواعث واسباب کو بھی حرام قرار دیا گیا ہے جیسا کہ اعتکاف حج اور احرام میں اپنی بیوی کا بوس و کنار بھی حرام قرار دیا گیا ہے، یا حنفیہ کے نزدیک ان کو ظہار میں بھی حرام قرار دیا گیا جبکہ حالت حیض اور روزہ میں اس پر قدغن نہیں لگایا گیا کیونکہ اس میں نص موجود ہے اور یہاں حرج کے دفعہ کے لئے وجہ موجود ہے یا جیسا کہ حدقذف کو اس لئے مقرر کیا گیا کہ زبان وکلام سے زخمی کرنا کبھی تلوار کی جنگ تک مفضی ہوتا ہے۔

دوسرے حاجیات ہیں، اب ضروریات تو وہ ہیں جن کے بغیر زندہ رہنا ممکن نہ ہو اور حاجیات وہ جن کے بغیر آدمی زندہ تو رہے لیکن کلفت و مشقت میں جیسا کہ بیع واجارہ اور معاملات کیونکہ اگر یہ نہ ہوں تو مذکورہ پانچ چیزوں میں سے بہت قلیل ہی فوت ہونے کا خطرہ ہے جیسا کہ بچے کے لئے ایک دودھ دینے والی عورت کا کرایہ پر لینا۔ اور پھر اس کے کچھ مکملات ہیں جیسا کہ کفاءۃ فی النسب کا لحاظ رکھنا، یا جب ولی کسی چھوٹی بچی کی نکاح کروادے تو وہاں مہر مثل کا لزوم کہ اس سے کم نہ ہوگا۔ کیونکہ بصورت دیگر چھوٹی بچی کو نقصان ہے۔ ہاں اگر باپ اپنی چھوٹی بچی کو مہر مثل سے کم پر بھی نکاح کروادے تو امام ابوحنیفہؒ کے نزدیک جائز ہے۔ اور مقاصد تحسینیہ جیسا کہ خبائث کو حرام قرار دیا گیا تاکہ اچھے اخلاق پر طبیعت کو تیزی مل جائے یا جیسا کہ غلام سے تصرفات وولایات سلب کئے گئے ہیں۔

دوسرا مقصد حکم شریعت کا یا تو یقیناً حاصل ہوگا جیسا کہ حصول ملکیت کے لئے خریداری یا پھر غالب گمان یہ ہے کہ یہ مقصد حاصل ہوگا۔ جیسا کہ قصاص سے لوگوں کا قتل بغیر حق سے منع ہونا۔ علماء امت، امام شاطبیؒ، محبّ اللہ بہاری ابن حاجبؒ، شاہ ولی اللہؒ اور دیگر علماء اصول نے شرعی حکم کا تذکرہ اس طرح کیا ہے کہ شرائع بندوں کے مصالح

کے لئے نازل فرمائے گئے اور یہ مصالح یا تو منافع کا دینا ہوگا یا پھر مضرات اور مفاسد کا دفع مقصود ہوگا۔ یہ علیحدہ بات ہے کہ بعض احکام کی حکمتیں انسانی نظر، حواس اور عقل سے ماوراء ہوتی ہیں، اس لئے اصل وجوب کے لئے حکم شارع کو ہی سبب کافی قرار دیا گیا ہے کہ حکمت کے معلوم نہ ہونے کے بناء پر کوئی اداء واجب سے پہلوتہی نہ کرے اور مجتہدین اجتہاد کرتے وقت انہی مصالح کو مدنظر رکھتے ہیں، شاید بعض افراد کے لئے اس کام کے کرنے سے وہ حکمت حاصل نہ ہو، کیونکہ شریعت نے کلی اور عمومی انداز سے کسی چیز کے حکم کے حوالے سے حکم دیا ہوتا ہے جبکہ کبھی حکمت امر تقریری ہوتا ہے یعنی ایک ضابطے کے تحت نہیں آتا لہٰذا افراد کے حوالے سے اس میں فرق نہیں پڑتا، مثلاً اجازت شفعہ کی علت بری ہمسائیگی سے بچنا ہے، اب بعض افراد کے حوالے سے حکم شفعہ میں تو فرق نہیں آسکتا۔

گویا علت اور حکمت کے درمیان فرق ہے کیونکہ حکمت وہ مقصودی غایت ہے جس کیلئے شریعت نے وہ حکم دیا ہے، یعنی اس مصلحت کا نام ہے جبکہ علت وہ ظاہر اور منضبط امر ہے جس پر حکم بناء کیا گیا ہے اور وہ حکم اس علت کے وجود و عدم سے وجوداً وعدماً مربوط ہوتا ہے کہ علت موجود ہو تو حکم بھی موجود اور اگر علت معدوم تو حکم بھی معدوم۔

الحکم یدور مع العلۃ

جیسا کہ سفر میں نماز کی قصر، اس کے لئے سفر علت ہے اور حکمت دفع مشقت ہے لیکن چونکہ مشقت ایک امر تقدیری اور ظنی ہے لہٰذا جہاں علت سفر موجود ہو وہاں قصر ہوگا، چاہے بعض اوقات مشقت موجود نہ ہو۔

آمدی نے الاحکام میں علت کی تعریف یوں کی ہے:

''وہ وصف ہے جو حکم پر باعث ہو''

جبکہ امام رازیؒ اور قاضی بیضاوی نے اس کی تعریف میں کہا کہ:

''یہ وہ وصف ہے جو حکم کا معرف ہے''

ان تعریفات کی روشنی میں یہ نتیجہ اخذ کیا گیا کہ علت اور حکم دونوں معلل بالعلۃ ہوں گے۔

(۱) شرائط علت

اب وہ علت جو شرعی حکم کیلئے علت ٹھہرے اس کیلئے چند شرائط ہیں:

۱: ایسا نہ ہو کہ حکم وجودی نہ ہو اور وصف جسے علت قرار دیا گیا وہ عمومی ہو یعنی علت کا وجودی ہونا ضروری ہے اگرچہ بعض علماء نے سطحی انداز اپنا کر عدمی کو علت تسلیم کرلیا ہے اور کہا ہے کہ

زید ضرب خادمه او ابنه لعدم امتثاله

عدم امتثال کو علت قرار دیا گیا اور وہ عدمی ہے، لیکن اس کا جواب یہ ہے کہ یہاں بھی علت وجودی ہے اور وہ ہے کہ

منع عن الامتثال

۲: **علت قاصر نہ ہو**

علت کے قاصر ہونے کا معنی یہ ہے کہ اس کا دوسری جگہ موجود ہونا ممکن نہ ہو حتیٰ کہ اس پر قیاس کیا جاسکے۔

۳: **علت مفرد ہو**

اس کا مفہوم یہ ہے کہ یہ علت ہر ایسے حکم میں موجود ہو، بعض علماء کرام نے اس شرط کو نہیں لگایا جبکہ حکم علت کے متخلف ہوچکا ہو کسی مانع کی وجہ سے یا منصوص اور

مستنبط میں شرط نہ ہو۔

II: موانع کی اقسام

۱: ایک وہ مانع جو انعقاد علت کے لئے رکاوٹ ہو مثلاً ایک حُر بندے کا فروخت کرنا کیونکہ وہ فروخت اور خرید کا محل نہیں۔

۲: وہ مانع جو عاقد کے علاوہ غیر کے حق میں تمام حکم کے لئے رکاوٹ ہو جیسا کہ فضولی کا بیع، فضولی وہ شخص جو شرعاً خرید وفروخت کا اہل ہو لیکن کسی اور کے متاع کو اس کے وکالۃ اور اجازۃ کے بغیر فروخت کرے، اب جو اصل مالک ہے اس کے حوالے تمام عقد نہیں جبکہ عاقد کے حق میں عقد تامہ ہے، یعنی یہ فضولی اس عقد کو باطل نہیں کرسکتا جبکہ وہ اصل مالک کرسکتا ہے۔

۳: وہ مانع جو ابتداء حکم کے لئے رکاوٹ ہو مثلاً خیار شرط جب بائع شرط کرے، یعنی زید عمرو کے ہاتھ کوئی چیز فروخت کرے اور اپنے لئے تین دن کی مہلت شرط کرے، اب یہ مبیع بائع کے اشتراط کی وجہ سے مشتری کے ملک میں داخل نہیں ہوا، یعنی مالک مشتری کے لئے مانع ہے۔

۴: وہ مانع جو تمام حکم اور اسکے کامل ہونے کیلیئے رکاوٹ بنے، جیسا کہ خیار رؤیت یعنی زید عمر سے ایسی زمین خریدے جو اس نے دیکھا نہ ہو اس نے دیکھنے کے بعد فسخ کا حق ہے گویا اس عقد سے ملک تو لازم ہوا لیکن تام نہیں ہوا کیونکہ قبض نہیں ہوا، تو مشتری دیکھتے وقت اسے رضاء بائع اور قضاء قاضی کے بغیر فسخ کرسکتا ہے۔

۵: وہ مانع جو لزوم حکم کے لئے رکاوٹ ہے جیسا کہ خیار عیب۔ اس کا معنی یہ ہے کہ مشتری کو اگر خریدنے کے بعد مبیع میں کوئی عیب نظر آئے تو اسے واپس

کرسکتا ہے لیکن چونکہ قبض مشتری کی وجہ سے تام ہوگیا ہے، لیکن مشتری اسے بائع کی باہمی رضامندی یا پھر قاضی کے قضاء سے فسخ کرسکتا ہے۔

(۴) علت مکسورہ نہ ہو

یعنی جس حکم کے لئے اس علت کو علت قرار دیا گیا ہے جو علت موجود ہونے کا غالب محل ہے تو دوسرے محل میں علت منقوض نہ ہو، مثلاً ایک محل میں حکمت موجود ہو لیکن اس کے ساتھ حکم موجود نہ ہو۔ مثلاً سفر کی مشقت کی وجہ سے تو رخصت دیا گیا کہ نماز میں قصر کریں۔ اب اس کی حکمت دفع مشقت ہے لیکن اس مشقت کے دفع کو قصر کا ذریعہ نہیں قرار دیا جاسکتا کہ کوئی آدمی ایک مشقت والے کام میں مصروف ہو وہ بھی قصر کرے نہیں۔

(۵) علت منعکس ہو

یعنی علت کے انتفاء کی وجہ سے حکم کا انتفاء ہو، فقہاء کے نزدیک یہی اس کی تعریف ہے۔

(۶) علت اصل کے حکم سے متاخر نہ ہو

کیونکہ پھر تو حکم بغیر باعث کے لازم آیا ہوگا جیسا کہ ایک نابالغ بچہ پر باپ کی ولایت اگر وہ مجنون ہے اس پر بالغ بیٹے کا قیاس اگر وہ بھی مجنون ہے، غیر صحیح ہے کیونکہ نابالغ پر والد کی ولایت تو بغیر جنون کے بھی ثابت تھا۔

(۷) تعلیل سے حکم الاصل باطل نہ بنے

اور اگر ایسا ہو تو حکم برحال خود رہے گا، البتہ وہ علت باطل ہوجائے گا۔

(۸) علت کیلئے کوئی مخالف نص یا مخالفِ اجماع حکم نہ ہو۔

(۹) علت عموم قرآن کیلئے مختص نہ ہو، اوراس کے ساتھ دوسری علت معارض نہ ہو۔

(۱۰) یہ کہ فرع میں علت کا وجود قطعی ہو۔

(۱۱) یہ کہ شارع کی طرف سے وصف سبب اور علت ہو۔

(۱۲) یہ کہ وصف محسوس اور ظاہر ہو۔

(۱۳) یہ کہ علت وصف مناسب ہو، اس کا حاصل یہ ہے کہ حکم کی حکمت کیلئے یہ علت غالب مورد ہو۔

(۱۴) یہ کہ وہ وصف ایسا ہو کہ جس کے عدم اعتبار پر دلیل قائم ہو۔

III اثبات علت کے طریقے

(۱) نص یا اجماع

نص سے مراد تو کفایت اور سنت ہے اور یہ دو قسم ہیں:

(۱) قاطع: یعنی جہاں علیت پر تصریح کی گئی ہو علیت کے ادوات سے اور کسی دوسری چیز وتصور کا احتمال نہ ہو، مثلاً کلمہ ''کی'' یا حکم ''اِذن'' یا حکم ''لاجل'' یہ تینوں کلمے تعلیل میں صریح ہیں۔ پہلے کلمے کی مثال

کی لایکون دولة بین الاغنیاء منکم (مسلم الثبوت،الاحکام للترمذی ج۳،ص۵۵)

تاکہ یہ دولت اغنیاء ہی کے درمیان چکر نہ لگائے۔

اب یہ تقسیم کی علت ہے۔ دوسرے کی مثال حضورؐ سے کسی نے رطب اور تمر (دو قسم کے کھجور میں) کے باہمی بیع کے متعلق پوچھا، آپ ✓ نے فرمایا کہ کیا یہ رطب تمر نہیں ہوئے؟ اس نے کہا ہوئے ہیں۔ آپ نے جواب دیا ''فلا اذن'' سو اس کو تعلیل قرار دیا۔ تیسرے کی مثال حضور ✓ نے فرمایا:

کنت انھٰنکم عن ادخار لحوم الأضاحی لاجل الدافة

۲: نص ظاہر: جہاں نص علیت پر دال ہو لیکن غیر کا احتمال بھی پایا جاتا ہو، لیکن مرجوح قسم کا جیسا کہ کلمہ "لام" اللہ تعالیٰ کے قول اَقِمِ الصَّلٰوةَ لِدُلُوْكِ الشَّمْسِ (بنی اسرائیل:۷۷) یا اَقِمِ الصَّلٰوةَ لِذِكْرِیْ (طٰہٰ:١٤) سو کلمہ لام تو تعلیل کیلئے وضع کیا گیا ہے لیکن علت کے علاوہ اس میں دوسرے معنی کا احتمال بھی ہے۔ یا کلمہ ان مشددة جیسا کہ روایت میں ہے ایک آدمی کو اونٹ نے لات مار کر ہلاک کر دیا۔ حضور ﷺ نے فرمایا:

لاتقربوه طيباً فانه يبعث يوم القيامة ملبياً

کہ اس کو خوشبو نہ لگائے، یہ قیامت کے دن تلبیہ کہنے والا اٹھے گا۔

اس حکم کو اس لئے نص ظاہر کہا گیا ہے کہ علت کے علاوہ یہ کبھی غیر علت کے لئے بھی احتمال رکھتا ہے۔ یا حکم "با" جیسا کہ:

فَبِظُلْمٍ مِّنَ الَّذِيْنَ هَادُوْا حَرَّمْنَا عَلَيْهِمْ طَيِّبٰتٍ اُحِلَّتْ لَهُمْ (النساء:١٦٠)

کہ یہودیوں پر ظلم کی وجہ سے ہم نے طیبات حرام کر دیئے۔

یہ کلمہ باء علت کے لئے ہے لیکن یہ الصاق وغیرہ کیلئے بھی مستعمل ہوتا ہے۔

جہاں تک اجماع کا تعلق ہے تو میراث اعیانی بھائی کو علاتی پر ترجیح دے دی گئی ہے کہ وہاں اجماع منعقد ہوا یا کہ جس طرح نکاح کروانے صغیر اور صغیرہ کا صغر علت ہے اجبار کا کہ اس کو ولایۃ الاموال پر قیاس کیا گیا۔ (الاحکام للآمدی ج ۳ ص ۵۵)

۲: الایماء

اس کی تعریف یہ ہے کہ جو کسی وصف کی علت ہونے پر دال ہو بوجہ کسی قرینہ دالہ کے اس کے پانچ اقسام ہیں:

۱) کلمہ "فاء" تعلیل ہو، پھر اس کے چار طریقے ہیں۔

ا: حکم مؤخر ہو اور وصف مقدم ہو اور کلام مقدم ہو اور کلام شارع میں

ہو وَ السَّارِقُ وَ السَّارِقَةُ فَاقْطَعُوْا اَيْدِيَهُمَا (المائدة:۳۷)

ب: وصف مقدم اور حکم مؤخر ہو لیکن کلام راوی میں زنی ماعز فرجم ماعز نے زنا کیا سو رجم کئے گئے۔

ج: حکم مقدم اور وصف مؤخر ہو ہو بہو کلام شارع میں لاتقربوہ طیبا فانہ یبعث یوم القیامة ملبیا کہ اس مردہ کو خوشبو نہ لگائیں یہ قیامت کے دن تلبیہ کہتے ہوئے اٹھے گا۔

د: حکم مقدم اور وصف موخر ہو کلام راوی میں۔ البتہ اس کے پھر چار انواع ہیں اور وہ باہمدیگر متفاوت ہیں علمیت کے افادہ کے حوالہ سے۔ ان میں زیادہ قوی وہ ہے کہ حکم وصف پر مرتب ہو۔ حکم فاء سے ہو کلام شارع میں ہو۔ وصف مقدم ہو یا متاخر ہو۔ سو یہ علمیت کے لئے مفید ہوگا لیکن اگر حکم فاء نہ ہو تو اس میں دو آراء ہیں۔ جمہور کے نزدیک یہ مفید ہے۔

ابن حاجب اور آمدی کے نزدیک تب مفید علت ہوگا جب وصف مناسب ہو۔

۲: یہ کہ شارع محکوم علیہ کی صفت کی اطلاع پا کر کوئی حکم دے، جیسا کہ اعرابی رسول پاک ﷺ کے پاس آیا کہ رمضان میں دن کے وقت بیوی سے مباشرت کی ہے، آپ نے فرمایا اعتق رقبة گویا یہ اس طرح تھا جیسا کہ اعرابی نے پوچھ لیا ہو "انا أعتق رقبة" کیا میں رقبہ آزاد کر سکتا ہوں۔

۳: شارع حکم دے اور ساتھ وصف بھی ذکر کر دے بغیر سوال کے یہ چار انواع ہیں۔

الف: بغیر سوال کے حکم بمع وصف بیان کرے جیسا کہ لیلة الجن میں ابن مسعودؓ نے جب نبیذ التمر لائے آپؐ نے وضو فرمایا اور فرمایا کہ

تمرة طيبة وماء طهور

اور طہور کا تذکرہ آپ نے بغیر سوال کے کردیا وصف طہور تب باقی ہے۔

ب: جب سوال کے بغیر حکم بمع وصف کے ذکر کردے جیسا کہ بلی کے بارے میں آپ سے سوال کیا گیا۔آپ نے فرمایا کہ انها من الطوافين عليكم والطوافات گویا طہارت کا علت ذکر فرمایا۔

ج: یا یہ کہ رسول اللہؐ سے کوئی وصف کا سوال کرے وہ جواب نہ دے بلکہ اس کے نظیر کا جواب دے، جیسا کہ اس عورت کا مسئلہ کہ میرے والدہ مرگئی اس پر روزے ہیں کیا میں اس کے روزے رکھ سکتی ہوں، رسول اللہ ﷺ نے جواب دیا کہ آپ کی والدہ پر اگر قرض ہوتا اور آپ ادا کرتی تو کیا ادا ہوجاتا؟ اس نے کہا ہاں تو فرمایا کہ اپنی والدہ کی طرف سے روزے رکھے۔ اللہ کا قرض ادائیگی کا زیادہ متقضی ہے۔

د: یا یہ کہ شارع علیہ السلام کسی وصف کے ذریعے دو حکموں کا فرق واضح کردے یا وہ اپنے بیان سے کسی حکم کے بیان کرنے کا قصد کرے، جیسا کہ فَاسْعَوْا اِلٰی ذِکْرِ اللّٰهِ وَذَرُوا الْبَیْعَ یہاں حکم جمعہ بیان کرنا مقصود ہے نہ کہ حکم بیع۔

۳) الناسب

یہ وہ ظاہر اور منضبط وصف ہے جو عقلی اعتبار سے ترتیب حکم کا متقضی ہو جو انسان کے لئے نفع یا دفع مضرت کا ذریعہ ہو، یہ چار امور کی وجہ سے علت ہو سکے گا۔

ا: یہ کہ حکم کے نوع کے لئے وصف کا نوع معتبر ہو، جیسا کہ بے خود ہوجانا حرمت

کے لئے۔

ب: نوع وصف جنس حکم کے لئے معتبر ٹھہرے جیسا کہ حقیقی کا تقدیم فی الارث علاتی بھائی پر۔

ج: نوع حکم کے لئے جنس وصف کا اعتبار کرنا جیسا کہ سقوط صلوٰۃ کے لئے مشقت، پھر مشقت دو نوع کے ہیں، ایک حیض کا دوسرا سفر کا مثلاً:

د: جنس وصف کا اعتبار جنس کے حکم کے لئے۔

۴) چوتھا طریقہ الشبہ

یہ وہ وصف ہے جس کی مناسبت بحث تام سے ظاہر نہ ہو سکا ہو۔لیکن شارع کی طرف سے بعض احکام میں اس کی جانب التفات کیا گیا ہو۔

اس میں دو آراء ہیں کہ اس کا علت بننے کیلئے کسی دوسری چیز کی ضرورت ہے کہ نہیں، علامہ باقلانی کے نزدیک اس کیلئے نص، اجماع یا مناسبت کی ضرورت ہے، جبکہ قوی ترین رائے یہ ہے کہ ایسی چیز کی ضرورت نہیں کیونکہ وہ تینوں تو خود علت ہیں۔

۵) طرد وعکس

اس کی تعریف یہ ہے کہ حکم موجود ہو جب وصف موجود ہو اور معدوم ہوگا جب وصف معدوم ہو (المستصفی للغزالی ص ٤٤٥)

اور یہ شافعیؒ کا مذہب ہے جبکہ معتزلہ کے نزدیک یہ قطعی علت ہے۔

۶) اس کا معنی یہ ہے کہ نص میں وارد حکم کے کئی سارے مظنون علل کو اولاً علت بنا کر بعد میں ایک کو علت رکھا جائے اور باقی باطل ہو جائیں مثلاً گندم کے بارے میں وارد حدیث کہ الحنطة بالحنطة مثلاً بمثلٍ یداً بیدو الفضل ربوا

کہ ان کا تبادلہ مماثل اور بیک وقت ہو، ورنہ سود ہوگا۔

اب اس گندم میں پیمانہ ،قوت یعنی غذائیت اور طعم یعنی کھانا، تین مظنون علت ہیں، اب پیمانہ اور قوت دونوں علت نہیں ہو سکتے، لہٰذا طعم علت ہے کیونکہ اول دونوں میں مناسبت نہیں۔ یا مثلاً امام شافعیؒ کے نزدیک ولایت نکاح میں صغر اور بکارۃ علت ہو سکتے ہیں لیکن صغر اس لئے نہیں کہ پھر تو صغیرہ ثیبہ پر جبر کیا جا سکے گا، جبکہ دوسری حدیث میں آیا ہے کہ الثیب تستأذن ثیبہ سے اجازت لی جائے گی لہٰذا بکارت ہی علت ہو گیا۔

اگرچہ حنفیہ کے نزدیک صغر ہی علت ہے کیونکہ ولایت الانکاح قیاسا علی ولایۃ الاموال بھی ہے اور وہاں صغر ہی علت ہے۔

البتہ اگر ایک نص میں علل ایسے ہوں کہ بعض ظنی ہوں اور بعض قطعی ہوں تو وہاں پھر جو آدمی جس علت پر استدلال کرے اس پر تو ثابت ہے البتہ معترض پر واجب نہیں، بعض کے نزدیک ظنی چونکہ متفق ہے لہٰذا وہ علت ہے جبکہ بعض دیگران کے نزدیک قطعی علت ہے اور ظنی باطل ہے۔ اور بعض کے نزدیک کسی پر علت نہیں، میرے نزدیک قول اول راجح ہے۔

۷) الطرد

یہ وصف کے موجود ہونے پر حکم کا موجود ہونا ہے لیکن اس انداز سے کہ وصف وحکم کے درمیان نہ تو بالذات مناسبت ہے اور نہ بالتبع سوائے اس متنازعہ صورت کے۔ اس قسم کے وصف کو وصف طردی کہتے ہیں۔ یہاں پر بھی علت ہونے میں آراء مختلف ہیں، لیکن اصل یہ ہے کہ فی الجملہ علت ہے۔

۸) تحقیق المناط

مناط کا معنی ہے علت اور تحقیق مناط کی تعرف درج ذیل ہے:

صرف الهمة فی تعیین العلة التی اناط الشارع الحکم بها بحیث یکون

منصوصاً فی النص ای الحکم و العلة کلاھما

کہ نص میں حکم اور علت دونوں کا ذکر ہوں سو اس علت کا تعین کرنا۔ جیسا کہ

وَ السَّارِقُ وَ السَّارِقَةُ فَاقْطَعُوْٓا اَيْدِيَهُمَا (المائدۃ:۳۷)

یہاں حکم ہے قطع ید یعنی ہاتھ کاٹنا اور علت ہے سرقہ یعنی چوری۔ اب دونوں منصوص ہیں سو جہاں بھی سرقہ کا وجود متصور ہو وہاں پر قطع ید لازم آئے گا اور سرقہ کی تعریف اخذ مال محرز محترم فی خفیة کہ چوری کسی محترم اور محرز (محفوظ) مال کا چھپے چھپائے لینا ہے۔ اب یہ معنی کفن کش میں موجود نہیں کہ وہاں مال محترم ہے چھپے چھپائے لینا بھی ہے لیکن حرز اور حفاظت موجود نہیں اور طرار یعنی جیب کترا کی صورت میں یہ تینوں موجود ہیں۔ لہٰذا کفن کش پر حد نہیں ہوگا۔ جبکہ غصب کی صورت میں غاصب پر بھی ضمان اور تعزیر تو ہوگا لیکن حد سرقہ نہیں اس لئے کہ چھپے چھپائے نہیں لیا۔

۹) تنقیح المناط

یہ نص میں موجود کئی سارے علتوں میں سے کسی ایک علت کا تعین کرتا ہے وہ حدیث کہ اعرابی نے رمضان کے دن میں بیوی سے مباشرت کی ہے اور حضور ﷺ نے اس پر کفارہ لازم فرمایا۔ اب یہاں علت وقوع اور جماع فی نہار رمضان ہے شافعیہ کے نزدیک، جبکہ حنفیہ کے نزدیک دن کے وقت عمداً مفطر کا وجود ہے۔ لہٰذا جہاں مفطر موجود ہوا وہاں حکم کفارہ لازم آئے گا۔ یا مثلاً امام شافعیؒ قتل بالمثقل یا بالجارح کو موجب قصاص کہتے ہیں۔ کیونکہ وہ اس کے درمیان فرق کے قائل نہیں۔ اس لئے کہ وجوب قصاص کا مقصد حفظ نفس اور عدم اعتداء وعدم ظلم ہے۔ لہٰذا اگر قتل بالمثقل موجب قصاص نہ ہوا تو لوگ اس راہ کو اختیار کر جائیں گے۔ لہٰذا اس نے قتل بالمثقل کو قتل بالجارح پر قیاس کیا اور یوں علت کی تنقیح کی ہے۔ اگرچہ ابوحنیفہؒ کے نزدیک قتل بالمثقل یعنی قتل

السوط والعصا قتل شبہ عمد ہے۔

حدیث شریف میں آیا ہے: الا ان قتیل بالمثقل یعنی قتل السوط والعصا اور نام کی تبدیلی حکم کی تبدیلی کا تقاضا کرتی ہے۔ البتہ اسی صورت مذکورہ میں امام شافعیؒ جو علت کہہ دیتے ہیں وہ از قسم و تقسیم ہے کہ ان کے نزدیک موجب قصاص قتل عمد و عدوان سے مطلقاً نہ کہ قتل عمد و عدوان بالمحدد کیونکہ اصل مقصد تو نفس انسان کا تحفظ ہے۔ اور وہ قصاص ہی پر ہوسکتا ہے۔

۱۰) تخریج المناط

یہ علت منصوص نہ ہو بلکہ مجتہد اس کی تخریج کرے اور پھر اسی علت کے اُساس باقی مماثل مواد و مواضع میں اس حکم کو ثابت کر دے جیسا کہ حدیث التفاضل۔

حضور ﷺ نے فرمایا:

> الحنطة بالحنطه يد ابيد مثلا بمثل والفضل ربوا والشعير بالشعير يدابيد مثلا بمثل والفضل ربوٰا والملح بالملح يدابيد مثلا بمثل والفضل ربوٰا والتمر بالتمر يدابيد مثلا بمثل والفضل ربوٰا والذهب بالذهب يدابيد مثلا بمثل والفضل ربوٰا والفضة بالفضة يد ابيد مثلا بمثل والفضل ربوٰا۔

یہاں چار چیزیں ہیں، گندم، جو، نمک، کھجور، سونا اور چاندی تمام میں جب ایک ہی جنس کا آپس میں تبادلہ ہو تو وہاں نقد ہونا یعنی ایک مجلس میں ہونا، اور باہمدیگر مساوی ہونا لازمی ہے۔ پھر ائمہ کرام نے اس کی علت کو ڈھونڈنا چاہا تو امام مالکؒ نے فرمایا کہ پہلے والے چار اجناس میں ادخار یعنی ذخیرہ ہونے کی صفت ہے اور بعد والے دو میں ثمنیۃ ہے یعنی اس کا ثمن بالاصل ہونا۔ لہٰذا جو چیزیں ذخیرہ کی جاسکتی ہیں اور وہ جو

ثمن واقع ہوسکتی ہیں ان میں سود کا تصور ہوگا، جبکہ امام ابوحنیفہؒ کے نزدیک چھ کے چھ اشیاء میں ایک تو جنس ہے کہ مبادلہ ایک جنس کا ہو اور دوسرا پہلے والے چار اشیاء میں پیمانہ اور بعد والے دو میں وزن ہے جن کی تعبیر قدر سے کی جاتی ہے، لہٰذا سود کی علت جنس اور قدر ہوں گے، یعنی جنس ایک ہو اور اس میں وزن ہوتا ہو یا پیمانہ کیا جاتا ہو، اور امام شافعیؒ کے نزدیک پہلے والے چار میں طعم اور بعد والے دو میں ثمنیت ہے، یعنی از قبیل مطعومات ہو، یا پھر از قبیل اثمان ہو، گویا ہر ایک نے نص سے علت نکالنے اور ڈھونڈ پانے کی کوشش کی کہ جہاں یہ علت موجود ہو وہاں پر اس حکم کا اجراء کیا جائے۔

۱۷ علت اور اس کے قوادح

النقض

وہ وصف جس کے متعلق علت ہونے کا دعویٰ ہو وہ موجود ہو لیکن اس کا حکم موجود نہ ہونے پائے۔ مثلاً امام شافعیؒ فرماتے ہیں کہ اگر کسی نے رات سے روزہ کی نیت نہ کی ہو تو اس کا روزہ صحیح نہیں، اسلئے کہ اس کے روزے کا اول حصہ نیت سے خالی تھا وہ صحیح نہ ہوا تو بقیہ روزہ بھی صحیح نہیں ہوسکتا۔ حنفیہ اُسے جواب دیتے ہیں کہ یہ علت منقوض ہے اس نفلی روزہ پر جس کی نیت دن کو کیا جائے وہ صحیح ہوتا ہے۔ لہٰذا شافعیہ کی علت منقوض ہے۔ پھر یہی نقض جو علی سبیل الاستثناء وارد ہے، یہ قادح نہیں اس میں کہ وصف مستثنیٰ صورت کے علاوہ علت ٹھہرے اور اس کی علیت باطل نہ ہوجائے اس کی مثال حدیث مسلم شریف کہ ورخص فی العرایا یعنی جب عرایا کی بیع کھجور پر کی جائے تو یہ جائز ہے سود کے حکم سے مستثنیٰ ہے اور تحریم ربوٰا کی علت کے لئے ناقض ہے حالانکہ کھجور کی درخت پر موجود کھجور بھی کھجور ہے اور کھجور کے بدلے اس کا بیع جائز ٹھہرا۔ جبکہ تفاضل کا تصور بھی موجود ہے۔

البتہ اگر علی سبیل الاستثناء وارد نہ ہو تو پھر علماء کرام کے اقوال مختلف ہیں کیونکہ علت بھی دو قسم کے ہیں ایک علت منصوصہ اور دوسرا علت مستنبطہ ۔ اور دوسری بات یہ کہ یہ تخلف مانع کی وجہ سے ہو یا غیر مانع کی وجہ سے، لہٰذا حنفیہ کے نزدیک کوئی قدح نقض نہیں ہوگا کیوکہ یہ تخلف حکم عن الوصف بعض صورتوں میں لامحالہ دلیل ہی کی وجہ سے ہوگا سو اس کو مخصص کہہ دیں گے کیوکہ عام پر تو مطلقاً مخصص کا ورود ہوتا ہی ہے ۔

اور شافعیہ کے نزدیک قدح مطلقاً وارد ہے کیونکہ جب مانع کی وجہ سے کسی وصف کا علت ہونا ممنوع ٹھہرے تو پھر وہ علت ہو نہیں سکتا اور ایک رائے یہ ہے کہ علت منصوصہ میں نقض قادح نہیں جبکہ علت مستنبطہ میں وہ قادح ہے جبکہ قاضی بیضاوی کے نزدیک جب تخلف بغیر مانع کے ہو تو نقض قادح ہے اور اگر مانع کی وجہ سے ہو تو پھر نقض قادح نہیں ۔

۲:       عدم التاثیر و عدم العکس

عکس کا مفہوم یہ ہے کہ ایک حکم بغیر وصف کے کسی ایک موضع میں موجود ہو جائے، سوائے اس موضع کے جہاں اس وصف کا علت ہونا ثابت ہو، یا یہ دلیل میں وصف کا ایسا ظہور ہے اثبات حکم میں جس سے مستغنی ہوسکتا ہو یا حکم کے نفی ہونے میں اس سے مستغنی ہو، اس کی چار اقسام ہیں:

الف: عدم التاثیر فی الوصف

یہ کہ دلیل میں لایا جانے والا وصف طردی ہو جس میں نہ مناسبت ہو اور نہ مشابہت ہو جیسا کہ کہا جائے کہ فجر کی نماز میں قصر نہیں کیونکہ مغرب میں نہیں ۔

ب: عدم التاثیر فی الاصل

اور یوں اصل مقیس علت کے اثبات حکم میں وصف سے استغناء کیا گیا ہو،

جیسا کہ یوں کہا جائے کہ بیع غیر مرئی کا بیع جائز نہیں کسی بائع کے لئے۔ سو اس کا بیع اگر وہ ہوا میں اڑنے والے پرندے کا کرے یا سمندر میں تیرتے ہوئے مچھلی کا وہ بھی جائز نہیں اس بارے میں علماء کی دو رائے ہیں۔

ا: بعض علماء کے نزدیک چونکہ ایک حکم کیلیئے دو علت نہیں ہو سکتے لہٰذا یہی چیز علت ہے۔

ب: اور بعض دیگران کے نزدیک ایک حکم کے لئے دو علت بھی ہو سکتے ہیں اور یہ علت نہیں بلکہ کسی دوسری چیز کے علت ہونے کی طرف اشارہ ہے۔

ج: تیسری قسم یہ ہے کہ وہ وصف جو دلیل میں ذکر کیا گیا اس کے لئے حکم معلل میں تاثیر نہ ہو، مثلاً یہ کہ اہل حرب اگر دار حرب میں ہمارے اموال کو ضائع کریں تو ان پر ضمان واجب نہیں، لہٰذا مرتدین بھی اگر دارالاسلام میں ہمارے اموال ضائع کر دیں تو ضمان نہیں ہوگا۔

د: یہ کہ دلیل میں ذکر شدہ وصف جملہ نزاعی صورتوں میں طردی نہ ہو اگرچہ مناسب ہو۔ مثلاً یہ کہ کوئی کہے کہ اگر عورت غیر کفوء میں اپنے کو نکاح کر دے تو اس کا نکاح صحیح نہیں اور یہ اس وجہ سے کہ وہاں بھی نزاع ہے جبکہ وہ اپنے آپ کو کفوء یا غیر کفو میں نکاح کر دے۔

سو یہ چیزیں بعض علماء کے نزدیک مطلقاً قادح ہیں، چاہے علت مستنبط ہو یا منصوص ہو، کیونکہ ان کے نزدیک ایک حکم کے لئے دو علت نہیں ہو سکتے، اور بعض دیگر علماء کرام کہتے ہیں کہ یہ چیزیں مطلقاً قادح ہیں ہی نہیں کیونکہ ان کے نزدیک ایک حکم کے دو علت ہو سکتے ہیں۔

اور تیسری رائے یہ ہے کہ علت منصوصہ میں قادح نہیں اور علت مستنبطہ میں

قادح ہے اور یہ اس لئے کہ ان کے نزدیک حکم کئی سارے علل منصوصہ کا معلول ہوسکتا ہے لیکن کئی سارے علل مستنبط کا معلول نہیں ہوسکتا۔

۳: القلب

اس کا حاصل یہ ہے کہ کوئی مخالف مستدل ہی کی علت بنا دے۔

مثلاً شوافع کا کہنا ہے کہ اعتکاف مسجد میں خاص شدہ وقت گزاری ہے تو اس کیلئے روزہ شرط نہیں جیسا کہ وقوف عرفہ کے لئے روزہ شرط نہیں اور حنفیہ نے کہا کہ چونکہ یہ مخصوص وقت گزاری ہے لہٰذا اس کے لئے روزہ شرط ہے پھر اس کی تین اقسام ہیں:

۱: وہ قلب جس سے مستدل کے مذہب کا صراحۃً ابطال مقصود ہو مثلاً شوافع کا کہنا کہ سر کا مسح کرنا وضو میں فرض اور رکن ہے، لہٰذا اس میں کفایت کرتا ہے وہ حرکت جس پر مسح کا اطلاق کیا جائے تو حنفیہ نے کہا کہ مسح فرض اور رکن ہے تو اس میں معتد بہ حصہ کا مسح کرنا لازم ہوگا۔

۲: وہ قلب جس سے معتدل کے مذہب کا ضمناً ابطال مقصود ہو یعنی لزوم کے طریقے سے مثلاً حنفیہ نے کہا کہ غائب کا بیع کرنا جائز ہے، اور خیار رؤیت ثابت ہوگا جیسے کہ غائب کا نکاح کرنا جائز ہے کیونکہ عقد معاوضہ ہے تو اس میں خیار رؤیت ثابت نہیں جیسا کہ نکاح الغائب میں۔ گو شوافع نے حنفیہ کے مذہب کے ایک مساوی کے استدلال سے ان کے استدلال کو رد کرنا چاہا۔

۳: وہ قلب جس سے غرض معترض کے مذہب کے صراحۃً اثبات ہو جیسا کہ اعتکاف والا مسئلہ جو ابتداء میں گذر گیا کہ حنفیہ نے اعتکاف کے لئے صوم کو شرط قرار دیا جبکہ شوافع نے وقوف عرفہ پر قیاس کرتے ہوئے یہ شرط نہیں کیا۔

قلب کے قادح ہونے میں بھی دو رائے ہیں، ایک رائے یہ ہے کہ قلب

خارج من السبیلین وضو کو توڑتا ہے کیونکہ یہ خارج نجس ہے لہٰذا "خارج نجس من غیر السبیلین ہے بھی ناقض الوضوء ہوگا۔تو شافعیؒ نے کہا کہ علت خارج نجس من السبیلین ہے اور خارج من غیر السبلین کا قیاس مع الفارق ہے۔

یا یہ کہ خصوص فرع کو ثبوت حکم کے لئے مانع قرار دیا جائے مثلاً حنفیہ کہتے ہیں کہ مسلمان اگر ذمی کو قتل کرے تو اُسے قصاصاً قتل کیا جائیگا کیونکہ وہ قاتل ہے اور قاتل کو قصاصاً قتل کیا جائے گا، کیونکہ فرع کی خصوصیت کہ وہ مسلمان ہے یہ قصاص سے مانع ہے جب مقتول ذمی ہوگا کیونکہ مساوات نہیں اگرچہ ہر دو حنفیہ کا قول اقوی ہے کیونکہ خروج النجاسة من بدن المتوضی اور قتل انسان محقون الدم علت نقض وضوء ووجوب قصاص ہیں۔

۷ علت کی اقسام

حنفیہ کے نزدیک علت کے انواع درج ذیل ہیں۔

۱: علت تامہ

جبکہ علت اسم بھی ہو معنی بھی ہو اور حکم بھی ہو جیسا کہ بیع صحیح ہے کیونکہ یہ تملک اور تصرف کے لئے علت ہے۔

۲: یہ کہ علت اسم ہو فقط

جیسا کہ کسی شرط کے ساتھ حکم کی تعلیق کی جائے سو بغیر اس شرط کے وہ حکم ثابت ہوگا۔

۳: یہ کہ علت اسم اور معنی دونوں ہوں

جیسا کہ بیع موقوف یا بیع بشرط الخیار کیونکہ یہ دونوں تملک کے لئے وضع کئے

گئے ہیں اور اس میں موثر بھی ہیں لیکن مانع کی وجہ اس کا حکم ثابت نہیں ہوتا۔ البتہ جب مانع کا ازالہ ہو جائے تو حکم ثابت ہو جاتا ہے لہذا بیع کا وہ بچہ جو بیع کے بعد پیدا ہوا، لیکن مانع کے ازالہ سے قبل تو اس کا تملک ثابت ہوگا۔

۴: یہ کہ علت معنی اور حکم دونوں ہوں

جیسا کہ علت مرکبہ کا آخری جزء۔ کیونکہ حکم صرف تنہا اس کو منسوب نہیں ہوتا سو وہ اسماً علت نہیں لیکن تاثیر میں اس کا دخل موجود ہو اور حکم بھی مرتب ہوتا ہو۔

۵: یہ کہ علت اسم اور حکم دونوں ہوں

یہ ہر وہ مظنون چیز ہے جو کہ حقیقی مؤثر کے قائم مقام ہو جیسا کہ سفر اور مرض قصر اور افطار کے لئے اگر چہ اصل موثر تو مشقت ہے یا جیسا کہ خواب علت ہے وضو ٹوٹ جانے کا، اگر چہ اصلاً مؤثر تو نجاست کا خروج ہے لیکن جب حالت خواب میں نجاست کا خروج مظنون تھا تو وہ حقیقی مؤثر کے قائم مقام ٹھہرا۔

۶: یہ کہ علت معنی ہو فقط

جیسا کہ علت مرکبہ کا کوئی بھی جز سوائے اخیر کے کیونکہ اس کیلئے بھی تاثیر میں دخل ثابت ہے لیکن حکم نہ اس کو منسوب ہوتا ہے اور نہ حکم اس کیساتھ متصل ہوتا ہے۔

۷: یہ کہ علت مسقط حکم ہو

جیسا کہ ایجاب کے لئے شرط، کیونکہ حکم اس کے ساتھ متصل ہو جاتا ہے لیکن اس میں مؤثر بھی نہیں اور اس کو منسوب بھی نہیں ہوتا۔

دوسروں کے نزدیک اقسام علت

۱: محل حکم یعنی حکم کی جگہ

جیسے کہ سونے چاندی (نقدین) میں حرمت سود کیلئے ثمنی جوہریت کو علت قرار دینا۔

۲: جزء المحل

جیسا کہ کسی نادیدہ چیز کے بیع کے معاملہ میں خیار رؤیت کی علت یہ کیا جائے کہ عقد معاوضہ ہے۔

۳: خارج عن المحل

جیسا کہ شراب کی حرمت کیلئے نشہ آور ہونا علت ٹھہرے اور یہ تین قسم کے ہیں۔

۱: علت عقلی

یہ وہ علت ہے جو خالص عقل کے سہارے معلوم کیا جائے یہ بھی تین قسم کے ہیں۔

۱: علت حقیقی

یہ وہ علت ہے جس کا تعقل کسی دوسری چیز کے تعقل پر موقوف نہ ہو، بمع اس کے کہ وہ امر وجودی ہے جیسا کہ تحریم کے لئے نشہ آور ہونا۔

۲: علت اضافی

یہ وہ علت ہے جس کا تصور وتعقل دوسری چیز کے تصور پر موقوف ہے مثلاً والد کیلئے کسی صغیر یا صغیرہ کے نکاح کا اجباری حق ابوت کی وجہ سے اور ابوت کا تصور بنوت کے تصور پر موقوف ہے کیونکہ یہ امور اضافیہ میں سے ہے۔

۳: علت عدمی:

یہ وہ علت ہے جس کے ادراک کے لئے عقل ہی کافی ہے بمع اینکہ اس کا مفہوم امر عدمی ہے جیسا کہ طلاق مکرہ کے عدم وقوع کے لئے عدم رضا کو علت قرار دیا

جائے، یہ جمہور کے نزدیک ہے۔

ب: علت شرعی

یہ وہ علت ہے جس کے ادراک کے لئے شریعت کی ضرورت ہے جیسا کہ مشاع (یعنی زمین کا کوئی منتشر حصہ مثلاً اس زمین میں سے ایک کنال یا ۳/۱ حصہ) کے رہن کے جواز کے لئے مشاع کے بیع کا جواز یہ بھی جمہور کے نزدیک ہے۔

ج: علت لغوی

جس کے ادراک کے لئے لغت کا سہارا لینا پڑتا ہے جیسا کہ کھجور کے پانی یعنی نبیذ کو خمر کہنا اس حوالے سے بھی کہ مخامرہ یعنی نشہ آور ہوتا ہے۔

علت کی دوسری تقسیم علت قاصرہ اور علت متعدیہ کو ہے

اول الذکر کا مفہوم یہ ہے کہ علت چاہے مستنبط ہو چاہے منصوص ہو لیکن اپنے محل ورود و وجود سے متجاوز نہ ہو جیسا کہ حرمت سود کے لئے سونے چاندی میں صرف ثمنی جوہریت کا ہونا، لہٰذا اس کے علاوہ کسی دوسرے جوہر میں موجود نہ ہوگا۔ جبکہ ثانی الذکر وہ علت ہے جو اپنے محل وجود سے تجاوز کرنے والا ہو، جیسا کہ اسکار جملہ مسکرات میں حرمت خمر کے لئے اور طعم جملہ مطعومات میں حرمت ربوا کے لئے یا قتل عمد عدواناً قصاص کیلئے چاہے کسی ثقیل چیز سے ہوا ہو۔

اور علت کی تیسری تقسیم علت بسیطہ اور علت مرکبہ کی ہے۔

سو علت بسیطہ وہ علت ہے جو اجزاء سے مرکب نہ ہو مثلاً اسکار اور طعم جبکہ علت مرکبہ کئی اجزاء سے مرکب ہوتا ہے، مثلاً قصاص کے لئے قتل کا عمداً اور عدواناً ہونا یہ ہر دو ایک علت کے دو اجزاء ہیں۔ اس میں سے کوئی ایک مستقل علت نہیں ہوسکتا۔

VI قیاس کی اقسام

قیاس کی تقسیمات چھ ہیں۔ ۱: قیاس قطعی ۲: قیاس ظنی

پس قیاس قطعی کا معنی یہ ہے کہ اصل میں حکم کیلئے جو علت ہے وہ قطعی طور پر معلوم اور ثابت ہو اور جب فرع میں بھی ثابت ہو جائے تو وہاں بھی حکم لازم آ جائے جیسا کہ

ولا تقل لهما اف

والدین کو اف نہ کہا کریں

اس کی علت ایذاء ہے جو ضرب میں بھی موجود ہے۔ جب اف کہنا ناجائز ہے تو ضرب اور مارنا بھی قیاس کے طور پر ناجائز ہی ٹھہرا۔ اور علت جامعہ ایذاء ہے جس پر ہم قطعی طور پر قائل ہیں۔

اور قیاس ظنی کا حاصل یہ ہے کہ جہاں دو امور پر ایک ساتھ قطعیت نہ ہو بلکہ صرف ایک امر پر ہو یا پھر ہر دو مظنون ہوں جیسا کہ اگر آپ حرمت ربوا کیلئے سیب میں طعم کو علت قرار دے اور اسے گندم پر قیاس کر دیں، یہاں تو طعم کا علت ہونا اصل میں بھی مظنون ہے کیونکہ بعض علماء کے نزدیک علت کیل (پیمانہ) ہے اور بعض دیگران کے نزدیک ادخار (جسے ذخیرہ کیا جا سکے) پھر یہ قطعیت وظنیت حکم کے حوالہ سے نہیں بلکہ علت کے حوالہ سے ہے۔ ثانیاً اس قیاس کی دوسری تقسیم کے حوالے سے تین اقسام ہیں۔

(۱) قیاس اولیٰ (۲) قیاس ادنیٰ (۳) قیاس مساوی

قیاس اولیٰ

جہاں فرع میں وہ علت اصل کے مقابلہ میں زیادہ قوی ہو۔ مثلاً جیب کترے کو چور پر قیاس کرنا کہ جیب کترے میں یہ علت اقویٰ طریقے سے موجود ہے کہ

اخذ مال الغیرا لمحرز المتقوم فی خفیة

یا ضرب کو تأفیف پر قیاس کرنا کہ یہاں ایذاء شدید موجود ہے۔

قیاس مساوی

جہاں علت کا وجود اصل اور فرع میں ایک جیسا ہو۔ مثلاً اعتاق عبد مشترک پر کنیز کے اعتاق کو قیاس کرنا جہاں ایک شریک اپنا حصہ آزاد کر دے تو وہاں عبد کی تقویم (قیمت لگا کر) کر کے اس کو ضامن ٹھہرایا جائے گا۔ جس نے اعتاق کیا ہے اس پر مشترک کنیز کو بھی قیاس کیا جاتا ہے، یا یتیم کے مال کو غرق کر دینا علت اہلاک کی وجہ سے حرام قرار دینا جو اس کے مال کے کھانے میں ثابت ہے، سو یہاں بھی حکم وہی ہوا۔

قیاس ادنیٰ

جس میں فرع میں حکم اصل کے نسبت ارتباط کم ہو۔

جیسا کہ سیب کو گندم پر قیاس کیا جائے کہ طعم موجود ہے، کیونکہ گندم میں تو حرمت ثابت ہے، چاہے علت طعم ہو، کیل ہو یا ادخار ہو، کیونکہ یہ سب صفات گندم میں موجود ہیں لیکن سیب میں تو سب صفات موجود نہیں ہیں، لہٰذا اس کا گندم پر قیاس قیاسِ ادنیٰ ہے۔

تیسری تقسیم

دو قسم کو ہے: (۱) قیاس جلی (۲) قیاس خفی

قیاس جلی

جہاں اصل اور فرع کے درمیان فارق کی تأثیر کی نفی پر قطعیت ہو۔ جیسا کہ کنیز کو غلام پر قیاس کرنا اس کے اعتاق کے معاوضہ میں کیونکہ ہم قطعی طور پر سمجھتے ہیں کہ

شارع نے اعتاق کے حوالے سے مرد و عورت کا کوئی فرق روا نہیں رکھا۔

قیاس خفی

یہ وہ قیاس ہے جس میں اصل اور فرع کے درمیان فارق کی تاثیر کی نفی پر قطعیت نہ ہو، جیسا کہ قتل بالمثقّل کو قتل بالمحدّد پر قیاس کرنا اس وجہ سے کہ علت عمد و عدوان موجود ہے اور محدد و مثقل کے فرق کا کوئی اعتبار نہیں ہے۔

چوتھی قسم

قیاس علت اور قیاس دلالت ہے۔

قیاس علت

وہ ہے جس میں نفس علت کی وجہ سے اصل اور فرع میں جمع کیا گیا ہو جیسے کہ نبیذ التمر کو خمر اور شراب پر قیاس کرنا کہ دونوں میں علت و اسکار موجود ہے۔

قیاس دلالت

وہ ہے جس میں لازم علت کی وجہ سے اصل اور فرع میں جمع کیا گیا ہو۔ جیسا کہ نبیذ التمر کو خمر پر قیاس کرنا کہ دونوں میں شدید ترش موجود ہے۔

پانچویں تقسیم

قیاس مؤثر اور قیاس ملائم کو ہے۔

قیاس مؤثر کا اطلاق دو وجہوں سے ہوتا ہے۔

۱۔ وہ جس میں اصل و فرع کا علت جامعہ منصوص ہو یا صریحاً یا ایماء اور یا اس پر اتفاق ہو گیا ہو۔ جس طرح نبیذ التمر کا قیاس خمر پر علت اسکار کی وجہ سے، اس پر نص میں تصریح کی گئی ہے۔

يَاَيُّهَا الَّذِيْنَ اٰمَنُوْا اِنَّمَا الْخَمْرُ وَ الْمَيْسِرُ وَ الْاَنْصَابُ وَ الْاَزْلَامُ رِجْسٌ مِّنْ عَمَلِ الشَّيْطٰنِ فَاجْتَنِبُوْهُ لَعَلَّكُمْ تُفْلِحُوْنَ (المائدة: ۹۰)

اور اس تحریم پر اجماع بھی منعقد ہے۔

۲۔ جہاں عین وصف نے عین حکم یا جنس حکم میں یا پھر جنس وصف نے عین حکم میں اثر کیا ہو۔

اس کی مثال یہ ہے کہ شارع نے والد کو اپنی چھوٹی بکر بیٹی کو اجازت دے دی ہو اور شارع ولایت المال کے بارے میں وصف صغر کے علت ہونے کا معتبر ہونا وارد نہیں، لیکن ولایت مال اور ولایت نکاح دونوں جنس ولایت کے تحت داخل ہیں، لہٰذا مجتہد نے کہا کہ علت حکم ولایت مال کے لئے صغر ہے کیونکہ وہاں شواہد موجود ہیں۔ لہٰذا ولایت نکاح جو ولایت مال کے مشابہ ہے اس میں بھی صغر ہی علت ہوگا۔

اور اس طرح بارش کے موقع پر شارع کی اجازت جمع بین الصلاتین کے لئے۔ لیکن وہاں یہ وارد نہیں کہ بارش ہی علت ہے بلکہ حرج اور تکلیف علت ہے، یا تھوڑی شراب کی حرمت اگر چہ نشہ نہ لائے کیونکہ یہ زیادہ کی طرف دعوت دیتی ہے، جبکہ قیاس ملائم وہ ہے جس میں جنس وصف جنس حکم میں اثر کرے۔

چھٹی تقسیم

یہ اثبات علت سے متعلق ہے اور وہ چار ہیں:-

(۱) قیاس الاحالۃ: جس میں اثبات علت کا طریقہ مناسبت ہو۔

(۲) قیاس الشبہ: جس میں اثبات علت کا طریقہ مشابہت ہو۔

(۳) قیاس السبر والتقسیم: جہاں طریقہ سبر ہو جس کا ذکر گذر گیا۔

(۴) قیاس الطرد والعکس: اسکو قیاس الاطراد بھی کہتے ہیں۔ تفصیل گذر چکی ہے۔

VII اجراء قیاس کے مواضع

۱: حدود، کفارات اور رخص شرعیہ میں قیاس کا اجراء

اس مسئلہ میں جمہور اور حنفیہ کے دو مسلک ہیں:

جمہور کے نزدیک ان ہر سہ امور میں قیاس کیا جا سکتا ہے جیسا کہ حدود میں کفن کش کو چور پر قیاس کر کے اسے حد کی سزا دی جاتی ہے کیونکہ چوری کی علت کفن کش میں بھی موجود ہے یا جیسا کہ اغلام ولواطت کرنے والے کو زانی پر قیاس کر کے حد زنا کی اجازت دی جائے کیونکہ ایلاج الذکر فی موضع محرم مشتھی والی علت موجود ہے یا جیسا کہ قتل بالمثقل کو قتل بالمحدد پر قیاس کر کے قصاص لیا جائے کہ ازھاق الروح عمدا وعدوانا کی علت موجود ہے۔

یا کفارات میں رمضان میں دن کو عمداً کھانے پینے سے کفارہ کا لازم آنا اس لحاظ سے کہ اسے جماع پر قیاس کیا جائے، اور علت جامعہ یہاں رمضان کے احترام کو پامال کرنا ہر دو میں موجود ہے۔

اس طرح جمہور قیاس کے اثبات اور جواز کے دلائل کو مطلق قرار دیتے ہوئے کہ اس میں کسی چیز کا استثناء یا فرق موجود نہیں، نیز حد شرب خمر جو حضرت عثمانؓ کے زمانے تک چالیس درے تھے، حضرت علیؓ نے صحابہ کرامؓ کے سامنے ۸۰ کوڑے مقرر کئے کہ جب وہ نشہ ہوگا تو ھذیان و بکواس کرے گا اور جب بکواس کرے گا تو جھوٹ اور الزام تراشی کرے گا اور جب الزام تراشی کرے گا تو حد قذف کا مستحق ہوگا جو اسی درے ہیں۔ گویا اس نے حد شرب خمر کو حد قذف پر قیاس کیا۔ اس طرح انہوں نے یہ بھی کہا کہ قیاس ظن پر غالب آتا ہے، لہٰذا اس پر اثبات حد کفارہ جائز ہے۔

حضور ✓ نے فرمایا:

(ii) حد

جس طرح یہ کہا جائے کہ عالم شاہد وہ ہے جس کے لئے علم ثابت ہو پس عالم غائب بھی وہ ہوگا جس کیلئے علم ثابت ہو۔ اس قیاس کا حاصل یہ ہوا کہ اللہ تعالیٰ عالم ہے کیونکہ عالمیت پر موصوف ہے۔

(iii) دلیل

جیسے کہا جائے کہ کسی چیز کا اتقان اور اس میں تخصیص حاضر پر دلالت کرتا ہے وجود علم و ارادہ کا اس میں سو غائب میں بھی اس طرح دلالت کرے گا۔ لہٰذا اللہ تعالیٰ کے لئے علم و ارادہ ثابت ہوا۔

(iv) شرط

جس طرح یہ کہا جائے کہ حاضر میں علم و ارادہ کے لئے حیات و زندگی شرط ہے، سو غائب میں بھی اس طرح ہی ہوگا، لہٰذا اللہ تعالیٰ کے لئے حیات ثابت ہوگا۔

۳: لغت میں قیاس

اگرچہ علماء ادب اور بعض اصولین کے نزدیک لغت میں قیاس جائز ہے لیکن حنفیہؒ اور شوافع نے اس سے انکار کیا ہے کیونکہ لغت قیاس سے ثابت نہیں ہوسکتا۔ کیونکہ لغت تو وضع کے حوالے سے پہچانا جاتا ہے۔

۴: اسباب و شروط میں قیاس

شوافع کے نزدیک اسباب و شرائط میں قیاس جائز اور ثابت ہے، جیسا کہ قتل بالمثقل کو قتل بالمحدد پر قیاس کیا گیا ہے۔ جبکہ حنفیہ اور مالکیہ کے نزدیک یہ قیاس نہ ثابت ہے اور نہ جائز ہے اور نہ حجت ہوسکتا ہے۔ کیونکہ قیاس تو تب ہوسکتا ہے جب اصل اور

نحن نحکم بالظاهر والله يتولى السرائر

ہم ظاہر پر حکم دیتے ہیں اور حقائق اللہ تعالیٰ کو معلوم ہیں۔

حنفیہؒ ان تینوں میں قیاس کے قائل نہیں۔ وہ فرماتے ہیں کہ قیاس افادہ کرتا ظن وگمان غالب کو اور ظن سبیل خطا ہے اور اس میں شبہ ہے اور حدود و قصاص تو شبھوں سے ساقط ہو جاتے ہیں، حضور ﷺ نے فرمایا: ادرأوا الحدود بالشبهات نیز حدود و کفارت تو تقدیری اور عددی امور ہیں۔ عقل ان کا ادراک نہیں کرسکتا۔

جہاں تک جمہور کے نباش اور کفن کش والے معاملہ کا تعلق ہے وہ قیاس کی وجہ سے نہیں بلکہ اس پر خود تعریف سرقہ صادق ہے اور اغلام کرنے والے کے حد اور قتل بالمثقل کو موجب قصاص کہنا حنفیہ کا مذہب نہیں حتی کہ ان پر حجت ہو، جہاں تک کفارۂ رمضان کا تعلق ہے تو وہ قیاس کی وجہ سے نہیں بلکہ اس وجہ سے ہے کہ رمضان یا روزہ کی تعریف:

هو الامساك عن المفطرات الثلاثة نهارا مع النية

اور کسی بھی مفطر کے عمداً استعمال سے کفارہ لازم آئے گا۔

حضور ﷺ کے پاس ایک مفطر یعنی جماع کا معاملہ آیا تھا۔ آپؐ نے کفارہ کا حکم دیا۔

۲: عقلیات میں قیاس

جمہور علماء کے نزدیک شرعیات کی طرح عقلیات میں بھی قیاس جائز ہے اور یہ ان کے نزدیک الحاق الغائب بالحاضر کا نام ہے۔ یہ قیاس درج ذیل چار امور میں سے کسی ایک کی وجہ سے ہوگا۔

(i) علت

مثلاً اللہ تعالیٰ کی مخلوقات پر عالمیت کی علت علم ہے، سو وہ غائب میں بھی اس طرح ہوگا۔ لہٰذا اس قیاس کا تقاضا ہے کہ اللہ تعالیٰ کیلئے علم ثابت کیا جائے۔

فرع کے درمیان علت جامعہ موجود ہو جبکہ یہاں ایسی صورت ہو نہیں سکتی کیونکہ علت جامعہ موجود نہیں ہوتا۔

یہ تو ہوگئی بات اصول اولیہ کی جبکہ اصول ثانویہ کا تذکرہ پہلے گذر چکا ہے۔

محمد فضل اللہ القاضی

لاہور ___ صوابی

بروز جمعۃ المبارک ۱۰ رمضان المبارک ۱۴۱۸ھ